"一起向未来"
社会实践系列丛书

丛书主编　李岭涛　薛文婷　钟　海

赛场全景观

服务北京冬奥会实践报告

陈志生　刘贺娟
夏　天　郑珊珊　主编

Together
for a Shared Future

中国国际广播出版社

图书在版编目（CIP）数据

赛场全景观：服务北京冬奥会实践报告/陈志生等主编.—北京：中国国际广播出版社，2022.11

（"一起向未来"社会实践系列丛书）

ISBN 978-7-5078-5257-8

Ⅰ.①赛… Ⅱ.①陈… Ⅲ.①冬季奥运会－志愿者－社会服务－工作－北京 Ⅳ.①G811.212

中国版本图书馆CIP数据核字（2022）第209064号

赛场全景观——服务北京冬奥会实践报告

主　　编	陈志生　刘贺娟　夏　天　郑珊珊
策划编辑	祝　晔　赵　芳
责任编辑	张晓梅
校　　对	张　娜
版式设计	邢秀娟
封面设计	赵冰波

出版发行	中国国际广播出版社有限公司〔010-89508207（传真）〕
社　　址	北京市丰台区榴乡路88号石榴中心2号楼1701 邮编：100079
印　　刷	环球东方（北京）印务有限公司

开　　本	710×1000　1/16
字　　数	300千字
印　　张	25.5
版　　次	2023年6月 北京第一版
印　　次	2023年6月 第一次印刷
定　　价	78.00元

版权所有　盗版必究

"一起向未来"社会实践系列丛书编委会

主　　任：

李岭涛　薛文婷　钟海

执行主任：

陈志生　刘贺娟　夏天　郑珊珊

委　　员（按姓氏笔画排序）：

丁方卓　亓　鹏　丰华文　尹素伟　毕雪梅　任大方

刘　琳　刘　湜　刘亚平　刘庆振　刘贺娟　李　晶

李岭涛　肖　斌　吴　垠　佟　玲　宋　扬　宋　巍

张凌霄　张瑞桓　陆　虹　陈志生　罗姣姣　庞明慧

郑珊珊　赵盛楠　胡岑岑　钟　海　洪建平　贺幸辉

贾　静　夏　天　徐艺心　徐明明　高　歌　黄芦雷娅

梁　骏　路　鹃　薛文婷

《赛场全景观——服务北京冬奥会实践报告》编委会

主　　任：

陈志生　刘贺娟　夏　天　郑珊珊

副 主 任：

徐明明　任大方　吴　垠　罗姣姣　刘　湜　张凌霄　张瑞桓

常务委员：

贺幸辉　丁方卓　庞明慧

委　　员：

钟　李　邱雨萱　于静晗　方嘉煜　张家浩　崔　玥　许俪韬

序　言

举办北京冬奥会，中国作为人类命运共同体理念的倡导者、实践者和引领者，用一次伟大实践再次书写人类命运共同体建构的重要命题。作为首个双奥之城，北京向世界奉献了一场"简约、安全、精彩"的冬奥盛会，为推进人类命运共同体建设与奥林匹克运动现代化和全球化做出了突出贡献。这是每个参与这项事业、这次历史进程中的中国人为之自豪、为之振奋的。

在北京2022年冬奥会前夕，我们就着手策划设计服务冬奥新闻教学实践活动，因为我们清醒地看到，北京体育大学派出的志愿服务队伍是使命在肩的优秀学生志愿者，都是经过北京冬奥组委层层选拔确定的，具有综合素质高、思想觉悟高及外语运用能力突出的特点。进入冬奥会各大场馆进行志愿服务，他们的专业能力受到考验。他们身在冬奥会各大赛场的第一现场，是冬奥会的直接参与者、见证者，也是主动的观察者，他们具有书写北京冬奥会现场的不可替代的优势。如何让这样的优势得到体现？如何让学生们在这样的历史机遇里得到历练？这是我们实施志愿服务冬奥新闻教学实践活动的出发点。

作为北京体育大学服务冬奥实践活动的策划者、执行者，我和同事面对冬奥会的历史性机遇，感到很自豪，也很有使命感。如何把握历史机遇，坚持马克思主义新闻观，强化新闻专业教育的责任感，提高学生在体育新闻传播专业学习中的文化自觉和文化自信，培育学生爱党、爱国、团结拼搏、积极进取的品质，在大型赛事的新闻传播和赛事展示等现场进行实践和理论教学，全面提升思政教学的质量，培养学生吃苦耐劳、团结拼搏的职业精神，是我们开始启动新闻教学实践活动前的基本认识。

服务冬奥意义重大，把服务冬奥作为新闻传播学科发展的里程碑做好、抓实，通过服务冬奥促进学科发展、专业建设、学生实践能力提升，利用冬奥会积极发声，打响北京体育大学新闻与传播学院的品牌，是我们开展本次新闻教学实践的初心。新闻与传播学院积极谋划，充分把握冬奥会的历史性机遇，以学生志愿服务冬奥为契机、以赛事服务为依托、以团队实践教学为抓手，举全院之力、聚全员之神，及时组建了新闻与传播学院志愿服务冬奥新闻实践教学项目团队。学院领导集体指挥，陈志生、夏天、刘贺娟、郑珊珊负责团队运行和管理，全院教师基本参与。团队制定了详细的实践教学策划案、分项内容及工作安排，并对接新华网、天目新闻和咪咕文化科技有限公司等平台，建立采访报道–拍摄制作–审核发布工作机制，确保积极稳妥地推进实践教学训练内容。学院有96名学生（包括志愿者、赛事实习生和国际奥委会所属奥林匹克广播服务公司的北京冬奥会转播培训项目雇员三类）进入闭环直接服务北京冬奥会，解说实践团队38名学生进入媒介冬奥赛事转播。从2021年12月15日至2022年3月25日，教学团队和各组参与教师连续加班加点，通过对学生和教师进行必要的培训及具体的实践内容指导，让参与冬奥会现场志愿服务的同学能够多观察、多思考、多总结，成为历史的参与者、见证者和全景观观察的思考者、全知视角的记录者。

冬奥会期间，我们和前方的同学们虽然不在同一个赛场，但是我们都在线服务冬奥，通过电视转播或新媒体平台的报道，在北京冬奥会强大的场域中感受着蓬勃的冬季运动项目的巨大魅力，感受着各国体育健儿奋力拼搏、友好交流和公平竞争的快乐，领略着国际奥林匹克文化的巨大感染力。每天的新闻实践活动，同学们在赛场非常忙碌，回到宾馆倒头就能睡着。在这样高强度的工作中，还不断有同学写出新闻稿，经过指导老师、学院、媒体审核，通过新华网账号对外发布，及时传播奥运会主要赛场的点点滴滴。这些报道生动地记录了北京奥运会的现场内容，成为冬奥会全景观建构的有效表达内容。这样的实践教学活动收获了丰富的内容。至北京冬奥会结束，我们指导学生在新华网、天目新闻共发表新闻作品近220篇，累计传播量近7000万，出现了浏览量过千万的爆款；与咪咕文化科技有限公司合作，开设北京体育大学北京冬奥会赛事转播专区，学生解说了冰球、冰壶、雪车、钢架雪车、花样滑冰等项目共计66场比赛，累计在线人数超1600万，累计点击量超1.03亿次；与中央广播电视总台中国之声合作，开设中国之声《一起向未来·冬奥之夜》特别节目，单期触达最高人数超1290万，17期节目累计点击量超2.1亿次。同时，教学活动还被《中国教育报》《中国体育报》《中国青年报》等国内各大媒体关注。这次集体实践教学也体现了新闻专业教师"使命在肩、奋斗有我"的责任担当，无愧于时代赋权和赋能。

这次实践教学活动历时4个多月，内容丰富，精彩纷呈。其中，实践报告采用报告和实录形式，总结志愿服务冬奥会同学们切实深刻的感受，并从专业建设方向发现和思考体育赛事传播中的新技术、新思维和新案例，为参与冬奥会的学生志愿者展开服务冬奥新闻实践活动，场外指导场内本科生和研究生服务冬奥，书写赛场实践的新篇章，取得了预期的实践效果，也受到了社会的广泛关注。冬奥会之后，我们实践教学团队又整理出版了这个系列的教学作品，既是记录学生们的家国情怀和行动，也是梳理和总结新闻专业依托奥运会、国际单项体育比赛等国际大赛进行专业建设的探索历程，我们相信它们将有力地提高北京体育大学新闻学专业的公信力和影响力。正如《中国体育报》报道的那样，"这是北京体育大学新闻与传播学院首次依托国际体育赛事展开新闻教学实践活动，培养中国体育传播力量在体育国际领域里形成影响力，促进新闻专业向着专业化、规范化和国际化的方向迈进。这也是2021年北京体育大学新闻与传播学院新闻学专业获得教育部优秀本科专业之后进一步提升专业建设力量的又一举措"。

  本书汇集了此次北京体育大学新闻与传播学院学生参与北京冬奥会志愿服务活动的实践报告，它们从另外一个层面记录了历史瞬间和历史时刻，既有专业的思考，也有理性的表达，当然，有些报告还难脱稚嫩。无论如何，这都是一份份真诚的报告，都是历史记录的互文叙事文本，相信它们也拥有书写历史的价值。如果您有兴趣，不妨耐心读读。对学习体育新闻的学子来说，这样的学习参考可能会对历史有更多的记忆和回想。如果能够有这样的效果，那我们将感到欣慰。

  记录历史，让历史的光芒映照未来之路，这是每一个实践报告者的初心，也是我们编辑出版这套新闻教学实践活动材料的心愿。

  是为序言，期待回声。

陈志生
2022年5月

目 录

001　冬奥会体育场馆现场小组服务工作实践报告

003　国家体育馆场馆媒体中心工作实践报告

020　国家体育馆媒体运行混合区实践报告

029　国家体育馆媒体运行记者看台席实践报告

040　国家体育馆摄影运行实践报告

051　张家口颁奖广场礼仪志愿者服务报告

057　北京冬奥村媒体中心实践报告

065　北京冬奥会主媒体中心实践报告

077　五棵松体育中心北京冬奥会转播培训实践报告

094　张家口国家跳台滑雪中心实践报告

107　**在实践中不断成长**
　　　——国家速滑馆新闻发布厅、媒体记者看台席实践报告

121　**服务冬奥　挥洒青春**
　　　——国家速滑馆新闻发布厅、摄影运行领域实践报告

146 青春热血　逐梦冰雪

　　——国家速滑馆记者工作间和媒体休息区实践报告

162 国家速滑馆媒体运行部门实践报告

171 国家高山滑雪中心转播服务实践报告

185 云顶滑雪公园转播服务实践报告

199　冬奥会体育赛事解说个人实践报告

201　冬奥会体育赛事解说中的队员资料准备

206　冬奥会体育赛事解说：规范与风格之间的距离

215　冬奥会体育赛事解说中的"意外"与应对

220　冬奥会体育赛事解说的"破茧"历程

226　冬奥会体育赛事解说中的一次历练感悟

231　冬奥会体育赛事解说中的调动与控制

235　冬奥会体育赛事解说中的输入和输出

240　冬奥会体育赛事解说的赛前准备和赛后反思

247　冬奥会体育赛事解说中的跟画面和跟主体

253　冬奥会体育赛事解说中评述的规范性

258　冬奥会体育赛事解说中的胆量训练

263　冬奥会体育赛事解说中的资料准备

268　冬奥会体育赛事广播节目的语境和语感

273　冬奥会体育赛事解说中的基本意识和能力养成

277　冬奥会体育赛事解说中的复盘体会

281　冬奥会体育赛事解说中的积累与输出

286　冬奥会体育赛事解说中的基本素养

291　冬奥会体育赛事解说中的个体解说和团体解说

296　冬奥会体育赛事解说中的素质要求和自我认知

301　冬奥会体育赛事解说中的搭档配合

308　冬奥会体育赛事解说中的情绪调节

314　冬奥会体育赛事解说中的技战术认知和表达

319　冬奥会体育赛事解说中的项目看点和解说表现

324　冬奥会体育赛事解说中的新媒体编辑工作

329　冬奥会体育赛事解说中的情景再现和状态调整

334　冬奥会体育赛事解说中的语用训练

341　冬奥会体育赛事解说中的各阶段准备内容

347　冬奥会体育赛事解说中的不完美表现和思考

353　冬奥会体育赛事传播小组实践报告

355　北京体育广播实践报告

363　咪咕文化科技有限公司北京冬奥解说实践报告

380　中央广播电视总台服务实践报告

冬奥会体育场馆现场小组服务工作实践报告

国家体育馆场馆媒体中心工作实践报告

作者姓名： 柴景涛　文心竹　许蕾　欧阳喆颖　李青昕
作者岗位： 记者看台席助理　记者工作间助理
指导教师： 刘浞　贺幸辉

一、总述

该报告是对国家体育馆场馆媒体中心领域的媒体运行工作进行分析的报告。纵向上在时间维度上按照工作特点将运行工作分为准备期、训练期、比赛期三个阶段，横向上在内容维度上具体阐述记者看台席助理和记者工作间助理两大岗位的工作细则。

二、实践内容概述

本次冬奥实践活动自2022年1月23日至2月21日，实践地点为国家体育馆。本次实践活动以提高媒体运行服务能力、英语口语能力为目的，在冬奥志愿服务实践中提高综合素质、媒介素养。

国家体育馆在冬奥期间进行了24场男子冰球比赛、部分女子冰球比赛及参赛球队的训练。场馆媒体中心为前来的文字记者提供媒体运行服务，具体分为记者工作间、记者看台席、新闻混合区和新闻发布厅等4个功能分区。配备工作人员为40名志愿者（记者工作间助理19名、记者看台席助理10名、新闻混合区助理7名、新闻发布厅助理4名）、4名主管（对应4个功能分区）及一名领域经理和副经理。

笔者所在岗位为记者看台席，是文字记者现场观赛获得一手报道资料的功能分区。主要工作内容：①按照运行计划运行记者看台席，维护看台秩序，验证前来人员的权限，为记者提供座位指引和信息咨询等服务。②检查区域内设施设备情况，包括有线电视、信息岛、座椅等。③为入座记者分发球员名单和比赛数据等纸质资料。

三、实践准备

在正式进入闭环前，志愿者们需经过一系列的培训。

一是北京冬奥组委的平台课程学习。该培训共23门必修课，包括冬奥赛区和项目介绍、志愿者服务礼仪、英语口语、赛区文化、媒介素养等内容。

二是北京2022年冬奥会官方赞助商英孚英语提供的企业版课程（该培训为自愿参加）。

三是临出发前两天国家体育馆场馆团队进行的培训。该培训有针对性地介绍了场馆的比赛项目（冰球）的规则和赛程，以及场馆功能分区、流线等内容，还对接下来的日程安排、运动员入驻酒店情况等进行了具体说明。

四是北京体育大学组织的培训。该培训包括情绪调节与心理健康、疫情防控与疾病预防相关知识、思政教育等16项培训内容。

除了以上培训内容外，还进行了冬奥知识学习打卡和相关培训考核。

在物资准备方面，学校团委为每个同学提供了免洗消毒液、护手霜、沐浴露、洗发水等日用品，瑜伽垫、弹力带、泡沫轴等居家健身器材。驻地负责高校（北京交通大学）为同学们提供了瑜伽垫、俯卧撑支架等器材。除此之外，场馆方面定期提供赞助商的食品，包括小面包、坚果、泡面、干拌饭等，驻地酒店也根据同学们的需求采购各类物资。

四、实践过程

整个实践过程从时间维度划分为准备期、训练期、比赛期，对应的时间节点为2021年8月、2022年1月27日（第一场官方训练）、2月3日（第一场正式比赛）。

（一）实践阶段

在准备期，记者看台席功能区的主要工作为确认设施设备正常工作，包括排查看台台阶安全隐患、检查有线电视工作状态、为不带桌记者看台席座位张贴文字记者标志并统计数量、为座椅套座套以满足间隔就座要求等。

◎ 志愿者张贴文字记者标志

这一阶段为准备阶段，除了布置、检查硬件设施，还对志愿者工作进行了培训。志愿者通过培训需要熟记各个功能分区的名称及人员流线，为需要前往特定功能区的记者提供帮助。志愿者要掌握一定的沟通话术以应对各类情况，还需要根据记者注册卡的权限为其提供相对应的服务。

◎ 场馆主任对看台席志愿者进行培训

文字记者工作间的志愿者在第一天就细心清洁了整个工作间的200余张桌椅，干净整洁的工作环境是他们为记者提供的基础保证。此外，工作间志愿者还张贴了海报，悬挂了气球等装饰，让工作间里充满了浓厚的冬奥氛围。临近年关，志愿者主动张贴了春联、"福"字等中国春节元素，原本色调冷清的工作间在这些火红的小装饰的衬托下变得温馨起来。文字记者工作间的志愿者希望通过自己的努力，让在这里辛苦工作的每一位记者不仅能够拥有最好的办公体验，还能感受到我国传统文化的魅力。此外，考虑到记者的联网和打印需求，工作间的志愿者贴心地准备了一份中英文双语的Wi-Fi（无线网络）连接教程及电脑适配打印机说明，并将说明粘贴在每一个工位上，方便记者查看。

◎ 志愿者张贴"冰墩墩"海报

不仅如此，志愿者还将每日场馆的赛程、突发通知、班车时刻表等重要信息写在一块大白板上，方便记者查阅。考虑到白板可以最直观地展示工作间风貌和志愿者热情，大家每天都会对当日内容进行精心的排版设计，在空白处也会画上一些可爱的冬奥元素作为装饰。

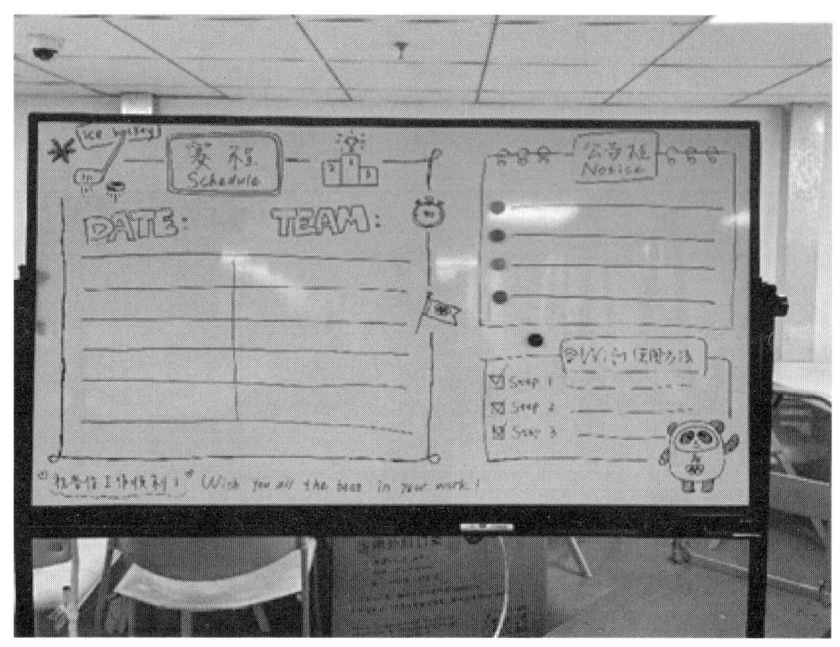

◎ 记者工作间白板

在训练期，有少量记者前来观看球队训练，这个时期的记者人数通常不会超过10人，因此是检验记者功能区运行能力的阶段。这个阶段随着功能分区的运行，逐渐暴露出一些前期没有意识到的问题：①整个西侧看台大部分区域为记者看台席，按照规定只有E类文字记者可以入座，但实际上持权转播商人数比文字记者多，因此在不影响文字记者优先入座的前提下，允许持权转播商等拥有4区权限的人员入座。②关于文字记者能否拍照的问题，明确规定可以使用手机拍照、录像，用于个人社交媒体，但不能使用专业设备摄录，供媒体正式渠道播出。③明确规定场馆工作人员、志愿者等不能坐在记者看台席。④明确规定运动员相关人员不能坐在记者看台席，应该将他们引导至三层运动员和随队官员座席。

训练期，文字记者工作间已经开始接待来自世界各地的记者，志愿者的工作包括但不限于赛前打印球队名单，每一小节比赛结束及赛后及时整理并打印出数据分析并分发给工作间内有需要的记者，剩余材料及时转交给看台志愿者，让他们分发给在看台上看比赛的记者。此外，接待台的志愿者也热情地服务并且回答记者前来求助的所有问题，包括帮忙连接Wi-Fi、打印文件、带路前往训练场馆或记者班车公交站台、通知比赛时间更改并解释更改原因等一系列问题。

虽然训练期间每日到达工作间的记者数量并不算多，但是志愿者仍旧以高涨的热情迎接每一位前来的记者。在服务中，我们也渐渐发现并解决了一些之前并没有意识到的问题。

一是文件柜的布局不够合理，不同种类的文件摆放过于杂乱，记者往往需要花费很多时间才能找到他们想要的文件。因此我们对整个文件柜的布局进行了重新规划，充分考虑到记者的需求，先按类别再按记者需求量将文件柜内文件从上至下重新排列，并在每一个抽屉上细心贴上标签，以便进行寻找。

二是茶歇区补货速度太慢、垃圾桶容量太小。由于国家体育馆并未向记者提供正餐，而记者工作间提供了简单的零食茶水等，所以当报道任务比较重的时候，多数记者选择在工作间的茶歇区草草吃些东西果腹。在前期没有准备的情况下，食品消耗速度快而补货速度慢导致工作间茶歇区域的负荷超标。为了解决这一情况，为记者提供更好的服务，我们在茶歇台桌子下方准备了很多食品，并且叮嘱工作间的志愿者随时留意茶歇区域的情况，及时补充面包、饼干等小零食，还将之前容量过小的垃圾桶撤走，换成了更加实用的纸箱。

比赛期间，记者看台席进入正常运行状态，为前来报道的记者提供周到、适宜的媒体运行服务。记者看台席的主要工作：

第一，按照运行计划运行记者看台席，维护看台秩序，验证前来人员的权限，为记者提供座位指引和信息咨询等服务。记者看台席志愿者最主要的工作是识别记者类型和权限，将他们引领到对应的座位区域。以国家体育馆为例，西侧看台中心区域为评论员席位和转播商席位，两侧45度角顶部有奥林匹克广播服务公司观察员席。因此当非文字记者（主要为持权转播商和主转播商）来到记者看台席时，志愿者需要向他们进行解释说明。当运动员及随队官员来到记者看台席时，则应阻止其就座，引导其去三层运动员和随队官员座席。

第二，检查区域内设施设备情况，包括有线电视、信息岛、座椅等。记者看台席助理要确保看台席区域的设施设备处于正常状态，其中有线电视是最重要的部分。有线电视发挥着为记者提供实时转播画面的作用，能帮助记者看清无法直接看到的比赛细节。在运行过程中，我们碰到了因为连接问题导致有线电视返回主界面的情况，因此看台席助理需要随身携带有线电视遥控器，以防记者无法及时收看转播画面。除此之外，记者喜欢搬动带桌看台席的座椅挤在一起坐。因此我们在比赛结束后要对座椅进行归位和清点，避免座椅丢失。

第三，为入座记者分发球员名单和比赛数据等纸质资料。记者看台席助理需要和记者工作间的志愿者配合，及时将工作间打印出来的资料带到看台席，为在记者看台席功能区的记者提供球队阵容、首发名单和各节的统计数据，为记者提供撰写报道的官方数据资料。

◎ 歌华有线工作人员讲解有线电视使用方法

第四，撰写场馆媒体中心记者看台席功能分区的运行日志。每日比赛或训练结束后，需要撰写运行日志，对当日工作进行总结。内容主要有记者最早到达或最晚离开时间，当日记者平均人数、峰值人数和具体时段，记者询问的主要问题，运行过程中碰到的问题及解决措施。同时，要对记者看台席功能分区的运行日志和其他分区的运行日志进行汇总，生成当日的场馆媒体中心运行日志，为媒体运行工作提供系统的记录归纳。

第五，协助其他功能分区志愿者和主管完成相应工作。场馆媒体中心的志愿者作为一个整体，在某一功能区负荷较大时通常需要抽调人手进行协助。以国家体育馆为例，男子冰球比赛仅有铜牌赛和金牌赛两场赛后新闻发布会，新闻发布厅助理在前期处于无工作状态，因此这些志愿者会支援运行压力较大的新闻混合区。而记者看台席的志愿者在通常情况下也需要协助工作间的志愿者，帮助他们为记者提供信息咨询服务，有时摄影记者无法找到摄影位置时，也需要将他们带到指定位置。

文字记者工作间志愿者的主要工作：

第一，赛前打印出参赛球队的球员名单，赛中每一小节结束后打印单节比赛的数据分析，赛后打印整场比赛的数据分析、赛事进程、球员进球数据分析，并分发给在场有需要的记者或投入文件柜内。虽然这些看起来只是微不足道的工作，但正是这些数据在记者写报道时有了具体的数据支撑，从而能做出准确的分析。

第二，每日更换工作间白板内容。工作间白板上有当日赛程安排、具体通知、贴心提示、记者班车时刻表等重要内容。志愿者每天都对要写的东西精心排版和装饰，以给记者带来新鲜感。

第三，当有记者上前寻求服务或帮助时，接待台的志愿者总是尽自己最大的努力帮助记者解决问题，小到提供一个口罩，大到帮记者注册北京冬奥组委为媒体记者提供的冬奥向导类手机应用系统（myinfo）。志愿者以自己高涨的热情和友好的服务态度面对记者，从来没有怨言。

（二）实践中的典型案例

1.为加拿大冰球协会首席执行官汤姆·瑞尼提供比赛资料并换徽章

2022年2月13日，在加拿大队训练时，我（柴景涛）注意到了这位坐在三层看台的老爷爷，因为在通常情况下，文字记者会优先选择坐在视野更佳的二层。于是我前去查看，在检查完注册卡确认了他有4区权限后，我问对方是否愿意和我换徽章（一种奥运会期间风靡的活动)。他因为没戴徽章表示遗憾,但主动问我是否可以在接下来两天带一个过来和我交换,于是我们约定2月15日再见。在元宵节那天,我带着特意亲手折的一枚加拿大的标志——枫叶,以及当天中国队对阵加拿大队的双方首发名单前往。他很喜欢我的枫叶,但只带了一枚徽章,说我如果喜欢的话可以留着自己的徽章,不过我果断地把一枚有志愿者标识的徽章给了他,希望这枚徽章能成为他在北京冬奥会的回忆。这时他提出给我签名,还要看一下我的名字给我写祝福语,这时我才知道他原来是加拿大冰球协会首席执行官!

◎ 笔者和加拿大冰球协会首席执行官汤姆·瑞尼

在接下来的一场比赛赛前和赛间我又去找了他,和他交流了对比赛的看法,为他提供了比赛数据单。汤姆·瑞尼表示加拿大队的比赛会非常艰难,"只有实力最强的队才能赢得最终胜利,和瑞典队如此,和中国队也如此"。

2.赠人玫瑰，手留余香：我和加拿大电视台女记者之间萍水相逢的善意

我（柴景涛）是文字记者工作间助理，所以每天都能在工作间见到各国的记者，有的记者特别开朗，每天都会和我们打招呼，空闲的时候还会和我们闲聊几句，向我们介绍他们的家乡之类的，我们也会热情地向他们介绍中国的文化。总之，一来二去，我们逐渐和一些每天都来工作间的记者熟络了起来。

老实说，最开始我并没有对这位女记者产生特别的印象，我印象深刻的其实是她的同事——另一位加拿大电视台华裔男记者，他的父母都是香港人，自己在加拿大出生长大，而且他会说一些粤语和法语。这位男记者十分风趣幽默，常常用一些搞怪的姿势逗得我们哈哈大笑。由于他非常平易近人，我们都很喜欢找他去换徽章，而我正是在这个时候遇见了这位女记者。

那天我本来是想找那位男记者换徽章，但是恰巧他去看台看比赛了，只有他的同事，也就是这位女记者在工作间。老实说，在此之前我没有和她讲过话，不知道她是什么样的人，心里多少有点发怵：万一她不愿意和我换徽章怎么办？万一她觉得我影响到她的工作怎么办？虽然我有些忐忑，但是当我看到她和善地望着我的目光时，我还是说明了来意。

没想到，这位女记者直接从背包里掏出了一枚徽章放到我手上，她告诉我她不是一个收集徽章的人，如果我喜欢的话，可以直接收下这枚徽章。我把徽章拿在手里愣了一秒钟，因为在此之前我从未收到过别人无偿赠送的徽章，所以这份突如其来的善意让我有些难以置信，下一秒则是感动和狂喜。

回到自己的位置上，我想我应该送她些什么。我用工位上的便

签做了一朵玫瑰,希望她在中国的这段旅程也能像玫瑰一样绚烂。令我没有想到的是,她在收到这朵玫瑰花时非常惊喜、非常开心,因为她没有想到我会回赠她一朵如此漂亮的玫瑰,她说一定会好好珍惜它。

◎ 笔者做的玫瑰花

这次志愿服务经历真的很神奇,我俩其实只是萍水相逢的陌生人,但是她不经意间的一个善意的小举动让我倍感开心,而我也愿意将善意回赠予她。奥运会是一种很奇妙的活动,它不仅将世界各地的人会聚到了一起,还在彼此之间创造出了一种独特的氛围,来到这里的每个人都像走进了一个和外界隔绝的、真空般的世界,这里没有冷漠和坐视不理,每个人都在最大限度地散发着赤忱和善意。

（三）实践中遇到的问题：高需求赛事期间无法确保文字记者坐在最佳位置

球队训练和常规赛事时通常不会有大量记者，但在以决赛为例的高需求赛事期间，大量媒体前来观赛，占据了相当数量的带桌记者看台席，导致稍晚到的文字记者无法坐在这些区域，这就不符合记者看台席的服务客户群是E类文字记者的要求。

事实上，小组赛期间美国队对阵加拿大队的比赛中就已经出现这类情况，媒体及其他具有4区权限的人员基本将西侧二层看台席坐满，而对已经入座的人员劝离通常难以达到效果。因此，我们的应对措施是及时对前来观赛的人员进行证件查验，如发现对方没有权限就立刻劝离，如有4区权限但不是E类文字记者则先安排到非最佳观赛位置的不带桌看台席区域。

◎ 小组赛加拿大队对阵美国队时的记者看台席

（四）实践收获：纸上得来终觉浅，绝知此事要躬行

作为北京体育大学体育新闻学专业的学生，我（柴景涛）在大二期间就学习了刘亚平老师的"媒体运行服务"课程，对媒体运行服务理念有一定的理论储备。但当时我对媒体运行的概念也仅停留在PPT（幻灯片）中的文字和老师口中讲述的一个又一个妙趣横生的故事案例中，而现在，当我真正经过冬奥会这样的实践锻炼，切身走过媒体流线，识别媒体人员注册卡权限，参与媒体运行服务之后，我才对这一领域有了真正的了解。曾经在课堂上让我羡慕的故事，如今我竟已经真切地参与其中。书本上的知识只有通过实践，才能内化吸收。

通过此次冬奥志愿服务，我有机会参与到奥运会这样的大型赛事运行管理工作中，深感"纸上得来终觉浅，绝知此事要躬行"。现实的情况远比课本上学到的更加复杂，但也更为生动，每次面对不同问题时的不安，每次解决问题后的畅快，每次的自我反思和提高，都让我在实践中近距离感受到了媒体运行的魅力。这些经历让我明白，一场大型国际赛事成功举办的背后是无数人的心血。从前期的准备策划到最终的实施，我们的视野慢慢变得开阔，考虑问题也更加周全，应对危机时也从最初的慌乱到如今的有条不紊，这一切早已远远超过了当初课本上学到的概念性的知识。我在这里体会到的如此生动鲜活而又富有意义，以至于对于日后想要从事相关工作的我来说，是一次无比宝贵的经历。

五、实践效果

记者看台席功能分区是场馆媒体中心中相当重要的一环，鉴于建筑结构原因（其他功能区在1层，记者看台席在2层，而媒体入口在2层），大部分媒体工作者抵达场馆后的第一站便是记者看台席。记者通常会先看一眼比赛场地及看台席的情况，再前往下一站。因此记者看台席的志愿者往往要承担超出本身职责范围的工作，重要性不言而喻。

记者工作间则更像是记者的大本营，有时候我们更愿意把它称为记者在国家体育馆的一个临时的"家"。记者会在这里不分昼夜地赶稿子，闲暇时也会三三两两地聚在一起谈天说地。高规格的大型赛事中记者的宣传报道是非常重要的一个环节，而文字记者工作间不仅是连接场馆、赛事和记者的枢纽，还是直面记者体现我们大国风貌的第一场所。

在近一个月的志愿服务实践中，记者看台席和记者工作间的志愿者都圆满完成了各项任务，为国家体育馆媒体的运行工作贡献了自己的力量。同时通过这次实践，我们也锻炼了英语口语交流能力，提高了自身的综合素质。

六、实践思考

北京2008年夏季奥运会留下了丰富的奥运遗产，其中包括场馆和奥运服务人才等，而北京也因为这场精彩纷呈的奥运会，在世界面前留下了一个良好的大国形象。

2022年的冬奥会，当全世界被这肆虐两年的新冠肺炎疫情搅得不得安宁时，北京站了出来，遵循习近平总书记提出的"绿色办奥、共享办奥、开放办奥、廉洁办奥"的四大理念，我们不仅再一次在全世界面前展示了我们的大国风采，还通过冬奥会为持续低迷的国际环境注入一抹鲜红的红色。

于我们个人而言，体育相关专业的同学借助此平台，有机会接触到国际顶尖运动员、顶尖场地设施和顶级赛事的运作模式；传媒相关专业的同学则能借助此平台熟悉国际大赛的报道流程，了解文字记者、摄影记者、转播商等媒体人员的工作方式；奥林匹克广播服务公司实习生以主转播商的身份，直接参与转播协调等各项转播工作，获得了宝贵的一线工作经验。

综上所述，利用大型活动进行人才培养是切实可行的，也是极其高效的方式。我们对将来举办各种大型活动的建议是：在疫情防控要求允许的前提下，尽量多招募志愿者，这样既能减轻志愿者的工作压力和负担，也能让更多的人参与到大型活动之中，形成更浓厚的大赛氛围。

国家体育馆媒体运行混合区实践报告

作者姓名： 段家玉
作者岗位： 国家体育馆媒体运行混合区助理
指导教师： 刘湜　贺幸辉

一、总述

本报告为北京体育大学新闻与传播学院学生作为北京2022年冬奥会志愿者在志愿服务的实践活动过程中所产生的报告，主要从北京体育大学学生作为媒体运行专业志愿者在本次北京2022年冬奥会的社会实践中的实践内容、实践准备、实践过程、实践效果和实践思考等几个方面来阐述学生志愿者的所见所闻，并回顾在本次冬奥会志愿服务过程中的学习与成长。

二、实践内容概述

本次实践活动的目的主要是学生以志愿者的身份参与这样一

个世界性的体育盛会，在赛事中做好自己的工作，用志愿者的微笑给来自世界各地的人带来温暖。作为冬奥志愿者，在做好服务的同时，我们也肩负着讲好中国故事、让世界深入了解中国的使命。最重要的是要做好自己的服务工作，与此同时也可以与更多国际友人成为朋友，向世界展现中国青年积极、热情、向上的形象。

本次实践活动的意义对于每一位志愿者来说都是非常重大的。首先，北京这座城市已经成功举办了一届夏季奥运会，加上此次的冬季奥运会，北京成为世界上第一个，也是目前唯一的双奥之城。此次举办北京冬奥会的时间点也非常关键，我国正处于飞速发展时期，举办一场精彩绝伦的冬季奥运会也是在向世界展示我国国力和冰雪体育事业发展的成果。其次，奥运会是世界级的高水平运动会，作为体育大学的学生，体育赛事对我们有着非常大的吸引力，而如今我们有机会参与其中，感到非常荣幸，也非常激动，能够在如此年轻的时候就投身于如此盛大的体育盛会。怀抱着这样的心情，我们在工作岗位上每天都有着无限的动力。参与此次实践活动，我们不仅见识到如今祖国发展的现状，也和来自世界各地的人进行接触，增长了自己的见识，立志成为一名记者的我也见识到报道奥运会的记者是如何工作的，每天都仿佛处于生动的课堂之中，受益良多，脑海中的职业图景也越来越清晰。

2022年1月23日，我们出发来到了驻地，整理内务休整后我们就马不停蹄地进入场馆开始自己的工作。在各国运动队到来以前，我们就对媒体运行区域的物件进行了整理和摆放，并根据场馆实际运行情况进行相应的调整。前几日我们还对场馆内的各个标识进行补贴和修改，确保我们区域流线的准确性，以免记者和相关工作人员看不懂标识或者走错路等。国家体育馆主要承办本届冬奥会冰球项目的比赛，在媒体流线的走廊中也贴了很多冰球项目图片和文字描述。除了对标识进行基本的布置，我们在刚开始的时候还在媒体各个位置点摆放了一些消毒物品，以便记者在和运动员接触后及时进行消毒。

国家体育馆承担的主要赛事任务是本届冬奥会的男子冰球，在开赛前几天也有几场女子冰球的比赛。场馆媒体中心的岗位志愿者有40人左右，分别在混合区、记者看台席、记者工作间、媒体休息区及各个位置的验证点等。我所在的新闻混合区是文字记者在赛后对运动员进行采访的地方，我们主要的服务对象是证件为E类的文字记者，在混合区询问他们对运动员的采访需求，及时向主管报备，协助他们对运动员进行采访，以便他们的工作顺利进行。在混合区有一片区域是专门留给新闻机构记者、国际冰联记者及奥林匹克信息服务记者的，他们所在的媒体有较大的影响力，所以在混合区有一片专门的区域，尤其是奥林匹克信息服务的记者，他们采访的内容要上传到myinfo上，要给很多不能到达现场采访的记者提供及时引语。我们要做的就是和记者多交流，了解他们的需求，帮助他们实现采访的目的。由于我们要站在隔离栏里面帮助记者递录音笔什么的，所以我们每人都配备了面屏，隔离栏里面也有比较高的桌子供我们放置记者的录音笔和手机等。

混合区助理其实是一个机动性非常强的岗位，在比赛结束后我们就要立刻准备迎接记者的到来。但大部分记者只有在比赛结束后才会到来，所以在比赛刚开始的时候我们可以到记者看台席观看比赛，只不过我们在那里也要履行志愿者的工作，就是给记者提供队员名单、首发阵容的资料和技术动作的统计等，这样我们也体验了记者看台席助理的工作，非常有意思。有时我们也要去记者工作间给记者拿一些资料，不忙的时候也会和记者工作间的志愿者进行交流，了解他们日常的工作。他们需要登记记者的需求，如果需要到混合区进行采访的记者要填写申请表，拿到混合区辅助通行物之后才可以进来进行采访，有时我们会和他们一起完成这个工作，给记者发放辅助通行物、登记采访需求，并询问是否需要语言服务。

混合区的工作有主馆的工作和训练馆的工作，一些队伍在主馆进行比赛的时候，训练馆也会有其他的队伍进行训练。在服务的第一阶段，我们还未熟悉工作内容的时候，工作的时候总是小心翼翼，鉴于疫情防控不经常与运动员和记者进行交流，并且隔着面屏进行交流也有一些困难，之前也没有太多与外国人进行交流的经验。但是在熟悉了工作内容与工作流程后，我们和记者的交流变得顺畅起来，而且有些记者自己配备了自拍杆等设备，实现了完全自助，他们也会叫住运动员，提出自己的采访需求，这样的场景也让我学到了许多东西。

在实践的过程中，我始终记得自己志愿者的身份，以做好分内工作为己任，以洋溢的热情和友好的交流架起与媒体人员沟通的桥梁，展示我国青年志愿者的风采。

三、实践准备

为了顺利完成此次实践任务，我接受了冬奥组委与学校组织的多轮培训，在实践技能和心理上都做了充分的准备。

2020年12月，我通过选拔成为冬奥会大学生记者训练营的一员，从那时起我就知道我将作为一名专业志愿者参与冬奥会的服务。在训练营中，我学到了许多资深记者教授我们的大型赛事活动的报道经验，还与业界前辈们进行交流，学到了许多有趣又实用的知识。虽然我们只是协助媒体记者进行工作，但在前辈们的描述中我对冬奥会的志愿服务活动充满了期待，也积蓄了很多进行服务工作的热情和力量。

在冬奥会即将来临的时候，我参与了多轮培训，同时还要保持好和学业、实习工作的平衡。有时要协调整体的时间，因为培训一次要四五个小时，这对身体和心理都是一种考验。此外，我还参与了心肺复苏的培训，更感受到抢救时间的紧迫，也对自己即将面对的情景感到一丝紧张。

北京冬奥组委也为我们准备了一系列培训课程，有英语交流的日常用语，还有各个领域负责的任务，北京赛区、延庆赛区及张家口赛区的历史文化与人文习俗，以便我们向外国友人进行介绍。此外，还有相应的医疗急救知识及服务残疾人运动员时的注意事项，中华文化的简介、国际形势与对外交流的注意事项，各个方面都非常全面。我们学完之后还有测试题，以检验我们的学习效果。学校也组织了一系列测试，只有经过培训且结果合格的志愿者才可以上岗服务。

此外，作为此前参与过大学生记者训练营的学生，我们还必须参加英语口语的培训，冬奥组委指定的培训机构对我们进行线上培训，英语母语者来教我们一些日常用语，这些非常有用。

除了在技能方面的准备，我在心理和思想上也做好了准备。在进入闭环之前，学校的老师给我们做了充分的思想教育，志愿者在学生会的组织下进行了一些破冰活动，所以我们对之后的志愿服务工作有非常强烈的期待，怀着极大的热情投入工作，因为机会难得，所以热情持续的时间比较长。

四、实践过程

实践过程主要分为准备阶段与赛时阶段。在准备阶段，我们整个媒体领域都在进行记者工作间与记者看台席等区域的布置，给记者提供相应的标识，维护媒体区域内的干净整洁。这一阶段主要是为服务记者进行一系列的准备，我们对领域内的环境也进行了一定的维护。在这个阶段也有一些训练队伍开始训练，来的记者比较少，这是我们熟悉工作的时候。各队伍在训练的时候，记者比较少，但赛时记者比较多。训练馆和主馆的布置要求不一样，所以要根据两个环境提供相应的服务。训练馆运动员有时不会执行采访流线，因此记者就来不及叫住运动员，我们便需要提前和体育领域的志愿者进行沟通，或者有新闻官在的时候提前告诉新闻官记者的采访需求，让被采访的运动员在出场的时候执行采访流线，帮助记者顺利地采访到运动员。此外，我们还需要向记者询问采访需求，和其他领域的志愿者进行协调，最大限度满足他们的需求。训练馆的隔离栏并没有主馆那么远，所以在这里我们不用帮助他们传递录音设备，但可以提醒他们外部环境中有几个取暖器，告诉他们怎样有舒适的环境。

到了赛时阶段，我们就开始真正运行新闻混合区，为有采访需求的文字记者提供相应的服务。每天在主馆和训练馆都有比赛和训练，我们主要分为两个小组，分别上早班和晚班，但由于早晚班的工作量不一样，所以每天都要进行倒班，也就是上完晚班就要去上早班，然后休息较长一段时间再去上晚班。虽然倒班很辛苦，但是我们体验了不同时间岗位上的不同情况，这也是一种非常特别的经历。在混合区运行的时候，工作主要为采访区、区域管控和验证点的工作。采访区的志愿者主要负责给记者传递录音笔等设备，询问记者采访需求，并将需求报告给主管，主管协助记者将运动员带领至相应位置，以便接受采访。负责区域管控的志愿者主要负责混合区人员的流动管控及提示记者、运动员、相关人员戴好口罩、禁止摄录、保持社交距离等。由于混合区运行期间人员混杂，有安保人员、医护人员及语言服务的志愿者，所以负责区域管控的志愿者需要保障区域的安稳运行，及时制止不当行为，并维持采访纪律，以便记者的采访工作能够顺利进行。验证点的志愿者主要是对来往人员进行验证工作，如在赛时只有E类的文字记者有权进入新闻混合区；着重保障记者的工作质量，结束后要将当场情况进行汇总和报告，查看运行过程中出现了什么问题，以及时改正。

五、实践效果

媒体对赛事的影响力是巨大的，体育赛事通过媒体进行宣传，我所在的岗位是媒体运行中的一个小环节，但也是非常重要的一环。观众都非常想了解运动员比赛后的心情与感想，运动员在混合区经过记者的采访后，这些可以得到很大范围的宣传，人们就有了了解的途径，从而更全面、更深入地参与、观赏体育赛事的活动。我们志愿者群体做的都是非常普通的工作，每个人都在努力做好自己的工作。我们对远方到来的朋友展示自己的友好，和他们进行交流也增进了彼此的友谊，我们了解到不同国家的人的做事风格，我们甚至已经熟记一些熟悉的记者朋友的需求。我们的工作内容更多是提醒与引导、询问和汇报，这些工作看起来微不足道，但是需要我们每个志愿者认真地对待，及时和外国友人进行友好的沟通。我们媒体服务的工作目标就是保障媒体人员能够顺利地进行冬奥会的报道，和世界各地的媒体人员进行交流，我们从中也学到了很多。

六、实践思考

在本次实践活动中，作为志愿者的我们真的学到了非常多，也非常荣幸能够有这样一次机会。非常感谢在实践过程中遇到的老师们和同学，我们一起度过的日子闪闪发光。不管是在刚进入场馆进行服务的适应期，还是已经熟练工作内容的日子，和大家在一起的日子我都过得非常充实，这段特殊的经历我将永生铭记。作为一名新闻与传播学院的学生，我立志成为一名记者，在此次冬奥会之际我与来自世界各地的记者进行了友好交流与学习。因为疫情限制了媒体到现场报道的数量，能来的都是各国大媒体机构的精英记者，专业能力都非常过硬。混合区在赛后人员混杂，现场情况也比较复杂，记者需要抓住每一个机会，不能错过自己要采访的运动员，注意提问的内容和时机，这些都非常考验记者的随机应变能力和新闻工作的基本素养。在工作现场，记者时刻需要非常强的工作能力和很好的精神面貌，这让我意识到作为一个学生要学习的还有太多太多。见识到报道世界顶级体育赛事的专业记者，我有了一个大致努力的方向，希望自己以后也能做到这样高的水平，在这样的工作场景中工作。每次在岗工作对我来说都是一堂生动的课程，在其中我能够得到沉浸式学习，见识到冰球运动项目的魅力，这对我以后的职业生涯有很大的影响，我将继续学习，永远在路上。

国家体育馆媒体运行记者看台席实践报告

> **作者姓名：** 皮家鸣
> **作者岗位：** 国家体育馆媒体运行记者看台席助理
> **指导教师：** 刘湜　贺幸辉

一、总述

本报告从一名媒体运行领域记者看台席志愿者的角度出发，阐述场馆的主要情况及自身在冬奥实践活动中的主要工作内容、实践过程及心得体会等，并附上相关图片资料。

二、实践内容概述

第一，本报告的实践地点为国家体育馆，实践时间为2022年1月23日至2月23日。服务冬奥会的社会实践以圆满保障赛事顺利运行为最高目的，以向国际社会传递本次北京冬奥会的理念及冬奥志愿者的风采为次要目的，以提升自我或增长见闻等为个人目的。

北京冬奥会的意义宏大，有幸作为冬奥会志愿者，参与到这样大型的体育盛会、国际盛会，见证中国运动员在赛场上拼搏的身姿，见证奥林匹克意义下的"天下一家"。

第二，国家体育馆在北京冬奥会期间主要承担男子冰球项目及部分女子冰球项目的比赛，我所在的媒体运行领域又分为摄影运行领域及新闻运行领域，其中摄影运行领域20人，其人员配备均为摄影助理，新闻运行领域分为记者工作间助理、记者看台席助理、混合区助理和新闻发布厅助理四种岗位，共40人，由来自北京体育大学、北京信息科技大学和北京大学的同学共同组成国家体育馆媒体运行领域团队。场馆冰面平整光滑，每隔45分钟进行一次冰面维护。此外，场馆还采用了先进的灯光投影技术、动画技术、音乐音效技术，配备了数百台有线电视实时呈现赛时画面，并运用了高端的转播设备及摄影设备，配备并使用了高速摄像机，精确捕捉冰球运动员在高速运动中的精彩瞬间。

第三，记者看台席助理的岗位职责为：按照运行计划运行记者看台席，提供座位指引和咨询服务，检查区域内设施设备情况，为记者分发球员名单和比赛数据，并对当日的运行情况做好记录并进行反馈。记者看台席是赛时记者工作和会集的地方，赛前记者首先抵达记者工作间，赛时记者移动至记者看台席，赛后记者移动到混合区对运动员进行采访，采访结束后回到记者工作间，或在有新闻发布会时前往新闻发布厅。因此记者看台席的志愿者不仅需要对看台上的每一个功能区有清晰的了解和认识，还需要对其他上下游领域的流线有基本的认识，能够提供去往不属于看台席工作范围的功能区的路线指引。记者看台席配备11人，其中包括一名P类主管，

10名Ⅴ类志愿者，志愿者中9位来自北京体育大学的新闻与传播学院、国际体育组织学院和运动人体科学学院，1名来自北京大学。

三、实践准备

冬奥会作为我们国家积极筹备并高度重视的大型国际体育盛会，要求我们首先要保持好自己的精神状态与身体状态，且为了满足冬奥闭环与疫情防控的要求，我们要携带一定数量的物资以保障自身在闭环期间的生活状态与生活质量。在心理上，面对四个月不能回家尤其是过年期间也不能回家的要求，我们需要及时调整自己的状态，树立独立生活与坚强勇敢的意识，并注意保持与家人的联系和与朋友的沟通，关注自己的心理状态，积极生活，在发现可能出现心理问题时及时与家人、朋友或老师沟通，不让自己的精神状态受损。在身体上，与日常学习生活不同的赛时工作状态可能让我们的身体发出各种各样的警报，我们要舒展筋骨，不要久坐或久站，要劳逸结合，适当锻炼，可以参与学校为我们提供的线上健身课程等，保持良好的身体状态。在物质方面，场馆与驻地会给予不定期的激励物资，我们携带必备的洗漱用品、换洗衣物、学习用品和娱乐用品等即可。在服务冬奥会之前，我们每位志愿者都在线上进行了20多个课时的冬奥知识学习，熟悉各个场馆及项目的分布情况、北京的人文地理情况，适当培训了英语口语，这些保障我们在赛时可以顺利地为来自不同地方的记者服务，满足记者的不同需求。

四、实践过程

第一，记者看台席志愿者的工作内容：按照运行计划运行记者看台席，提供座位指引和咨询服务，检查区域内设施设备情况，为记者分发球员名单和比赛数据，并对当日的运行情况做好记录和反馈，在主管和领域经理的指导下按照运行流程运行。

第二，在记者最初到达场馆的几天，对场馆的运行流程、功能区分布还不是很熟悉时，志愿者需要对记者进行必要的引导。有些记者虽然不清楚流程，但不会主动向志愿者询问，这时就需要志愿者展现出热情的一面，主动询问记者是否有需求，并提供必要的帮助。在一场瑞士运动员的训练中，有两位捷克记者匆匆赶来到看台席就座，并不时望向训练场地且神情疑惑。我们发现根据赛程表，捷克运动员此时也正在训练，不过训练的地点并不是这两位记者所在的竞赛馆，而是在不远处的训练馆。我们判断这两位捷克记者可能是想来观看他们本国运动员的训练，但不小心走错了地方，于是我们上前询问，发现事情果然如我们预料的那样，于是在这两位捷克记者提出需求后，我们将他们引导至训练馆，这两位捷克记者表示我们帮了他们大忙，这让我们觉得非常欣慰和有意义。还有一位匈牙利记者，在开幕式之前他来到场馆熟悉工作，他的注册卡上写的是E类文字记者，权限是4区，但他表示他的身份其实是评论员，他希望去没有权限的5区执行评论员的任务，这就涉及注册卡注册问题及升级卡的发放问题。这个问题在看台席并不能得到直接有效的处理，所以我们将他引导至新闻运行办公室，由那里的工作人员对他的问题进行处理，最后顺利解决了这位记者的难题，他也向我们表示了感谢，并在后来的工作中经常与我们热情地打招呼。记者看台席有一位来自国际体育组织学院的同学非常多才多艺、心灵手巧，她喜欢研究现代折纸，经常在休息时制作一些枫叶、企鹅、马头、耳机等形象的折纸赠送给在看台席工作的记者。有时有记者向她提出交换需求，希望用徽章交换她的折纸，她也与许多外国的记者朋友互相交换了社交账号，并在冬奥会结束后收到了许多记者的感谢。其中有人表示她制作的折纸非常精致，会好好收藏，折纸枫叶是他现在最喜欢的东西之一。而这位看台席的志愿者同学不仅会与前来看台席工作的记者进行交流，在闲暇时间，她也经常教我们如何折出各种漂亮的折纸形象，这几乎成了我们最喜欢的休闲活动。

第三，记者看台席助理范畴内的工作对我们而言并不难胜任，但偶尔我们也会遇到困难，如有一位记者在一场冰球比赛期间来询问冰壶比赛的相关事宜，事先没有准备好冰壶相关英语知识的我们有些听不懂他在说什么，后来在翻译软件的帮助下，我们顺利将他引导至位于国家体育馆南侧的国家游泳中心，并告诉他如何乘坐摆渡车前往。还有些记者可能会询问运动员更衣室或者医务室（这些我们并不熟悉的地点）的位置，起初我们只能如实告知并不知晓，后来在询问过领域经理后，我们逐渐熟悉了场馆内从闭环内到闭环外每个功能区的位置，并顺利进行了之后的指引工作。还有的记者会询问如何买票，但据我们所知，冬奥会的门票是不对外出售的，在询问了领域经理后，我们搜寻到了一篇北京冬奥会官网的官方回答并传递给了记者。

第四，在这场全民关注的国际大型体育赛事中，能够担任志愿者使我感到非常荣幸与幸运，亲身经历这样一场宏大的盛会，亲身感受奥林匹克的文化，感受不同国家、民族、种族的人们欢聚一堂的体育氛围，这样的经历不但增长了我的见闻，并且使我永生难忘。在亲历这场盛会的过程中，使命感与民族自豪感是油然而生的，我能够感受到身为东道主、身为一个强大国家的人民中的一员，我有责任也有信心能够服务好来自远方的客人。为大多数都是外国记者服务的这段时间，是我从出生到目前为止使用英语最频繁的一段时间，从最开始只能说几段简单的口语、提供简单的服务，到后来渐渐地与来自世界各地的外国记者开始交谈与交流，英语口语能力的提升让我感到非常欣喜，这对我今后的英语口语学习不论在信心上还是在能力上都有非常大的提升。此外，记者看台席的工作意味着在这个领域工作的志愿者也有大量的机会观看运动员训练与比赛。我每天有4至6个小时的时间观看冰球比赛或训练，这让我学到了非常多的冰球知识，感染到了非常浓厚的冰球氛围，并希望能够继续追寻我在冬奥会期间所看到的这些球队与优秀的冰球运动员，继续关注这项体育赛事，尤其是关注中国队在今后的表现。他们在冬奥会上创下了中国冰球的历史，我希望以后能够有机会陪伴和见证中国冰球队创造更辉煌的历史。

五、实践效果

记者看台席几乎是记者在赛时停留时间最长和工作时间最长的地点。坐在看台席上，记者直接面对的是正式比赛或训练时使用的冰场，视线开阔、温度舒适，这里提供了让人心情舒缓并能够持续高效投入工作的空间。记者通常一边观看比赛一边撰写稿件，稿件的内容与质量直接关乎冬奥会赛事报道的呈现效果，是场馆以外的大多数观众获取比赛信息的主要渠道之一。记者看台席的志愿者要保障记者观赛与撰稿时的电力、设备及其他相关合理需求，是保障记者顺利成稿的基础条件之一。记者看台席在闭环内与闭环外的观众席一墙之隔，共同构成了国家体育馆冰球赛事的观众组成。志愿者作为看台席的一部分，一言一行都受到记者、观众、运动员和其他场馆内所有人的关注，言行、举止得体有礼也能够使岗位成为场馆内赛事运行的名片之一。看台席志愿者不仅凭借优秀的素质和能力在日常工作中时常收获记者和转播商的感谢，而且在冬奥会全部比赛结束后，一名来自国际冰球联合会的官员在冰面上向我们媒体运行领域的全体志愿者表示了感谢，他表示我们完全做到了奥林匹克水平的服务，非常感谢我们全体工作人员的努力，并向我们赠送了冬奥会使用的冰球。在服务的过程中，我们发现很多地方和细节都需要志愿者自身用细心和耐心来一点一点地发现和学习，在功能区，不仅有场馆自己设置的功能区，还有不受我们管理的奥林匹克广播服务公司设置的功能区，我们都要记住位置并进行指引。在这些方面，志愿者团队可以增强与其他组织的联系、信息共享，这样可以省去很多不必要的麻烦，我们双方也可以节省更多的时间和精力成本。

六、实践思考

北京冬奥会是一场圆满举办并在国际上享有高度盛誉的国际

体育盛会，在凝聚世界各个民族，构建"天下一家"和传递中国精神、体育精神、奥林匹克精神等方面的贡献尤为突出。作为一名志愿者，从自身角度出发尽力提供优质的服务，许多来自不同国家的记者、转播商、运动员等在对我们的评价中频频提到"热情""活力""细致""周到"等词语，我相信这是我们做得好的地方，也是我国今后举办大型赛事招募和培训志愿者时可以对志愿者提出的要求与培养方向。此外，北京冬奥会对志愿者的培训非常周到细致，讲解清晰全面，从国际格局、文化地理、场馆设置到每个志愿者可能面临的具体情况及英语口语等都进行了详细具体的培训，并且在我们到场馆之后还进行了有针对性的指导和培训，让每个志愿者都学习到了丰富的知识，增强了参与感。北京冬奥会的开闭幕式运用了大量的中国元素，匠心独具，也广受好评，是我国将来举办大型赛事开闭幕式表演等活动的优秀教科书。在今后的大型赛事中，我国依旧可以沿用全国报名、学校报名和社会报名同步，笔试、面试兼有，并制作相关网课供志愿者学习的模式，在细分领域中进行更为细致的、进一步的培训。

七、照片、视频等相关资料

根据所在场馆、岗位和服务的对象整理赛前、赛中、赛后不同时间节点，以及服务的对象工作的相关照片、视频等相关资料。

第一，照片、视频应体现主要工作场景（全景、中景、特写）。

◎ 冰场左侧是观众席，右侧是记者看台席

◎ 记者看台席的一角（拍摄于正式比赛前调试灯光时）

第二，照片应体现冬奥文化特色、项目特色、场馆特色、服务特色（硬件、软件、后勤保障等服务内容）。

第三，拍摄自身（北京体育大学新闻与传播学院）的工作照片，以及与媒体、志愿者团队，也包括我院志愿者团队的工作合影，最好与上述服务工作场景有效关联（根据场馆要求和自身实际情况拍摄与收集）。

◎ 全体新闻运行志愿者在新闻发布厅的合影

第四，尽可能多地与外国运动员、工作人员进行合影。

第五，在遵守冬奥组委保密规定的前提下，尽可能多地收集相关工作手册、宣传材料、工作流程、岗位要求等资料。

第六，所有材料要注明时间、地点、内容等。

国家体育馆摄影运行实践报告

作者姓名： 张樱馨
作者岗位： 国家体育馆摄影运行助理
指导教师： 刘滉　贺幸辉

一、总述

本文从笔者在冬奥实践活动中的具体工作内容开始，主要写了笔者为参加冬奥实践活动进行的技能和知识、心理、身体及在物资上的准备，详细介绍了笔者在冬奥实践活动中在各个摄影岗位上的实践过程、对参与冬奥实践活动的深切感受及对冬奥会实践活动的思考。

二、实践内容概述

从2008年北京举办夏奥会开始，志愿者这一名词逐渐进入国人的视野之中。在2008年夏奥会中，已经有许多不计回报、互助友爱的各行各业的人作为志愿者参与到奥运会的筹备和运转之中。在疫情仍然严峻、需要重视的情况下，中国仍然选择筹备开展冬奥会，体现了大国的气量与担当。志愿者放弃了春节在家中和亲人阖家团圆的机会，投入冬奥会之中。无数志愿者在不同的岗位上保障冬奥会顺利进行，保障各个场馆的比赛圆满顺利地开展。

作为冬奥的志愿者，能够在被称为"冰之帆"的国家体育馆为冬奥会这样一个国际赛事贡献自己微小的力量，我感到十分幸运和自豪。作为国家体育馆媒体运行的志愿者，我们从2022年1月23日进入闭环开始北京冬奥会的志愿者生活。作为媒体运行中的摄影运行助理，我们一共有20人，全部来自北京体育大学。我们在赛会期间辅助摄影记者的工作，保障他们可以顺利地完成摄影工作。

三、实践准备

为参加冬奥会进行的心理、身体、物资等方面的准备，包括奥运知识的学习、相关专业技能的训练等。

在得知自己被选为冬奥的志愿者时，我是非常激动和兴奋的，在第一时间和爸爸妈妈分享了这个消息。"凡事预则立，不预则废"，为了能够更好地服务冬奥，成为一名合格的志愿者，北京冬奥组委和学校为我们提供了一系列提升自己的课程和培训。

（一）与冬奥相关的专业技能和知识准备

首先，北京冬奥组委正式开通了供冬奥人员学习并了解冬奥各个比赛项目、比赛场馆、比赛举办城市、应急急救知识等一系列和冬奥相关的需要掌握的知识网络平台。在学习了平台的网课及选修了一些课程之后，我对冬奥的各个场馆、各个项目，以及应急情况的处理方法有了更加清晰的了解和认识。在遇到突发状况时，我知道应该如何应对，也更加清楚自己作为志愿者应该做到什么，有哪些是不能触碰的。

其次，为了提高志愿者的英语口语交流能力，冬奥组委特别为志愿者开设了英语提高课程。英孚英语针对我们的不足之处和个人英语水平在线上开设了可供学习的英语课程，设计了不同难度的英语供志愿者根据自己的情况进行选择。

再次，我们在学校集体通过线下培训、线下观看讲座等方式学习了急救知识，对冬奥的志愿活动有了更深入的了解。同时，一些有针对性的集体性培训，如针对我所在的摄影运行领域，对摄影志愿者进行了相关的摄影技巧，以及摄影记者类别等一系列的专业知识技能培训，保证我们上岗之后能够对场馆和将要开展的工作有清晰的了解。

经过专业的培训和学习之后，我对于即将开始的冬奥会志愿者生活更加期待了，并且我有了更加明确的目标和规划，希望可以通过自己的努力服务好冬奥，为冬奥贡献一份自己的力量。

（二）心理和身体上的准备

在心理方面，学校邀请了北京体育大学社区卫生服务中心的心理老师为志愿者做关于调整情绪和如何缓解压力的心理讲座。在讲座中，我们学习了如何调整呼吸来缓解压力，如何进行腹式呼吸，在冬奥志愿工作中出现焦虑、紧张的情绪时应该如何调整。另外，为了能够以更饱满的精神状态迎接即将到来的志愿者工作和生活，我为自己制订了锻炼打卡计划，每天坚持运动，来提高自己的身体素质，使自己在进入冬奥闭环时，能够拥有一个强壮的身体和饱满的精神状态。

（三）物资准备

在物资的准备方面，学校给冬奥志愿者准备了相应的物资，如暖贴、瑜伽垫、保温水杯、创可贴、口罩等。而且为了能够更好地在闭环内生活和工作，我也给自己列出了冬奥物资清单，并且对照清单和自身需求准备了在冬奥闭环内需要的物资。

四、实践过程

（一）在摄影位置的实践过程

在冬奥会初期，因为比赛的数量不是很多，多是各个国家运动员的训练，因此我们是全员上岗的。在这一阶段，我们的主要任务是快速熟悉场馆的各个摄影位置，以及摄影位置流线。因为国家体育馆比较大，而且闭环内和闭环外是严格分开的，加上分区管理，所以熟悉摄影位置流线就是当时最为重要的事情。在当时，并没有参加过测试赛的我最大的困难就是在场馆中经常迷路，不能很快地找到每个摄影位置，也很难找到我们的摄影工作间。为了让自己可以成为一个"路路通"，在最开始的几天，我会主动承担带摄影记者去摄影位置的工作，并在上岗之前自己熟悉路线，把每个摄影位置都走一遍，这样我很快就熟悉了每个摄影位置的路线。

在摄影位置方面，最重要的就是提醒摄影记者戴好口罩，隔位就座。在很多情况下，为了拍照方便，一些摄影记者会摘下口罩进行拍摄，这是不符合防疫要求的，志愿者要进行提醒，对他们进行耐心的劝导。在比赛的时候，一些重要的摄影位置要保证只有摄影记者才可以进入就座；对于坐在摄影位置观看比赛的人员要进行劝导，志愿者要提醒他们坐到其他区域，以免影响摄影记者拍摄。

（二）在工作间的实践过程

比起在摄影位置的工作，在工作间的工作更烦琐。我们每天要对 TG 班车时刻表、每日竞赛日程、每日场馆媒体中心开放和关闭时间、摄影记者通气会（Photo Briefing）时间等进行更新。在工作间，我们更要注意和摄影记者的沟通；为记者登记更换袖标，并且要提供茶歇和不过夜的储物柜。在这个过程中，我们要对记者的信息进行登记。对在场馆媒体中心下班之后没有归还储物柜钥匙的记者，我们会提醒他们不要忘记归还。有很多记者因为工作比较繁忙，拍摄任务比较重，很容易忘记归还储物柜钥匙，我们要在他离开场馆之前找到他并善意提醒他归还钥匙。而对于一些有长期储物柜需求的记者，我们也灵活地提供了一些可以短暂过夜的储物柜。因为我们在工作间会接触到大量的摄影记者，所以很重要的一点是要根据疫情防控的要求做好防护并做好消毒。当有记者要从工作间出发去摄影位置时，我们会分出人手，并和摄影位置的同事进行沟通，带领摄影记者前往摄影位置。

在决赛时，有一位加拿大的摄影记者因为不知道摄影位置怎么去，来到工作间求助。这位摄影记者对摄影位置的分布不是十分清楚，于是我们的志愿者带他去了每个摄影位置，最后这个摄影记者找到了他认为合适的摄影位置。在这个过程中，耐心是很重要的。

我们也非常高兴能够帮助到我们的客户群体——摄影记者。每次在工作间或者摄影点位看到拿着摄像机的摄影记者的时候，我们都非常兴奋！能够为我们的摄影记者服务，让他们在比赛时拍出好的照片是我们的希望！

五、实践效果

国家体育馆是男子冰球和部分女子冰球进行比赛的场馆，这次中国男子冰球队也成功地进入了冰球比赛的大名单中。能够见证中国男子冰球队在冬奥会上的第一次比赛我们是非常激动的。我现在依然记得中国队对阵美国队的时候，看到中国队从运动员通道走出来，听主持人介绍运动员的时候，我有多么激动！虽然中国队并没有胜算，因为对于美国队来说，中国队是实力较弱的对手，但是我们的队员在场上顽强拼搏，从第一节一直战斗到了第三节。尽管最后非常可惜，我们所期待的进球并没有出现，中国队0:8输给了美国队，但是正如队长叶劲光说的那样，登上冬奥会是我们的毕生梦想，让世界记得我们来过。因此，在之后的几场比赛中，中国队一直都是勇往直前的。2022年2月12日，对战德国队时，中国队打进两球，我和我的小伙伴们站在看台上的摄影位置上激动流泪，我们抱在一起，流着眼泪庆祝中国队的进球。全场的观众都在为场上的队员加油。2月15日，中国队对战加拿大队，面对世界强队，我们没有丝毫退缩，依然顽强地拼搏着。虽然比分是7:2，中国男子冰球队结束了自己短暂的冬奥会旅程，但是我们看到的是建安在场上的两次进球，门将史密斯在受伤的情况下依然努力守下一球。他们的表现是勇猛的，他们的意志是坚定的！我们能够想象到这支韧性十足的中国队未来一定可期。冬奥会的结束对中国冰球队来讲是一个终点，但是对中国冰球来讲是一个起点。回头看中国队的比赛，我很难过，我们是通过冬奥会才开始关注他们的，没有更早地成为他们的球迷，我很遗憾。对于现在的中国冰球队，虽然他们是那么努力，但他们是缺少机会的。在冬奥会的报道中，我们也不能常看到关于中国冰球队的报道。甚至在疫情严峻的情况下，中国冰球队只能把主场设在俄罗斯，但是我们依然有理由相信这支队伍在未来一定有机会站上最高的领奖台。我们会永远记住2022年的2月，有这么一群人守一座守不住的城，打一场打不赢的仗，直到最后一秒也没有放弃拼抢！

虽然冬奥会已经结束了，但是我现在依然记得刚来的时候和彭老师送日本记者上车之后我们两个在流动班车站牌底下的激动心情！记得在场馆吃到正宗东北酸菜的开心！记得和同学在工作间教奥林匹克广播服务公司工作人员说中国话：吃了吗您嘞！记得在训练馆遇到一位中国队分析师时的震惊，很高兴能够在中国男子冰球队的工作人员中发现北京体育大学的学长！记得中国冰球队的第一粒进球时，全场沸腾，激动得让人流泪！记得中国队在最后一场比赛结束时在摄影位置的失落遗憾！真的很幸运能够在国家体育馆做志愿者，能够见证中国男子冰球队参与冬奥的每一场比赛，能够为中国冰球贡献自己的一份力量！

作为一个在哈尔滨出生、长大的孩子，我想我可能比很多人幸运能够从小亲近冰雪，参与到滑冰滑雪这样的运动之中。我在小的时候，就在爸爸妈妈的建议下学习了冰球和花样滑冰的相关知识，并参与到冰球运动之中。我来做冬奥志愿者，不仅可以帮助我们的国家成功举办冬奥会，更多地能够让大家通过冬奥会更加了解冰雪运动。我想这可能是我来做冬奥志愿者的意义，不仅是服务冬奥，更是去传播冰雪运动之美，让更多的人了解并参与到冬季体育项目之中，让我自己乃至更多人去感受冰雪运动的魅力，感受体育的魅力。我在打下这些文字时，回忆起在冬奥会的点点滴滴，我依然会流泪。我想这就是体育的魅力，这就是我参与到冬奥会做志愿者的原因。

六、实践思考

在冬奥做志愿工作的这段时间里，我接触到了很多从事体育相关行业的人，我对于自己未来的发展有了更加清晰的目标。在国家体育馆里，我也巧遇到了从北京体育大学毕业后一直在体育行业里为中国体育做出自己贡献的学长。通过他的经历我感受到了能够在自己热爱的行业里工作是一件幸运又快乐的事情，我也产生了以后继续在体育新闻这一领域里发展的想法。通过这次冬奥会可以看出，我们在赛事拍摄上和外国经验丰富的摄影记者还是有一定差距的。作为一个喜欢体育、热爱体育的人，我觉得能够在未来为中国体育新闻事业做出自己的一份贡献是非常荣幸的。

在国家体育馆，我看了很多场中国男子冰球队的比赛。中国男子冰球队虽然建队时间晚，技术水平或许还达不到世界顶级水平，但是中国男子冰球队在比赛中没有丝毫的懈怠，依然在场上拼杀，打出了属于中国的风采，在和德国队的比赛中更是突破防线杀入两球，在面对强大的加拿大队时，更是在积极寻找机会，不放弃一分一秒，在对手犯规的情况下，中国队的建安成功打入两球！这都是值得我们铭记的。而我们也要看到我们和其他国家顶级男子冰球队的差距，我们需要给中国队更多的机会，他们并不是能力欠缺，而是缺少机会，缺少上场的机会，缺少比赛的机会。希望大家看了冬奥会的比赛之后，能够更多地参与到冬季的体育项目之中，能够参与到冰球、滑冰、滑雪这样的运动之中。我们并不需要有和运动员一样的运动水平和成绩，但是当我们参与到这样的体育运动之中，就是在践行中国3亿人上冰雪的伟大目标！

在这次冬奥会中，我们倡导的是"绿色、共享、开放、廉洁"的办奥理念。现在北京已经成为双奥之城，许多场馆都是夏奥会和冬奥会的场馆。而如何让这些夏奥和冬奥遗产保留下来，并且让这些场馆成为保留夏奥遗产和冬奥遗产的集夏季和冬季体育竞赛、文化娱乐活动于一体的多功能市民活动中心，值得我们思考。

七、照片等相关资料

◎ 工作间需要每日更新信息的公告板

◎ 在工作间内整理摄影记者袖标，做好消毒工作

◎ 笔者在摄影位置维持摄影位置秩序并配合摄影记者工作

◎ 笔者在比赛场地帮助摄影记者调整摄影位置后合影

张家口颁奖广场礼仪志愿者服务报告

作者姓名：赵溪雨
作者岗位：张家口颁奖广场礼仪志愿者
指导教师：徐艺心

一、总述

北京2022年冬奥会胜利召开，而我有幸成为志愿者团队中的一员。在兴奋激动之余，我更明白自己身上承担的重大责任。作为体育大学学子，我更应发扬"使命在肩、奋斗有我"的精神，在这场冬奥盛会中贡献自己的青春力量。本篇文章以本次冬奥实践为中心，从我作为一名礼仪专业志愿者的视角出发，将工作内容、个人成长、实践效果、活动思考、音视频资料等方面内容结合起来，做系统的梳理，总结实践收获及个人的成长。

二、实践内容概述

北京申奥成功后，无数人员先后投入筹办的紧张工作中，而颁奖仪式作为冬奥会中重要的亮相环节自然至关重要。自2021年开始，冬奥组委便开始了对颁奖礼仪志愿者的选拔工作，先后从北京、河北等数十所学校进行了选拔。由此，180余位礼仪志愿者的团队诞生了，并于2021年8月进行了为期一个月的封闭训练。训练结束后，我作为礼仪志愿者中的一员，与学校其余15名志愿者被分配到张家口颁奖广场为冬奥服务。

2022年1月23日，北京体育大学礼仪志愿者团队顺利到达张家口颁奖广场，与河北师范大学、中国人民公安大学十余位志愿者会合，共同承担张家口颁奖广场2月6日至2月19日所有颁奖礼仪任务。

作为礼仪志愿者，我们的工作内容正是仪式本身，我们被分配到运动员引领员、嘉宾引领员、托盘员这三个岗位，在仪式中扮演不同的角色。在礼仪接待人员对运动员和嘉宾进行简单的仪式培训后，礼仪工作正式交接到我们手中，并与导演组和奥林匹克广播服务公司进行配合，共同完成颁奖仪式。

三、实践准备

在正式上岗前，我们颁奖礼仪志愿者进行了多方位的培训。2021年8月，我们进行了为期一个月的封闭训练，通过对舞蹈、体操、模特步、基础礼仪姿态等课程的学习，培养身体的协调性、优美性、柔韧性；并于9月份返校后开启线上冬奥知识的学习，我们了解了冬奥会每个项目的由来、规则和知名运动员，也将冬奥会的基础知识深深刻印在脑海中。除此之外，我们还学习了急救知识等，并积极参与体育锻炼，增强身体素质。

四、实践过程

礼仪志愿者的工作看起来是容易描述的，因为一场仪式的全部呈现就包含着我们的劳动结晶。但事实上，礼仪志愿者的工作内容远不止这些，我们为一场仪式所付诸的实践，远比呈现出来的更多。从2022年1月23日到达张家口，我们便开始了紧张的彩排和训练，每天走台、卡点位、练习引领动作和眼神。在实际的颁奖仪式中，运动员通常会因为亢奋而做出出人意料的庆祝举动，此时运动员引领员要迅速做出反应，在满足转播画面美观性和服务运动员的情况下，兼顾动作的优美完成引领任务。而嘉宾引领员需要具备较好的亲和力和外语储备，和嘉宾进行友好的沟通，并在舞台上提醒嘉宾做出正确的动作，完成颁奖。托盘员不进入转播中，但同样需要多人配合，步伐和姿态进行反复训练，以达到统一。

以我个人的工作为例，在本次冬奥会中，我一共承担11场颁奖任务，其中3场托盘、8场运动员引领。其中比较难忘的是对冬奥会首金的引领及谷爱凌夺冠的U型场地技巧的引领。这两场的共同点在于都属于备受关注的颁奖场次。能得到管理老师的充分信任，我自然更加珍惜机会，于是训练格外刻苦。这两场都属于单人引领，引领中的困难主要集中在引领运动员拍照点位的问题，首先要考虑运动员点位拍照的打光问题，因此停在哪儿、停多久是练习的难点。另外，考虑到整体动作的流畅性和转播的美观度，动作和姿态也要多加练习。

在实践中我们遇到了不少困难，如靴子是很难穿的，更何况还有着7厘米的高跟。张家口的气候寒冷干燥，在户外待一会儿，脚尖就已经冻得僵硬。除此之外，我们虽然戴着口罩，但要时刻保持自己的笑容，有时候笑僵了我们想眨眨眼，却发现眼睫毛上早已结上了冰珠。长时间的站立，小腿肚也变得酸疼，但也要坚持下来。

我很喜欢自己的工作。当仪式开始时，我便是全世界离运动员最近的人，可以近距离感受他们的一举一动。我喜欢看他们跳上领奖台，震得角落的我也跟着一跃；我喜欢看他们或将嘴角咧到耳根，或失声抽噎；我喜欢看他们激动地拥抱在一起尖叫、欢呼、相互赞美……这一切虽然不属于我，但每当我伫立在他们身侧，那份喜悦便触手可及。当国歌奏响，我的眼角也会一起湿润。体育是无国界的，却又总是带着爱国情怀，我无法不爱体育。

前些日子我接受了一位央视记者的采访，她问我此次实践有什么收获。我觉得很难说清楚，毕竟我收获了太多。从小的角度来说，我收获了友谊，无论是和其他礼仪志愿者还是和奥林匹克广播服务公司团队的外国友人，我们在一起工作中磨合出了默契，彼此陪伴、互相鼓励。我至今还记得奥林匹克广播服务公司的奥黛丽小姐姐帮我整理飘带时温柔的样子，也怀念詹姆斯给的花生巧克力。我们其实用英语沟通的机会并不多，因为上场前没有几分钟时间，但人与人之间的感情有时是无须多言的，只靠一个眼神便可以懂得。除了友谊，我也收获了更好的形体和身材，成了真正"亭亭玉立"的大姑娘。更重要的是，在这次冬奥之旅中，我感受到了一种震撼。这种震撼是所有人拧成一根绳子的团结，也是每个人如一个螺丝钉一样做好自己本职工作的敬业，更是无私奉献的互助和友爱。一场盛会的背后是无数人的付出和努力，我很幸运地参与其中，很幸运地见证这一切。我想未来无论我做什么工作，都会记得这次实践带来的感动，也会将这种精神带入生活和工作的方方面面。

五、实践效果

在本次北京冬奥会的实践中，张家口颁奖礼仪团队不负组织的信任和期望，没有出现重大失误，圆满完成了颁奖任务。从运动员和赛事组织方等多个维度进行的评价中，我们都收获了好评，可以说真正做到了不辱使命。而在实践中，我们与颁奖工作形成了良性互动，实现了个人成长与仪式顺利推进的共同进步。

六、实践思考

在本次冬奥实践中，我看到了中国作为正在崛起的大国呈现出的态度。我们大方、包容、友善，以构建人类命运共同体为目标，以一起向未来为导向，呈现给世界人民一场绝佳的冰雪盛宴。更何况，我们顶住了疫情的压力，做到清洁和安全并行，简约和精彩相辅相成。奥运会可以说是全世界规格最高的体育赛事，如今我国已经成功举办了夏季、冬季两届奥运会，北京也成为真正的双奥之城。这为我国日后承办大型国际赛事提供了一个良好的范本，相信未来的中国同样会交出一份份满意的答卷。

七、照片等相关材料

◎ 在颁奖舞台引领冬奥会首金运动员

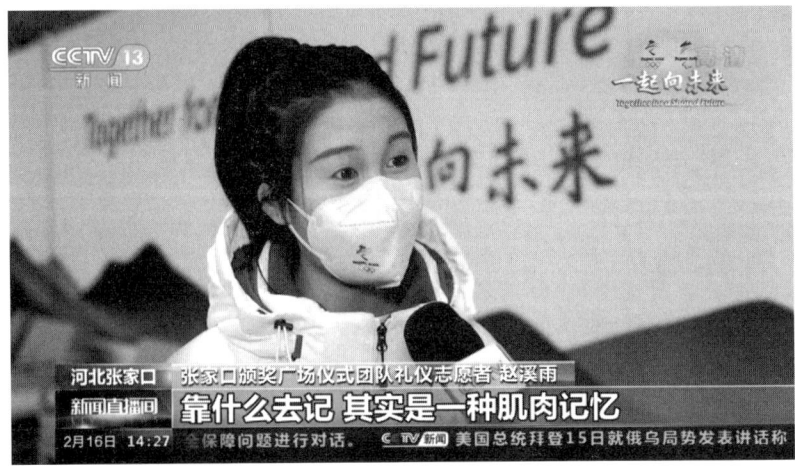

◎ 央视新闻频道采访截图

北京冬奥村媒体中心实践报告

作者姓名： 左登元　王嘉卓　田思维
作者岗位： 北京冬奥村媒体中心助理
指导教师： 徐艺心

一、总述

本次实践报告以北京体育大学新闻与传播学院学生左登元、王嘉卓与田思维在北京冬奥村进行的志愿服务工作为实践主体，通过对实践内容的总结、实践过程的复盘和实践效果的反思等对本次实践活动进行全方位的思考和交流，作为冬奥会的亲历者，为自己书写一份满意的答卷。

二、实践内容概述

（一）服务地点及时间

本次志愿服务在北京冬奥村（冬残奥村）展开，三名志愿者作为新闻运行助理在北京冬奥村媒体中心进行媒体运行的相关工作，工作点位主要包括记者工作间接待台、混合采访区。记者工作间接待台的工作内容包括对记者工作间记者的相关问题进行解答，对记者茶水间、记者工位进行维护和运行，放置记者拍摄器材，提醒记者携带好个人物品等；混合采访区的工作主要包括根据预约时间开放记者进入混采区的权限，提醒记者不要违规拍摄视频，引导运动员进入新闻发布厅，对混合采访区记者解答相关问题等。服务时间从2022年1月23日冬奥村预开村开始到2月22日结束。

（二）服务场馆详细情况

北京冬奥村位于北京奥林匹克公园核心区南部，占地23.6公顷，由总建筑面积38.66万平方米的20栋公寓楼、1个运行区和1个广场区组成。北京冬奥村在冬奥会期间接待来自54个国家（地区）代表团的1670名冬奥运动员及随队官员，运动员分别参加冰球、冰壶、花样滑冰、短道速滑、速度滑冰、自由式滑雪（大跳台）和单板滑雪（大跳台）7个项目；在冬残奥会期间，接待来自20个国家（地区）代表团的534名冬残奥运动员及随队官员，运动员分别参加冰橇冰球、轮椅冰壶项目。媒体中心位于运行区，与访客中心相连，是媒体人员入村后的工作地点，在这里运动员及官员等可以接受媒体人员采访。本次志愿服务主要在这里进行。

（三）参与人员情况

北京冬奥村媒体中心媒体运行领域志愿者共14人，全部来自北京体育大学，由带队教师北京体育大学体育商学院2020级辅导员滕晓键和新闻与传播学院、国际体育组织学院的13名学生志愿者组成。志愿者分布于媒体中心的各个点位，负责记者接待台、记者工作间、新闻发布厅、预约信息登记、混合采访区的相关工作。

三、实践准备

为深入学习贯彻习近平总书记关于冬奥筹办工作系列重要指示批示精神和上级单位关于北京2022年冬奥会和冬残奥会筹办工作部署要求，志愿者在上岗前进行了大量培训工作，为打造一支综合素质高、服务水平高、业务能力强的志愿者队伍做了充分准备。

在疫情防控常态化的形势下，上岗前志愿者培训工作采取了线上与线下相结合的方式开展，培训内容主要包括思政教育、心理健康问题发现与调节、常用英语口语培训、涉外交往经验分享、冬奥志愿技能学习等，为筹办"简约、安全、精彩"的冬奥会做了充分准备。

四、实践过程

此次北京冬奥会媒体运行领域志愿者的招募自2020年末开始，我们经过笔试、面试，在2021年10月终于收到了来自北京冬奥组委的录用邮件。但收到了邮件并不代表着我们成了真正的志愿者，当时的我们还没有认识到志愿者肩上所承担的重任及在冬奥会的方方面面中志愿者要发挥的作用。我们在2021年11月至12月60天的时间内，通过线上志愿者学习系统，在线观看了近100课时的志愿者礼仪、专业技能培训、冬奥项目介绍、急救知识、疫情防控等课程。课程知识量庞大，我们细心学习后掌握了各个方面的知识，并在进入冬奥村后的工作实践中予以实践运用，将理论付诸实践。同时，在2021年11月冬奥村的压力测试期间，我们前来学习，提前了解场馆构造、规划流线、各功能区使用流程及规范。在学校的线下课程中，我们进行了学习参观成果的知识技能水平验收，统一进行了多项考试，考试合格后才能上岗。

历经了严格的培训之后，我们于2022年1月23日从学校出发进入闭环，并于次日进入冬奥村持证上岗，正式开始冬奥会媒体运行服务。在1月27日正式开村前，我们利用3天时间熟悉场馆内的各条流线，以方便引导工作的进行；各功能区由专人负责，以强化责任管控与落实，避免出现空岗的情况；强化执行冬奥村内疫情防控要求，因媒体中心媒体人员直接与外国媒体派出的记者及外国运动员新闻官等人员直接近距离接触，我们在场馆内必须时刻佩戴特质的医用防护口罩，在岗位直接接触外国媒体来访时要佩戴面屏，穿一次性防护服，往返休息办公区时需要进行全身消杀，避免交叉感染。除了自身的防护，我们根据预开村的经验，确定了场馆开放区域、媒体换证台、记者工作间、新闻发布厅等区域早晚两次固定的大范围消杀，并对连廊休息区等人员流动频繁区域采取灵活消毒措施，根据人流数量每间隔1至3小时进行一次消杀工作。负责记者工作间的同学需要时刻关注记者的需求，进行食品补充、协助引导等工作；媒体换证台同学要接待来访，核对预约信息，交换记者注册卡，查验记者类别；新闻发布厅同学负责发布会前会场布置、设备检查、发布会秩序维护等工作；混合采访区同学要协助记者或转播团队布置机位，看守通行流线，防止破坏现象的出现。

2022年2月3日，距离北京冬奥会正式开幕还有一天，北京冬奥村媒体中心迎来了访客高峰，全日流量达到饱和，繁忙时段场馆内人数达到100人以上。记者工作间坐满了人，休息区食品消耗大幅加快，补货频率前所未有，当日补货多达百次，满足了媒体记者工作之余的饮食需求；媒体换证台人员轮换发生紧张，我们紧急从驻地抽调轮休同学进行人员补充；新闻发布厅全日无空闲，自9:00场馆开门至21:00场馆关闭当日共举行6场新闻发布会，每场间隔不超过2小时，对人员轮休及发布厅的消杀工作造成了影响，工作人员虽然压力巨大，但依旧完成了工作；混合采访区当日多达9家媒体预约，媒体采访秩序、社交距离的控制及媒体采访间距问题甚嚣尘上，点位同学灵活应变，合理安排媒体点位，整个混合采访区始终井然有序。总的来看，各功能区在遭遇高峰压力时，采用了根据具体情况具体分析、根据功能区特性差别应对的方法，在疫情防控要求的基础上进行了调整。在保证安全的前提下提高效率，不失为职业生涯中一堂鲜活的实践，成为日后我们在工作岗位上面对繁重任务、突发情况时沉着冷静应对的经验。

五、实践效果

在北京2022年冬奥会期间，北京冬奥村媒体中心自1月27日开村以来，接待了各个国家的运动员、新闻官及350余家媒体机构。北京冬奥村媒体中心的采访集中在比赛前瞻和赛后回顾，扩展了冬奥比赛采访内容的深度和广度。媒体中心为媒体提供了与运动员进行深度访谈的机会，并且在采访过程中始终保持安全社交距离，在确保防疫工作高标准完成的基础上，为运动员和媒体创造了便利。作为非竞赛场馆，北京冬奥村媒体中心提供新闻发布厅和混合采访区，一定程度上减轻了竞赛场馆赛时的高峰压力，确保了赛时报道工作的平稳顺利进行。

在从 2022 年 1 月 27 日正式开村至 2 月 22 日结束工作期间，北京冬奥村媒体中心一直广受媒体和各国官员的好评。其中，多次率队来访的挪威新闻官对媒体中心给予了很高的评价，还特意手写了感谢的话语，赞扬了媒体中心的运行管理及工作人员的热情服务。

在冬奥村媒体中心的运行实践过程中，我们作为志愿者亲身参与到场馆的运行中，经历了场馆建设过程，从所有的指示标识到物资的协调储备，体验了场馆运行的全程，也收获了宝贵的运行经验和志愿经历。北京冬奥会是一场国际盛会，在全球新冠肺炎疫情暴发的背景下，这样的国际盛会的顺利举办是难能可贵的。北京冬奥会的运行实践，培养的是具有国际化视野、国家级担当的运行人才，站在各国群星荟萃的舞台中央，媒体运行培养的是担负大国使命、展望人类未来的外宣型人才。

六、实践思考

北京 2022 年冬奥会已经落下帷幕，但是中国成为世界焦点刚刚开始。北京冬奥会的经验对于我国举办更多大型赛事有着至关重要的意义。国际竞争究其根本是人才的竞争，在冬奥会中，国家花费大量时间和精力培养了场馆运行、对外联络、体育产业等方面的人才，应该给他们更多的用武之地，这样不仅能够提高人才培养的效率，还能在一次次的实践经验中踏出中国成为体育强国的特色道路，让中国体育事业走向世界。

北京冬奥会是奥林匹克的盛会，奥林匹克被视为人类体育的巅峰殿堂，在奥林匹克的承办中，我国也汲取了大量国际顶尖赛事的承办经验。高水平、国际化的赛事承办经验是稀缺的资源，在承办奥运会的过程中，我们见识到了国际标准和国际视野，这对于我国以后在体育事业方面的外宣工作具有重要意义。

一次夏季奥运会和一次冬季奥运会让北京成为世界上唯一的双奥之城，也为北京提供了夏季运动和冬季运动的双重经验，为冰雪产业发掘了新的道路，为中国冰雪运动的发展扎牢了根基。

北京冬奥会秉持着"绿色、共享、开放、廉洁"的理念，以最精简的人力、物力完成了最高效的运转，这是中国效率的彰显。这充分证明了在防疫工作占据大部分主要工作的情况下，北京冬奥会依靠有限的资源在世界面前依旧能举办一场伟大的盛会。节俭办奥的实践经历告诉我们，中国的体育事业发展也同中国各方面的进步一样，从粗放型走向集约化，不再依靠大量的资源投入，而是进行高效的分配和再利用。这也给以后举办大型赛事带来了启示，大量资金堆砌应该被简约、高效、可持续的理念所替代，高效办赛。

七、照片等相关资料

◎ 志愿者在冬奥村广场合影

◎ 左登元和田思维同学与其他志愿者在休息区合影

◎ 田思维同学与其他志愿者在纪念展板下合影

北京冬奥会主媒体中心实践报告

作者姓名： 石佳琪　孙一敏　郑怡周
作者岗位： 北京冬奥会转播培训项目实习生
　　　　　　国际广播中心保障人员
指导教师： 徐艺心

一、总述

本次实践报告以北京2022年冬奥会期间北京体育大学新闻与传播学院2018级学生石佳琪、2019级学生孙一敏与2020级学生郑怡周在北京冬奥会和冬残奥会主媒体中心进行的北京冬奥会转播培训项目实习工作为实践主体，通过对实践内容的总结、实践过程的复盘和实践效果的反思等对本次实践活动进行全方位的思考和交流。作为冬奥会的亲历者，以北京冬奥会为平台，总结经验教训，体现使命担当，为自己书写一份满意的答卷。

二、实践内容概述

（一）服务地点及时间

本次志愿服务在北京冬奥会和冬残奥会主媒体中心国际广播中心展开，三名志愿者作为北京冬奥会转播培训项目实习生进行主转播商奥林匹克广播服务公司的赛时服务相关工作，工作点位主要包括国际广播中心及各场馆主转播商工作间。工作内容包括对国际广播中心主转播商奥林匹克广播服务公司的制服分拣与发放、食物及其他物资的运输发放、交通疏导指挥、住宿和身份验证卡登记，以及其他场馆之间的设备物资运送等。服务时间从2022年1月5日闭环正式开始到2月23日结束。

（二）服务场馆详细情况

北京冬奥会及冬残奥会主媒体中心位于国家会议中心二期。北京冬奥会主媒体中心包括主新闻中心和国际广播中心两大功能，是注册平面媒体和转播商的赛时总部，是北京冬奥组委、国际奥委会和各国家奥委会官方信息的发布中心，是媒体服务总汇和媒体交通中枢。国际广播中心是一个广播和电视转播场馆，由奥林匹克广播服务公司负责其设计、设备配置及运行。在这里，奥林匹克广播服务公司接收和发送各个场馆制作的国际电视和广播信号。所有广播电信设备，包括接收和发送设备都集中在此。IBC（国际广播中心）被设计为转播权持有者的工作场所，按照他们的要求提供广播设备、构建办公场地和提供基本服务。国际广播中心是奥运会赛时广播电视运行中心，也是赛时世界各地转播商的总部所在地在北京冬奥会的主媒体中心的重要组成部分。本次冬奥赛时服务主要在这里进行。

（三）参与人员情况

为北京冬奥会、冬残奥会主媒体中心国际广播中心提供赛时服务的共有30名实习生，分别来自北京体育大学、北京理工大学、首都体育学院、中国传媒大学、中国人民大学及社会招聘。其中北京体育大学共13名学生，分别来自新闻与传播学院、国际体育学院、人文学院等5个院系，分布于国际广播中心赛时服务的制服与验证卡、食物与运输、交通、住宿等部门。

三、实践准备

北京冬奥组委配合奥林匹克广播服务公司面向来自北京理工大学、中国传媒大学等1056名学生组织转播知识与技能培训，在疫情防控形势下，安全有序完成各项培训任务。614名表现优异的学生获得奥林匹克广播服务公司赛时实习资格，正式上岗服务北京冬奥会转播工作。北京冬奥会转播培训项目是奥运会主转播商奥林匹克广播服务公司发起的教育项目，旨在通过培训在校大学生参与奥运会转播工作，为主办国培养转播专业人才，践行冬奥人才遗产发展理念，以实现体育转播行业的可持续发展。北京冬奥组委媒体运行部与奥林匹克广播服务公司紧密合作，从专业背景、赛区位置、高校意愿等角度出发确定北京理工大学、中国传媒大学、北京体育大学、首都体育学院、河北建筑工程学院为北京冬奥会转播培训项目参与高校。

在疫情防控常态化的形势下，上岗前赛时服务实习生培训工作采取了线上培训与考核两部分，培训内容主要包括基本转播知识、赛时服务工作内容、行为守则等，为筹办"简约、安全、精彩"的冬奥会做了充分准备。

四、实践过程

此次北京冬奥会转播培训项目的招募自2020年末开始，我们经过笔试、面试，2021年10月终于开始了线上的培训和考核，11月底收到了来自奥林匹克转播服务公司的录取邮件。我们在2021年10月通过线上志愿者学习系统，在线观看了奥林匹克广播服务公司和北京冬奥会转播培训两个模块的线上课程。奥林匹克广播服务公司的线上培训主要包括奥林匹克转播服务公司的基本信息及北京冬奥会期间的转播技术和内容。北京冬奥会转播培训项目的线上培训主要包括赛时服务的部门职责划分，以及赛时服务需要注意的文化行为注意守则。课程知识量庞大，我们认真学习后掌握了各个方面的知识，并在进入国际广播中心后的工作中予以实践运用，将理论付诸实践。在线上培训后，我们参加了线上笔试和面试，并进行了个人能力及英语水平的考核，合格且符合要求者方能收到录取邮件。

经过严格的培训后，我们分别于2022年1月4日、5日、17日出发进入闭环，并于次日开始进入主媒体中心持证上岗，正式开始冬奥会主转播商赛时服务工作。在我们开始工作前，部门主管给我们召开了动员破冰会，详细介绍了我们的职责划分、工作内容及我们岗位的重要性。

1月7日至14日,我们一部分人前往北京冬奥会主物流中心,进行奥林匹克广播服务公司除主媒体中心外所有工作人员的制服分发和检查工作。我们需要流水线式的分工,按照清单上的衣物类别、性别、尺码装袋,再由同事检查装箱。在不到一周的时间内,我们8个人完成了15个场馆4000余人的制服准备工作,负责制服管理的西班牙同事说我们用更少的人和更少的时间完成了比东京奥运会还多的工作量。完成制服的分拣后,我们又用一天时间将物流中心的制服库存进行盘点和归类组合,圆满完成在物流中心的赛前准备工作。回到主媒体中心后,制服部门进行国际广播中心工作人员的制服发放,我们在这些库存从顺义物流中心运输至主媒体中心后,在国际广播中心的制服分发中心重新布置搭建了一个仓库,按照性别、物品、尺码等进行归类。从1月21日起,国际广播中心的制服分发工作正式开启,我们的工作主要划分为门口预约接待、客人身份验证卡的查验、制服套装的实时分拣和最后的检查工作。我们需要保持对客人的礼貌和热情,按照奥林匹克广播服务公司制服部门的工作流程和规定严格执行。随着制服分发的逐渐完成,我们又新增了裁缝翻译和尺码更换工作。通过十几天的配合,大家在一起工作越来越默契,准确度和熟练度都不断提高。完成制服的分发工作后,我们又将国际广播中心的制服分发中心仓库库存进行了盘点和归类组合。这些工作很好地锻炼了我们的英语口语及与人沟通交流的能力。

餐饮部门的工作主要分为两种:奥林匹克广播服务公司各部门休息区补给品(茶叶、速溶咖啡、棕糖、牛奶、豆奶等)的更补和奥林匹克广播服务公司小厨房原料的配送。首先是休息区的工作。奥林匹克广播服务公司有很多不同的部门。这些部门分布在主媒体中心的不同位置，包含数以千计的为冬奥会服务的工作人员。负责休息区的我们分为早班和晚班。早班一共分为三趟。第一趟需要简单清理咖啡渣，检查补给品是否能够支持奥林匹克广播服务公司人员几个小时的使用等。第二趟是临近正午的时候。此时奥林匹克广播服务公司员工密度最大并且需要补给品最多。因此我们会从每个休息区的小柜子中拿出足够数量的补给品，以保证接下来时间内的使用。与此同时，餐饮部门还会提供零食、点心，为工作了许久的人们带去慰藉。很有趣的是，外国人对巧克力情有独钟，相较于其他小零食，和巧克力相关的食物总会在短时间内被大家一扫而空。他们有时还会很可爱地询问什么时候会供应巧克力。第三趟和第一趟基本相同，唯一的不同之处在于第三趟需要记下每个休息区的小柜子里缺少什么，并告知下午做该工作的同事。晚班的志愿者根据早班反馈的列表进行相应的补给便可。因为奥林匹克广播服务公司人员众多，补给的时候通常要拉着两三辆比较重的小车到处跑，所以不是轻松的工作。以上只是休息区工作的大致描述，有时经理会根据人员数量或工作的效果进行细微的调整。食品运送的工作相对来说轻松许多。志愿者通常只需要在下午四五点钟的时候带着小车去特定地点帮忙搬运小厨房的原料或食品，并将它们带回到小厨房。在与同事还有餐饮部门的外国主管共事期间，大家逐渐从拘谨变得熟络起来。在逐渐熟悉怎样用英文与外国人交流的同时，我们也认识了很有默契的工作伙伴，这是工作中很有意义的一部分。

奥林匹克广播服务公司交通运输的主要工作内容为负责奥林匹克广播服务公司内部人员通勤及交通运输的联络和翻译，帮助交通部门主管时刻掌握闭环内流动班车的通勤状况并及时反馈等。日常工作的时间涵盖当天5点至次日1点，志愿者的具体工作就是负责接打中国地区交通运输负责人及相关工作人员的电话，做好联络记录并翻译给交通部门主管，确保每一级之间的沟通联络畅通无阻。在实际工作中，我们需要联系对接的不只有司机，还有需要用车但无法直接联系到司机、远在张家口或延庆难以与北京总部直接取得沟通或酒店在安排车辆时遇到麻烦但语言不通的工作人员，他们都会给班车联络中心打电话以获取帮助。在赛时最忙碌的时间，我们还需要到对应的车站站点检查车辆的到站时间、到站情况和安检情况等，然后及时反馈给交通部门主管，方便部门进行协调。交通运输部门具有时效性强和灵活性要求高的特殊性，所以班车联络工作往往是两人轮班，以此保证班车联络的工作效率，也同时确保做班车联络工作的人不会由于长时间工作而损耗身体健康。班车联络工作能极大地锻炼工作者中文沟通和英文沟通的语言能力，也比较考验工作者人际交往能力。我们在工作中也会遇到比较复杂而难以翻译解释的情况，幸好每一位交通主管都十分耐心，在我们遇到问题时他们会竭尽所能地帮助我们，设身处地地为我们考虑，大大减轻了我们的工作压力。总体而言，班车联络是一项十分考验沟通能力和随机应变能力的工作，在整个奥运工作中这是非常令人难忘的一次工作经历。

五、实践效果

在奥林匹克广播服务公司的赛时服务实践过程中，我们作为北京冬奥会转播培训项目的实习生亲自参与了奥林匹克主转播商的赛时生活，协助赛时服务部门共同保障了奥林匹克广播服务公司团队的服务工作；结识了很多优秀的伙伴，体验了媒体转播背后服务保障人员的辛劳，收获了宝贵的实习经验，赚取了人生中十分有意义的一份财富。在新冠肺炎疫情仍旧肆虐的情况下，主媒体中心要保障媒体工作顺利而高效地运行是一件挑战很大的事情。而在冬奥长达一个多月的运行中主媒体中心出色地完成了各项重大任务，使得北京冬奥会的落幕更加圆满了。在这次服务结束之后，我们的视野变得更加开阔，各方面能力都得到了提升。而在见识到了国际化的体育转播服务之后，我相信我们对于今后自己想要为体育产业传播所做的努力又有了新的思考。

六、实践思考

北京2022年冬奥会是一场基于和平、友爱，以合作和包容连接世界各地的冰雪盛会。作为在国际组织中亲身参与这场盛会的一分子，我们对奥林匹克精神有了更深的理解。同时，在奥林匹克广播服务公司工作的经历和感悟也让我们对国家大型赛事人才储备培养有了新的启发和感悟。

奥林匹克广播服务公司于2008年北京奥运会开启了北京冬奥会转播培训项目，在每一届奥运会的东道国挑选来自不同学校、不同岗位的人才加入奥林匹克广播服务公司为其提供广播服务。我们也是其中的一分子。这个项目的意义不仅在于为奥林匹克广播服务公司吸纳更多有潜质的年轻力量，同时也旨在为全世界培养赛事转播人才，为各个国家开发潜在的媒体工作人员。更重要的是，加入奥林匹克运动会为赛事进行转播的人有机会接触一切尖端的转播技术和科技手段，同时也有了与世界接轨的机会。

在这样的项目之中，奥组委既可以选拔各个领域的年轻人才，对大型赛事的精神文明也是一种无形宣传，一种文化传播。奥林匹克广播服务公司的转播培训项目将极大的占比分配给了奥林匹克文化普及和赛事精神文明宣传。中国在举办大型赛事时也可以在各个组织间协同学习这种人才培养模式，这样不仅会吸引新型人才加入，还有利于大型赛事的文化传承和精神文明的传承，这一点对文化活动的生命力保持是十分重要的。因为只有保证人才的衔接和兴趣关注，中国的大型赛事才会在世界上散发出更强大的活力和影响力。

七、照片等相关资料

◎ 国际广播中心赛时服务制服团队合影

◎ 国际广播中心赛时服务工作人员大合影

◎ 国际广播中心赛时服务工作人员大合影（续）

◎ 主媒体中心外景

◎ 主媒体中心外景（续）

五棵松体育中心北京冬奥会转播培训实践报告

作者姓名： 申羽娇　张耀予　姜子涵
作者岗位： 五棵松体育中心北京冬奥会转播培训实习生
指导教师： 徐艺心

一、总述

本实践报告主要记录了北京体育大学新闻与传播学院三名学生在五棵松体育中心以奥林匹克广播服务公司实习生身份服务冬奥的工作内容。这篇实践报告从前期、中期、后期三个不同角度回顾了这短暂而宝贵的工作经历。

二、实践内容概述

（一）实践目的

本次冬奥会实践主要目的是锻炼学生良好的跨文化交流能力，

将课程中学习的理论知识应用到实践过程中，通过自己的工作向外国运动员、外国工作人员充分展现热情好客的东道主风采。北京冬奥会是难得一遇的体育盛会，我们用专业知识亲身参与到了祖国的重要时刻，为冬奥会的圆满举行贡献了自己的一份力量。

（二）实践时间

我们服务冬奥的时间分别为2022年1月31日至2月12日（申羽娇），2022年1月27日至2月18日（张耀予），2022年1月31日至2月12日（姜子涵）。

（三）实践地点

我们服务冬奥的地点为北京市五棵松体育中心。

（四）场馆概述

从2008年到2022年，从北京到北京，从篮球到冰球，五棵松作为优秀的夏季奥运改建遗产，成为连接双奥之城两个时空的桥梁。

五棵松环保的设计也与北京冬奥会"绿色奥运"的口号不谋而合。

（五）岗位概述

1. 场馆运营

场馆运营岗位志愿者主要负责协助摄像师的日常工作，每天的任务可能会有所不同，大致包括负责音频设备、绕摄像机线等。这些细节工作保证了摄像师能更安心地呈现出一场场精彩的体育赛事。

我们被分配的岗位是五棵松体育中心的场馆运营岗位，此岗位上一共有10名同学，3名来自北京体育大学，4名来自首都体育学院，2名来自北京理工大学，还有1名来自美国的阿斯伯里大学。在比赛中，我们主要负责的任务有协助游机摄像师拍摄、帮助冰上摄像师开关冰场门及更换电池、给转播车上的工作人员送花名册和每节比赛报告。申羽娇和姜子涵同学主要参与这部分工作。

2. 赛时服务

赛时服务志愿者主要负责赛时后勤工作。张耀予同学主要参与这部分工作。

三、工作准备

（一）理论准备

在工作开始前，我们学习了奥林匹克广播服务公司提供的线上课程，主要包括奥运转播摄像机的类别、场馆运营承担的工作内容及各种录音设备类别等。这些知识为我们之后的工作打下了很好的基础。加上之前在加拿大留学时，我们曾学习过节目制作相关课程，并亲自上手操作了演播室中的摄像机、导播操作台、字幕机等设备，在冬奥工作开始之前，我又回顾了一遍之前的学习资料，让自己对转播工作更为熟稔。

我们通过线上课程学习了有关奥林匹克广播服务公司架构知识，对即将到来的工作有了初步的了解。

我们经过前期英语能力的测试选拔、奥林匹克广播服务公司在首都体育学院的线下培训，以及北京体育大学专业实践课的理论及实践学习，对摄像机、话筒、转播车等一系列工作设备有了一定的了解。通过翻阅前期奥林匹克广播服务公司官方理论知识讲解，以及北京体育大学教师、学生的指导，我们可以顺利完成场馆运营的各项工作。

（二）实践准备

2021年10月，奥林匹克广播服务公司组织了场馆运营岗位的学生到首都体育学院进行实践培训。为期三天的培训包含一天的理论知识讲解和一天的转播实操。在第一天的课程中，奥林匹克广播服务公司负责人向我们介绍了北京冬奥会转播培训项目人员在奥运会转播中主要承担的责任及需要具备的技能，全英文的讲述方式让我们提前感受了与外籍人员共事的工作环境。在转播车附近，我们还学习了"8"字缠线方式，了解了收音麦克风在赛场上的功能，并进入转播车内参观了一番。

在实操课程中，我们跟随工作人员走进篮球馆，布线、设置机位、操作摄像机，体验了一把模拟转播。校内运动会多次的篮球转播实践让我们对整个流程十分熟悉，我们就机位设置的不同情况向老师提出了自己的问题。培训的学生以5人为一组，分成6个小组，每个人轮流体验了摄影师、麦克风助理、摄像助理、导播助理、出镜主持人等岗位。一天的练习虽不足以让我们每个人对自己的工作内容烂熟于心，但为我们之后的工作打好了基础，并且拉近了同学们之间的距离。

四、实践过程

（一）实践工作内容

在比赛开始前，场馆运营主要负责帮助摄影师搬运摄像机、缆线等器材，场馆内的许多缆线都是由我们共同协力完成的。

在比赛开始后，由于赛程比较密集，负责的老师将我们10个人分成了早晚班两个班次，每个班次根据比赛时间进行调整，以保障每个人都有充沛的精力完成自己的工作。每个班次一般有4名同学，负责导播助理、摄像助理（理线、开关冰场门、更换电池）的工作。在第二场比赛中，早晚班的同学会根据工作时间进行工作的交接。

导播助理在赛前需要给所有摄像师分发该场比赛球员花名册，每局比赛结束后要将比赛总结送到转播车导演的手中。在赛前，摄像助理（负责理线的同学）需要跟随摄影师克里斯汀进入更衣室拍摄镜头，协助整理摄像机的缆线；每局开赛之前，帮助需要移动拍摄的克里斯汀整理摄像机缆线。摄像助理（负责开关冰场门的同学）在每局比赛开始之前要帮助冰上摄像师及时开关冰场门，同时不能妨碍到运动员的正常入场。摄像助理（负责更换电池的同学）需要时刻关注比赛场地摄影师的电量需求，根据他们的需求为其更换两种不同功能的电池。

（二）实践日志

张耀予：2022年2月1日，可能是新鲜感过去了，我今日的状态有所下滑，作息也不比之前。"千万不能松懈啊，学习也好，工作也罢，最忌'三天打鱼，两天晒网'"，这是我今天最应该警醒的地方。这项冬奥任务结束后，我会专门出一个合集，来记录自己的工作和学习上的经验和教训。也就是说，我之后的生活记录包含生活碎片——经验与教训这两部分，这样能更好地帮助自己进步。今天在之前工作中得到的教训，一是严格确立校对制度，做到有人审核，之后的每一项工作也许都很难，时间很紧张，但是有审核才能够有保障；二是不逃避，不推卸责任，该担起来责任的时候就担起来，发现自己的失误时第一时间汇报。

申羽娇： 2月2日，今天是五棵松体育中心赛前准备的最后一天，第二天这里就将迎来女子冰球的第一场比赛。这一天我们参与了缆线的设置，几人一起合作搬运并整理了一根非常重的缆线。几位还没有进入正式工作的摄像师甚至让我们尝试了使用摄像机，并向我们简单介绍了推拉摇移。熟悉的英文名词让我回想起自己在加拿大留学时学到的相关知识，在摄像师泰迪向我们介绍摄像机基础知识时，我总能第一个抢答出来。比赛场地游机摄像师施夫提让我们尝试了肩扛摄像机，但我们在扛了几分钟后就感觉到肩膀不堪重负，这让我们十分佩服能扛着摄像机一整场并精准捕捉镜头的摄像师们。

2月3日，今天是五棵松体育中心迎来正式比赛的第一天，我和同岗位的同学主要负责协助摄像师进行一些辅助工作，包括更换电池、拉线、开关冰场门等。这些细碎的工作看起来微不足道，但实际上正是这些细节上的完善才保证了每场冰球比赛转播的顺利进行。今天在闲暇时间和摄影师们聊天时，他们向我们分享了许多自己工作的感受，还让我们过了一把摄影师瘾，尝试操作了奥运会级别的转播摄像机。我还遇到了一位来自加拿大卡尔加里的摄影师，我曾经在埃德蒙顿留学的经历让我们感到格外亲近。他说自己跟随着体育转播走遍了全世界，没有其他的工作能让他这样走遍世界，这已经是他第三次来北京。这让本就学习体育赛事转播的我感到十分触动，我也了解到了更多职业相关的信息。

2月4日，五棵松体育中心迎来女子冰球比赛的第二天，我第一次体验了跟随摄影师进入更衣室拍摄。我帮助的摄影师克里斯汀负责游机的拍摄，这是摄影师工作中最累的一项工种，几乎要全程肩扛摄像机。赛前进入更衣室，我主要是协助克里斯汀缠摄像机后面的线缆，保证他能够安全顺利地完成拍摄。我在加拿大留学时，曾经学习过正反手缠线和绕"8"字缠线，培训时候也再次训练了，原以为问题不大，但事实上摄像机的线又沉又硬，我一个人很难完成缠线的工作。后来，在一位转播车上工作人员的帮助下，我才得以完成缠线。这位负责音频的工作人员在听到我曾经在加拿大学习一年时主动给了我一枚有加拿大国旗的徽章，这枚徽章也成了我最珍惜的一枚。

姜子涵： 2月6日，今天和我一起工作的是乔尔和詹姆斯，我们分别来自中国、美国、英国。他们都喜欢足球、滑雪、滑冰、说唱、碧梨。缘分多么奇妙呀，让三个不同国家的人成为朋友，在一起看冰球比赛。那天，有一个我们看好的运动员在比赛时出了意外，没有获得预期的名次，并且遭受了网络上的谩骂。我们三个人就开始讨论参加比赛的真正意义是什么。其实我认为参与比取胜更重要。

2月8日，虎年伊始，世界的目光都聚焦在了北京2022年冬奥会这项世界大型体育赛事上。冬奥会吸引大众眼球的不仅是赛场上拼搏的体育健将、先进的智能科技、宏伟的场馆建筑，还有丰富多彩的周边文化。其中，徽章就是周边文化的代表。冬奥会的徽章有不同的类型，比较普遍的是以国家国旗、比赛场馆、冰雪运动、十二生肖为主题的徽章，此外还有哆啦A梦、可口可乐、中华传统文化等小众的徽章。不同的国家都设计了具有文化特色的徽章，本国的运动员、随队人员将徽章别在胸口、领口、袖口或者工作牌的带子上。不同的服务机构也有原创设计的徽章，如奥林匹克广播服务公司的徽章就带有自己公司的Logo（标识）。

徽章的最大来源就是交换。来自美国的奥林匹克广播服务公司工作者乔尔的工作牌带子上挂满了徽章，他说："好多都是用从美国带来的徽章跟中国的同事交换的，大家都特别友好，我换到了很多有中国元素的徽章。我最喜欢的是一只小老虎，我戴着它在中国度过了第一个新年。"像乔尔一样的外国工作者有很多，交换徽章淡化了外国朋友在异国他乡工作的陌生感，他们慢慢了解中国，爱上了中国。

人们将自己所拥有的徽章晒在各大社交媒体上，添加好友相约交换；不同代表队来到不同的场馆比赛，在休息之余与所在场馆的其他队伍交换徽章……因此在各种场所随处可见的是三四个不同肤色、不同年龄、不同口音的人围在一起快乐地交谈。小小的徽章是不同国家、不同文化彼此沟通交流的桥梁，人们收获的不仅仅是一枚徽章，更是诚信、友善、尊重、团结……

北京2022年冬奥会正在如火如荼地开展，徽章交换的这股风潮正盛行。但是还需提醒大家，最重要的是做好自己的本职工作，用正确的方式获得心仪的徽章。它不是炫耀的工具，不是财富等级的象征，亮亮的徽章背后闪耀的是奥林匹克体育精神，是拼搏，是团结，是分享，是未来。祝福北京2022年冬奥会顺利开展，希望每一位运动员都能发挥出自己最佳的状态。一起向未来，Together for a shared future!

（三）实践难点

首先，从技术上来说最具挑战性的工作是帮助摄影师整理摄像机缆线，尤其进入更衣室拍摄时的缆线又长又重，一个人通常很难完成。我们组中来自美国阿斯伯里大学的乔尔的本科学习课程就与广播电视工程相关，缠线这种基础工作自然不在话下。每次给他打下手时，我（申羽娇）都要惊叹于他的速度，他总是谦虚地告诉我只要多加练习，我也能和他一样熟练。在经过几天的熟悉后，我缠线的速度也越来越快，摄像师还夸我像专家一样了。令我印象最深的是一次帮我缠线的负责音频的工作人员对我说的话，他说他们每个人都是先从缠线这种基础工作干起，然后一步步地做摄影师，做导播，最后抵达自己理想的岗位。

其次，我（申羽娇）认为这个岗位较为重要的还有团队合作能力，每个班次的4名同学要共同商量负责的部分，通力合作完成工作。只有在比赛前进行充分的讨论、磨合，才能保证每个人各司其职，高效率地完成任务。体育转播本就是一个需要团队合作的工作，不只是摄像和导播如此，琐碎的协助工作也需要团结协作的精神，如此才能为观众奉上一场场精彩的比赛。

（四）实践收获

我们的专业是体育赛事转播，在大二时我们集体在加拿大阿尔伯塔留学一年，主修的也是电视节目制作相关的课程，这次在奥林匹克广播服务公司的实习经历是专业对口的一次实践历练。在这短暂的13天里，有新奇、有兴奋、有感动、有意外，留给我（申羽娇）更多的是对未来的思考。每次站在摄像机旁，从取景器望过去，我总能回想起在校园内转播运动会的场景，回想起我们10个人在北京体育大学办公楼南楼为了剪小片、做字幕、讨论宣传方案熬过的一个个夜晚。那个时候最能获得成就感的时刻是我们看见直播间里的人数不断飙升，来自五湖四海的朋友在弹幕区相聚，有人发自肺腑地点评我们做的节目内容。这次奥运转播的工作亦然，当我看到有我们贡献力量的镜头在大屏幕上播放出来，一个个精彩的进球被人津津乐道时，我都会感到无比的自豪。在这个和国外工作人员合作的大团队里，我们尽己所能，跨越文化障碍，将体育运动精神这种国际通用语言用镜头传递给了全世界的观众。我们虽不共处一地，虽说着不同的语言，有不同的文化背景，但我们能为同一种运动精神欢呼、喝彩，这便是体育转播之于我的魅力所在。记忆犹深的是女子冰球小组赛时中国通过点球艰难战胜日本之后，摄像师乔达诺向我们表达他对这支中国女子冰球队坚韧精神的由衷敬佩，竞技体育的魅力就在于此，实力弱一档的球队能通过自己的坚持与拼搏战胜实力更强的对手，搏出奇迹。我正值大四，面对人生岔路口的选择，在进行转播实践时，我总是在忖度这项工作是否能让我足够热爱到作为一生的事业，总是在思考体育转播能给我、给这个世界带来什么，我想经过这一段奥运旅程，我内心的答案明晰了许多。

五、实践效果

（一）转播贡献

场馆运营志愿者主要负责的任务有：协助游机摄像师拍摄、帮助冰上摄像师开关冰场门及更换电池，还有给转播车上的工作人员送花名册和每节比赛报告。这些工作大大提高了工作人员的工作效率。冰上摄影师乔达诺每次都和我们说，多亏有我们的帮助，彩排时他自己处理时太艰难了，这里的每一个人都是最棒的。

（二）人才培养

我们认为此次转播实践对本就在新闻与传播学院学习体育转播的我们来说是一次很好的实践机会，能让我们将课内学习的理论知识和校内的转播经验投入难得一遇的中国冬奥赛事中，为讲好中国冬奥故事出自己的一份力。同时，这段宝贵的实践经历也对我们之后的职业规划和路径选择起到了很大的帮助作用。

然而，对没有学习相关专业的同学来说，这段转播相关的实习经历可能没有比较大的帮助。这些简单的工作对后续的人才培养来说在技能方面无法在短时间内让参与者获得完备的转播技能，由此可见完备的知识教学还是十分必要的。

六、实践思考

首先，建议增加相关专业学生参与重大体育赛事服务的比重。例如，学习体育赛事制作的同学可以参与到体育赛事转播团队中来；学习体育赛事解说的同学可以帮助服务体育大赛的解说人员；新闻专业的同学可以参与到媒体运行中来，和赛事记者进行深入的接触与交流。相信这些实战经历能够帮助学习相关专业的同学拨开一些前行道路上的迷雾，并提高相应的专业技能。

其次，相关专业的同学可以把握好大赛的机会，参与到授权转播商的工作中来，在提升自己技能的同时，也补足了后续的人才储备。例如，制作班同学参与的全运会转播工作，解说班参与的咪咕文化科技有限公司东京奥运会和北京冬奥会的解说试练都是很好的尝试。

七、照片等相关资料

◎ 志愿者尝试操作奥运转播摄像机

◎ 志愿者在球员入场口

◎ 志愿者在五棵松体育中心外

◎ 摄影师丹赠送的冰球杆

◎ 场馆运营岗位工作人员合影

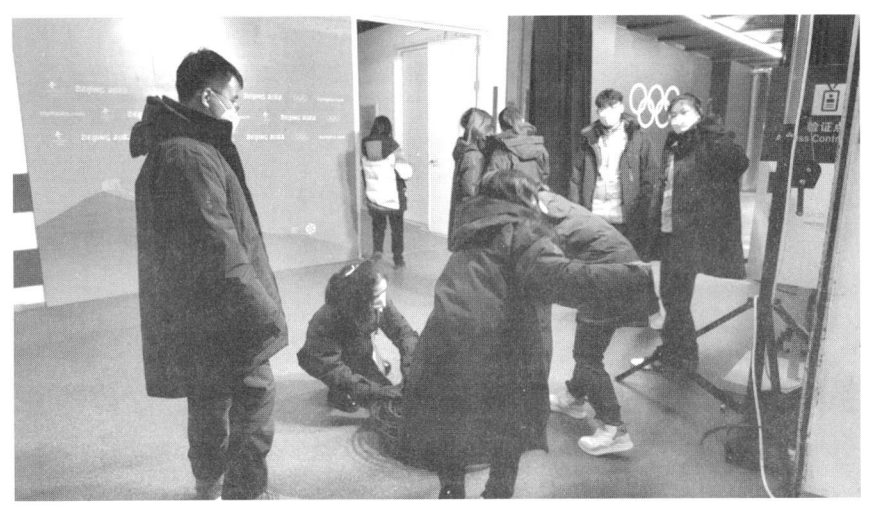

◎ 第一天大家一起搬缆线

◎ 志愿者赛后在五棵松体育中心冰面留影

◎ 志愿者在主媒体中心

◎ 志愿者在带桌记者看台席

◎ 志愿者与冰球杆合影

◎ 场馆运营人员在转播车上工作

张家口国家跳台滑雪中心实践报告

作者姓名： 陈欣雨　周雅婧
作者岗位： 张家口国家跳台滑雪中心　奥林匹克广播服务公司实习生
指导教师： 路鹃

北京2022年冬奥会是一场属于全世界的盛大狂欢，创造了很多世界纪录与收视纪录。而冬奥会硕果累累的背后站着一群辛勤工作、默默付出的人。他们或是场馆运营人员，或是秉公执法的裁判员，或是"小蓝人"志愿者，又或是奥林匹克广播服务公司的转播人员……本实践报告来自张家口国家跳台滑雪中心、奥林匹克广播服务公司实习生，从实践内容概述、实践准备、实践过程、实践效果、实践思考等五个方面详细介绍了实习生参与北京2022年冬奥会的收获与感悟，从而为今后从事相关工作积攒经验，也为后续类似的服务实践工作提供参考。

一、实践内容概述

（一）实践的目的、意义、具体时间和地点

北京 2022 年冬奥会是中国的盛事，也是世界的狂欢。此次参与冬奥服务工作，一是为了增强自身的实践能力，领略体育的奥秘；二是尽自己所能为北京 2022 年冬奥会贡献自己的一份力量，以大学生的身份向世人展现中国青年的青春风采。

奥林匹克广播服务公司是国际奥委会设立的一家专门实现奥运会主转播商或奥林匹克转播组织功能的公司，负责制作和转播奥运会的电视、广播报道及奥运会期间的广播和电视运行。我们本次实践就是给摄像团队提供帮助，包括后勤与摄像助理两个岗位。可以说，我们构成了冬奥会转播画面的一部分。

2022 年 1 月 21 日至 2 月 19 日，我们小组在河北省张家口国家跳台滑雪中心进行实习。

（二）场馆信息

1. 所在场馆承担的主要赛事任务

张家口国家跳台滑雪中心在北京冬奥会期间承担跳台滑雪和北欧两项的比赛。比赛从 2022 年 2 月 5 日开始持续到 2 月 17 日结束。

2. 各岗位工作人员配备情况

奥林匹克广播服务公司团队大概分为四个业务领域：后勤业务领域、技术业务领域、摄像业务领域、信号制作业务领域。按国际奥委会的要求，工作人员负责制作和传播奥运会的电视和广播报

道；为广播和电视运行中心——国际广播中心提供服务；在场馆和国际广播中心为转播权持有者协调和提供转播设施和服务，包括转播设备和通信服务；在组委会内代表转播权持有者提出服务需求；如果需要，担当专题片制作人和向转播权持有人提供奥运档案资料服务。在此次冬奥会上，奥林匹克广播服务公司团队的摄像团队大约占了场馆公司团队的一半人数，而人员则全部来自日本札幌电视台。北京体育大学负责的赛时服务和场馆运行分别隶属于后勤业务领域和摄像业务领域。

3.技术设备应用亮点

跳台滑雪项目选手需要飞跃长度超过100米的跳台，所以除了基本的游机和固定的摄像机之外，本场馆还有特殊的摄像机：飞猫摄像机。它可以迅速地从大跳台起点处移动到终点处。

二、实践准备

（一）奥运知识学习

从进入大学开始，为了响应学校向"夏季冬季项目全面发展"和国家"三亿人上冰雪"的号召，我们开始接触、学习冬奥知识。大三时，我们上了邱招义老师的"冬季奥林匹克体育"课程，受益匪浅，对冬奥项目有了全面的认识。这对我们后续的冬奥服务提供了巨大的帮助。

（二）赛前线上线下培训

2021年9月，北京冬奥会转播培训赛时服务的准实习生在线上进行了两轮培训，详细了解了奥林匹克广播服务公司的运行机制、北京冬奥会各大转播场馆，且完成了一轮线上测试，紧接着在10月进行了面试选拔，才加入奥林匹克广播服务公司。

2021年10月和12月，北京冬奥会转播培训场馆运行的准实习生两次前往首都体育学院学习摄像助理必备的技能，培训教师是奥林匹克广播服务公司成员，进行全英文授课。培训内容主要包括摄像机原理、转播车内部结构、摄像机的使用方法、应急情况处理等。每个受训人员都亲自体验了奥运转播级别的摄像机，对转播团队的运行有了更深刻的认识。

（三）北京冬奥会转播培训动员大会

2021年底，首都体育学院联合北京冬奥组委举行了北京冬奥会转播培训项目及冬奥会志愿者出征动员暨培训会。在此次培训会议中，我们不仅明确了志愿服务的几大法则："责任、主动、学会观察和记录"，还学习了应对媒体采访等的实用技巧，注入了一剂出征前的强心针。

（四）英文技能练习

因为奥林匹克广播服务公司是国际性公司，内部员工绝大多数都是外国人，所以英文水平十分重要。2021年，我们一直在努力提升英文水平，尤其是英语口语水平。

三、实践过程

（一）如何进行实践

北京体育大学的北京冬奥会转播培训项目分为两个岗位，分别是赛时服务和场馆运行。

赛时服务主要负责整个团队的后勤工作，赛前与赛后任务量较大。赛时服务实习生一共有四人——三个中国大学生和一个英国学生。我们负责整个团队的后勤服务，偶尔也承担场馆的翻译工作。赛前，我们布置整个场馆，贴上警示标语，协助技术业务领域安置摄像机机位，协助餐厅团队订购和发放食材，管理场馆与酒店之间的交通等；赛中，我们属于机动组，除了日常的供货、交通管理运输，哪里需要我们，就往哪里填补空缺；赛后，我们进行收尾工作，将场馆恢复原样。工作虽然多而杂，但我们可以接触到很多场馆很多岗位不同的人，在与这些人的交流中碰撞出不同的火花。

场馆运行在赛中发挥着重要的作用。作为被分配到张家口国家跳台滑雪中心的转播实习生，我们的主要工作内容就是跟随转播团队前往"雪如意"的各个区域，协助他们完成转播工作。日本的札幌电视台团队负责此次跳台滑雪项目的转播，他们将场馆运行的工作又细分成了几个小组，分别是音频组、摄像组、线缆组及跑腿组。每个负责场馆运行的学生都有机会轮流体验这四种不同的工作。在为期18天的日子里，我们完成了场馆运行四个小组的轮岗，也深深体会到奥运转播的不易，尤其是在张家口凛冽的北风里，为了给观众呈现出最好的赛事直播效果，扛着笨重的摄像器材四处拍摄的转播团队身上堆满了厚厚的冰雪。对于我们而言，最有成就感、最辛苦的工作无疑是音频组和线缆组的工作。

（二）实践中的典型案例

1.场馆运行音频组

2022年2月5日12点钟左右，我们跟随音频组登上跳台半腰处，在日本团队的指导下按照对应的顺序分别将麦克风、耳机的电缆线与身上背着的机器相连。下午6点比赛开始，在不到5点的时候，我们就在手掌、脚背、脚底贴满了暖宝宝，薄手套换成了厚手套，挂耳式N95口罩换成了头戴式口罩，以防耳朵被勒疼，戴上了围脖用来遮挡露出的面部肌肤。在充分的准备下，我们又来到了"雪如意"半腰处。

当跳台滑雪运动员从高处飞出时，我们需要手持着巨大的麦克风，循着运动员在身旁空中划过的轨迹，将他们在空中飞过的气流声收入其中。能够如此近距离地观看跳台滑雪运动员，无疑是一件极其难得的幸运事。我们的前方不到10米处，一名名运动员在空中飞驰而过，他们的每一次经过都带来了空气中穿梭的气流声。我们伸出手中的麦克风，将气流声伴着画面带给屏幕前的观众。在后期转播到电视屏幕时，播放出这些气流声就能够为观众带来逼真的现场感与真实的声音。

2. 场馆运行线缆组

其实早在北京冬奥会转播培训项目开展的时候，就有老师教授我们线缆相关的知识。简单来说，就是按照"8"字环绕法、正反环绕法整理摄像器材笨重的电缆线，在跟着在赛场区域四处走动拍摄的摄像师时，我们要能够及时收整电缆线，以防止他们被缠绕着的电缆线绊倒。坦白来说，我们在线下进行培训的时候，我们的任务都完成得非常不错，不觉得整理电缆线是一项多么艰难的工作。然而等到比赛时，当真正跟着摄像师在场馆内走动时，我们才知道原来这项任务需要百分百的专注力和手疾眼快的行动力。线缆组的日本成员只有一位，我们亲切地称他"线缆大叔"。线缆大叔来自日本东京，高中曾在美国读书，大学毕业于亚洲第一私立学府——

日本庆应义塾大学。在工作期间，他能够以一口流利的英语和我们这些中国学生对话交流。

2022年2月9日下午2点左右，我们来到线缆组工作。工作的主要内容就是帮线缆大叔整理电缆，当他扛着摄像机拍摄入场、退场的跳台滑雪运动员时，我们要及时把机器拖着的电缆线卷好、展开，不影响他的走动。另外，由于运动员分别有坐电梯和走楼梯两种退场方式，我们需要紧盯着每个准备入场的运动员，然后观察他们的入场方式并及时告知线缆大叔。有运动员坐电梯，我们要说电梯的英文单词；有运动员走楼梯，我们要说楼梯的英文单词，让线缆大叔知晓。这样他就能提前扛着机器守在电梯口或者楼梯口拍摄。工作内容并不复杂，难点在于我们一边要帮摄像师整理缆线，一边又要绷紧神经观察运动员的入场方式，所以有时有些手忙脚乱。好在我们很快熟悉了工作流程，手里一放下线缆就小跑到高处观察运动员的入场方式，然后扭头给线缆大叔指明是电梯还是楼梯。3个小时以后，线缆组的工作终于结束了，我们正式结束了这一天线缆组的轮岗工作。

3. 赛时服务跑腿组

2022年1月我们刚去场馆的时候，奥林匹克广播服务公司团队与场馆运输团队的沟通出现了很大的问题。在机缘巧合下，我们承担起了整个场馆的翻译工作。在摄像机的安装过程中涉及很多专有名词，很难准确翻译，有的时候我们需要来来回回跑很多次亲自示范。后来我们想了一个妙招：在网络上搜索图片，毕竟图形是比文字更加生动的符号。果然这个方法起到了很好的效果，技术业务领域与场馆的沟通变得更加顺畅。

（三）实践中的收获

在北京冬奥会转播培训不到一个月的工作中，我们收获了很多。从短期来看，一是提高了沟通、合作和交流能力；二是锻炼了外语能力，尤其在与来自不同国家的人交谈时对英语的使用；三是我们如此近距离地接触到了奥运转播团队，感受到了奥林匹克精神、了解了滑雪运动（尤其是跳台滑雪），对广播制作和奥运转播产生了浓厚的兴趣。

从长远来看，北京冬奥会转播培训之行改变了我们的部分未来规划，我们热切地期待着将来有机会再次在奥林匹克广播服务公司工作，无论是长期还是短期，我们都希望能再次成为奥运转播团队中的一员，成为体育传媒领域中的一员。最值得一提的是，奥林匹克广播服务公司的实践经历开阔了我们的视野，让我们更清楚自己想做什么，让我们成为更坦诚、更勇敢的人。我们深深感谢奥林匹克广播服务公司团队和学校提供的平台，让我们能第一次如此接近自己的梦想。

四、实践效果

（一）岗位贡献情况

负责"雪如意"场馆运行的北京冬奥会转播培训同学一共有14名，主要来自三所高校：北京理工大学、北京体育大学和首都体育学院。最特殊的是一位来自美国的大二女生艾米丽，她千里迢迢来到中国的"雪如意"参加北京冬奥会转播培训。我们14名同学按照日本团队制作的工作日程，每天固定工作8个小时，乘坐直达班车往返于酒店和场馆之间。日本团队非常贴心地收集了我们的照片、电话及微信号码，方便辨认我们和安排工作。在协助日本团队的过程中，我们对国家跳台滑雪中心的了解也越来越多：跳台出发处又叫"顶峰站"，需要乘坐缆车上下，一左一右共两个缆车，一个由运动员乘坐，另一个由裁判、工作人员等乘坐。在为期18天的实践工作中，我们协助日本团队完成了音频、摄像、线缆及跑腿四个部分的工作，也获得了他们的称赞与肯定。线缆组的组长称赞我们有"非常强的适应能力""能够举一反三"。他们说，看到我们，能回忆起自己的学生时代，感觉真的很好。在张家口寒冷的环境中，我们拿着麦克风或者带着三脚架四处走动，手指和脚趾变得麻木，眼睫毛结冰，风伤害着我们的脸颊和耳朵。然而有了队友的支持和鼓励，我们坚持了下来，并报以微笑。

（二）实践需要加强对体育转播人才的培养

大型体育赛事的转播，尤其像奥运会这样关注度极高的世界性赛事，需要极为专业的转播团队。前期在培养本土的体育转播人才时，一是要注重对专业能力和知识技能的培养；二是要注重对外语能力的评估与锻炼，避免产生"文化折扣"和其他不必要的误会；三是要增强人才的政治意识，防止被部分西方媒体断章取义，产生政治偏见。

1. 对专业能力和知识技能的培养

体育转播人才必须具备专业的转播能力：如对转播器材的了解、对转播岗位的熟悉。国内开设的体育传媒专业，需要尽可能地为学生提供接触转播器材的机会，学生只有亲眼见到、亲自上手、亲身实践，才能知晓这些器材如何使用。就体育传媒本身而言，实践的作用远大于理论。此外是对转播岗位的熟悉，在大型体育赛事中，必然会有更多的转播岗位需要了解和熟悉。在制作过程中，了解团队成员的角色及其关系至关重要。

2. 对外语能力的评估和锻炼

举办大型体育赛事时会有来自世界各地的团队，因此外语能力必不可少。除了流利的英语，如果体育转播人才也会其他的语种是再好不过的。比如我们这次在张家口国家跳台滑雪中心工作时，接触了大量来自日本的制作人员，其中很多日本人用英语交流有些阻碍，因此体育转播人才如果具备日语技能，则会使工作效率大大提升。所以对外语能力的评估和重视，无疑是培养体育转播人才的一个重要方面。

3. 增强政治意识

对体育转播人才的培养除了注重以上两个方面的提高，最重要的是提高政治意识，尤其在冬奥会这种世界性赛事上。我们张开双臂欢迎世界各地的人们的同时，要提高警惕，不被部分有心人士和西方媒体断章取义。体育不是一种孤立的社会现象，受到经济、政治、文化等条件的制约。"体育是战争的延续，战争是政治的延续。"在世界性赛事奥运会上，我们要尽可能地不让政治化给体育精神拖后腿，作为体育转播人才，更要时刻铭记并提高警惕。

五、实践思考

1. 提高赛后场馆的利用率

我们所在的场馆是张家口国家跳台滑雪中心，又被称为"雪如意"，是中国首个跳台滑雪场地。尽管我国的冰雪运动并没有全面普及，存在"冰强雪弱"的倾向，但"雪如意"的建成，无疑为跳台滑雪这项运动在国内的普及奠定了坚实的基础，加上附近古杨树场馆群中的国家越野滑雪中心、国家冬季两项中心及云顶滑雪公园，为我国彻底扭转"冰强雪弱"的运动局面提供了帮助。但冬奥会与夏奥会相比，项目普及程度低、关注人数少，更需要在赛后重视对场馆的利用。就跳台滑雪中心来说，冬奥会结束后，除了可以在场馆承办赛事之外，还可以利用高处的"顶峰俱乐部"设置旋转餐厅，从而更好地利用场馆，扩大场馆的知名度。

2. 完善大型赛事的组织体系

在冬奥会现场，我们看到冬奥组委、志愿者、媒体人员、啦啦队队员及安保等都在有条不紊地开展工作，这体现了我国在开展大型体育赛事时所具备的高度协调和组织能力。尤其在后疫情时代，场馆各个区域的消杀及防疫工作都做得非常完善和充足，在保证疫情安全的情况下，如何尽最大可能让观众、媒体、工作人员感受到现场赛事的魅力，并且适当地安排赛事现场的人员活动，国家跳台滑雪中心无疑做了完美的示范。

六、照片等相关资料

◎ "雪如意"摄像设备

◎ "雪如意"运动员出发处

◎ "雪如意"斜坡处

◎ 张家口国家跳台滑雪中心奥林匹克广播服务公司团队大合照

在实践中不断成长

——国家速滑馆新闻发布厅、媒体记者看台席实践报告

作者姓名： 强靖雯　杨鑫偲
作者岗位： 新闻发布厅助理　媒体记者看台席助理
指导教师： 路鹃

在此次北京2022年冬奥会期间，北京体育大学派出了很多学生参与了此次志愿者服务，本案例中两名志愿者分别来自新闻与传播学院新闻学专业和播音与主持艺术专业（体育赛事解说班），并在此次北京冬奥会中参与国家速滑馆媒体运行领域不同岗位的服务。在这场备受瞩目的全球体育盛会中，媒体运行是赛事承办好坏的决定性因素，因此与之相关的志愿者服务也是至关重要的一环。本案例将结合我们两位来自不同媒体运行岗位志愿者的实践经验进行分析，并且延伸思考，在之后的专业人才培养及志愿者服务保障方面提出相关建议。

一、实践内容概述

我们一起服务于"冰丝带"国家速滑馆。2021年10月，我们曾在冬奥会速度滑冰测试赛中服务过4天，服务岗位都是媒体运行领域媒体看台席助理，主要负责解答中外记者的一些疑问，如如何连接场馆网络、卫生间的具体位置、哪场比赛什么时候开始、发布会在哪里召开等。除此之外，我们还需要根据防疫规定时刻关注记者的行为，提醒他们不能在看台席吃东西、全程佩戴N95口罩等。虽然我们的工作内容不是特别多，但是能够为赛事服务，我们感到无比自豪。

国家速滑馆承担的是速度滑冰项目的比赛。"冰丝带"可以说是本届冬奥会最特别的场馆，每天至少会产生一枚金牌，每天都有决赛，所以对于整个场馆的运营有着极高的要求。

2022年1月22日，我们来到了北京师范大学昌平驻地，一同入住的还有闭环内其他领域的志愿者。1月23日，我们来到了阔别3个月的国家速滑馆，一切都是那么熟悉。媒体运行领域一共有43名来自北京体育大学志愿者和19名来自北京师范大学志愿者。北京体育大学的志愿者大多来自新闻与传播学院和国际体育组织学院，还有少数来自教育学院、体育工程学院等。北京师范大学的志愿者涉及的院系较多，有心理学部、文学院、艺术学院、天文学院等。齐聚速滑馆的第一天，我们和各个岗位的老师一起做了自我介绍。大家有的是2021年10月有过工作经验的志愿者，有的是第一次来到速滑馆的志愿者，大家都踌躇满志，希望为冬奥会贡献自己的力量。

强靖雯所在的岗位是媒体运行领域新闻发布厅助理，此岗位的配置是8个志愿者和一位主管老师。主管老师肖酌浩是中国传媒大学在读研究生，本来应该毕业的他因为要服务冬奥会选择了延期一年毕业。志愿者承担不同的工作：三个志愿者在混合采访区负责接待运动员进入发布厅，一个志愿者负责在比赛结束后立即到工作台打印前三名的名片，一个志愿者负责在发布厅门口检验进入发布厅记者的工作证，两个志愿者负责在话筒边引导提问的记者，一个志愿者负责在运动员入口处进行引导及提醒记者一些防疫要求。

在本次冬奥会服务中，杨鑫偲是媒体记者看台席助理。

媒体记者看台席助理主要给文字记者及摄影记者提供帮助。由于冬奥会这样的大型体育赛事会聚了各国的媒体记者及转播商，这就要求我们能够提供交流上的保障，会用英语进行基本的交流，确保沟通顺畅。除此以外，我们需要给初次到达场馆的记者提供帮助。一般来说，他们都会询问自己能够坐的位置、可以进行摄影的区域、不同摄影店需要的许可权限及如何到达相应的摄影点位……除了专业性的地表指引，还有一些基本信息，如最近的出口、最近的卫生间的位置、最近的电梯及楼梯的位置，当天的比赛场次、运动队、颁奖典礼时间、采访区、新闻发布厅的开放时间，还有媒体的休息区位置、办公位置……

通过这次的冬奥会实践，志愿者能够增强自己的沟通交流能力，丰富自己的社会阅历及社会经验，为之后的考研升学及就业打好基础；能够结交到一些来自全球各地不同国家、不同语言的朋友和媒体记者；能够将学习到的专业知识与技能、语言技能运用到实践中去，增加自己对知识的理解，提升自己的水平，展现自己的综合能力和社会适应能力；除此以外，也能增强民族自豪感和提升民族文化自信。

这次实践让我们充分认识到媒体是体育赛事传播的关键因素，媒体运行服务是大型赛事的重要一环。身为新闻媒体人中的一员，这次冬奥会的服务经验对我们的专业能力有了很大的提升；也正是这一次疫情防控常态化管理下的奥运会有条不紊的开展，让我们对国家的文化更加自信，对国家文化软实力更加认同。这次实践不仅是闭环内的互相帮助，更是天下一家、人类命运共同体的象征，冬奥会从承办到展现，所有人员共同努力，是中国向体育强国迈进的飞跃式的一步。

二、实践准备

最早的培训在 2020 年 12 月，我们通过学校的考试选拔进入了奥组委举办的大学生体育记者选拔训练营项目。在为期一周的培训中，新华社体育部主任许基仁、周杰老师、人民日报体育部主任薛原向我们分享了体育新闻报道的相关经验；新华社体育部薛剑英为我们讲解了英文体育新闻报道的注意要点。在培训中，我们还与中央广播电视总台的著名记者姚文莉、高级编辑罗宏涛、《北京 2022》节目负责人朱若磊等进行了交流，收获颇多。在大三上学期我们入选媒体运行领域志愿者后，学校又为我们安排了英语知识、急救措施、心理疏导、奥运项目介绍等全方位的培训，让我们更加深入地了解志愿者的工作，为服务冬奥会做准备。

三、实践过程

在北京 2022 年冬奥会的赛场上，强靖雯的岗位是国家速滑馆媒体运行领域新闻发布厅的助理。在新闻发布厅分布着很多岗位，强靖雯的岗位职责是在运动员进入发布厅时对运动员进行引导。在发布会正式开始前，她需要对现场的记者进行监督，提醒他们一些防疫要求：如在发布会开始前可能会有一些摄影记者来到发布厅内拍照，根据最新的防疫规定，这些摄影记者是不可以越过主席桌前的蓝线的。除此之外，她还要提醒他们不能在这里吃东西，但是可以免费取水。

在正式开始比赛的第一天，在未上岗的时候，我们是非常紧张的。虽然前期我们已经进行了一些学校、场馆的培训，也进行了英语的辅导，但毕竟这是我们第一次面对面和外国人进行交流，还是担心交流时不通畅，造成误会。就这样，我们怀着忐忑的心情一起来到了新闻发布厅进行准备。因为发布会在比赛结束之后就要立即召开，所以我们基本上在下半场比赛开始的时候就要来到新闻发布厅，和语言服务的志愿者一起在现场进行等待。

当负责在混合采访区引导运动员的志愿者将冠军、亚军带到新闻发布厅的入口处时，我们和语言服务的志愿者需要在门口等待。语言服务的志愿者先向运动员解释翻译器的使用，接着我们会用手势告诉他们可以开始发布会了。有时冠军、亚军、季军会分三拨来，所以我们在他们到来之前会和主持人进行眼神上的交流，他们示意我们有运动员将要进入发布厅。我们的岗位工作不是很多，但是需要随时盯着发布会上的情况。比如运动员发言时用的麦克风，有的主持人在发布会前会将其全部打开，有的则不会打开。还有的运动员上台之后会习惯先按一下麦克风的按钮，这样就导致麦克风有时候有声音，有时候没声音。这个时候我们要密切注意他们的举动，并且及时上台帮他们调整麦克风的开关及位置。

2022年2月15日，我们去接了女子团体追逐赛冠军加拿大队。到接队伍的地方我们很紧张，怕自己听不懂运动员说什么，但是加拿大队的新闻官超级好，说话也很清楚，跟她交流并不是很吃力。进入更衣室，采访时一直很快乐的三位运动员全都抱着队友、教练哭，在那一瞬间，更衣室里我们听不到除此以外的任何声音，因为所有人都在紧紧拥抱着。发布会上后排的加拿大队员和日本队员也在交流，双方回答问题时，也都对对手表示了极高的赞赏。

2022年2月17日举行了速度滑冰项目女子1000米的金牌赛，日本选手高木美帆在连续斩获两枚银牌之后，在这个项目上获得了她本次奥运会的第一枚金牌。因为日本选手的出色表现，所以当天新闻发布厅里聚集了很多日本记者，其中就包括在中国走红的日本电视台记者"义墩墩"。他来到发布厅后，现场有两名中国记者想要对他进行采访，于是他们让我们去询问在场有没有会日语的志愿者，但当时并没有，我们想着这位记者应该会说英语，于是就临时承担起了语言沟通的任务。虽然最后因为记者不能随便接受采访，拒绝了两位中国记者的采访，但他还是很热情地跟两位中国记者进行了合影，我们也因为自己在其中能够提供一些帮助而感到开心。我们在之后也跟"义墩墩"进行了带有本国文化徽章的交换，我们觉得这是一种文化的交流。当外国记者带着有本国文化的物品来到北京奥运会的赛场上，跟中国志愿者、运动员或者他国运动员进行交换的时候，就是一种很好的文化交流。

当然，在本届冬奥会上，令我们印象最深刻的当然是中国运动员的夺金时刻。2022年2月12日，"冰丝带"迎来了男子速度滑冰500米的金牌赛，出场的一共有16组，共32名运动员。第13组出场的高亭宇是该项目金牌的有力争夺者。当我们看到高亭宇出场时，志愿者和现场的中国观众都一起为他欢呼。高亭宇的起步速度特别快，并且在每一个弯道他的成绩都领先于当时的第一名。当最后一组运动员冲向终点后，悬念已经被揭晓，高亭宇为中国代表队夺得了速度滑冰项目的第一枚金牌。我们也十分激动，在新闻发布厅高声欢呼起来，发布厅也迎来第一位中国运动员。在高亭宇结束发布会即将离场的时候，他看到了还在岗位上工作的我们，对我们举手示意，向我们表示感谢。

在最后一个比赛日，我们同样承担了在混合采访区引导运动员的工作。我们引导的是速度滑冰男子集体出发项目的亚军——一名韩国选手。他在混合采访区采访结束之后，要求先进行兴奋剂检测，但兴奋剂检测需要花费一些时间。所以，强靖雯连忙跑回发布厅询问老师，在老师同意后强靖雯跟随他回到了二区进行兴奋剂的检测。这一路上，强靖雯有了一些新的感悟。在陪同这位运动员进行兴奋剂检测的路上，除了作为发布厅志愿者的我们、一名韩语的语言服务志愿者、一位举着运动员姓名的礼仪服务志愿者，还有两名作为兴奋剂检测陪同的志愿者。这一路上我们也看到了很多为了发布会、兴奋剂检测、人员管理、车辆沟通的志愿者们忙前忙后。

在冬奥服务志愿工作有序进行期间，也有一些媒体和志愿者的小故事发生。换徽章是每届奥运会都流行的行为，今年北京冬奥会同样如此。

一次，一个亚美尼亚的记者想跟志愿者换徽章。他注意到了我们身上的冰墩墩，但是他没有什么可以换的徽章，全身上下只有一枚很小的心形橙色徽章。当时我们还是稍微有些犹豫的，因为徽章对志愿者来说同样也很稀有，但如果等价交换是可以的。

之后，他告诉我们他来自亚美尼亚。于是我们提出可以用国家的或者国家队的徽章作为交换，但是很遗憾，他没有任何与奥运相关的徽章。然后他和我们闲聊，聊到了他的国家、他的家庭，他说他的女儿很喜欢"冰墩墩"。于是我们把"冰墩墩"挂坠拿出来询问："你的女儿喜欢这个吗？"他说他问一下，于是他拍了一张照片给女儿发了过去。在听到和看到这些之后，我们很心动，想直接送给他，觉得他是一个很好的父亲，但对于我们来说"冰墩墩"也很稀有，我们还在犹豫。于是他放下身上所有的装备，摸了身上所有的口袋，翻出了所有的背包，却只翻出了几枚掉了漆，甚至都不知道由来的徽章，也没有合适换的东西。他看着我们的徽章跟我们说，他去主媒体中心排了很久的队，但也买不到，他的女儿真的很喜欢，他的儿子也很喜欢中国龙的元素，很喜欢中国古迹。不一会儿，他的女儿给他回信了，她说她很喜欢。他给我们看了他的家庭照，至此我们已经完全被他打动，于是就把徽章和"冰墩墩"的挂坠都送给了他。他最后用很多感谢词感谢了我们，并且留下了联系方式，他承诺如果还会回来，一定会给我们带上交换的东西。

果然，冬奥会最后一天他来了，他用一个塑料袋装了很多亚美尼亚国家的徽章回来了，送给了我们。看得出来，能够交换徽章的他更开心和自信了！我们也送了更多的冬奥志愿者的公交卡套和物资给他。他现在已经回到了亚美尼亚，给我们发来了他女儿和"冰墩墩"的照片，表示很开心。

可以说，这不仅是一次换徽章的过程，更是实践过程中一次跨国友谊的交流，是志愿者在北京冬奥会中对爱和团结的表达。

四、实践效果

如果说媒体运行是整个速滑馆对外展示的脸面,那么新闻发布会就是媒体运行领域对外展示的脸面,因为新闻发布会是会被各国的电视台直播出去的,从发布会开始前半个小时就会有电视台准备好设备开始直播。所以如果想要展现完美的形象,新闻发布厅一定要做好自己的工作。在十几天的比赛中,每一场比赛后的发布会,我们都进行得非常成功,没有出现什么问题。整个场馆的赛事组织得也十分完美。

参与到媒体运行领域对于新闻专业的学生来说是一次十分珍贵的机会。首先,我们在现场切身看到了奥运会的体育报道是如何进行的,了解了从记者入场到播报新闻,再到整理成文字需要经历哪些过程;了解了举办一场大型的体育赛事时,媒体运行都包含哪些程序,有哪些注意事项等。这种体验是不可多得的。其次,我们作为志愿者服务于这些媒体从业人员,既为他们提供了帮助,也对我们的职业规划提供了帮助,让我们更加坚定成为一名体育记者的梦想。

对于体育竞赛来说,媒体是至关重要的一环,是反映这场赛事是否成功举办的一个重要参考因素,而我们在本次北京2022年冬奥会中就充当着为媒体运行提供服务的角色。在冬奥会期间,我们的岗位是媒体运行领域的记者看台席助理,这个岗位对场馆的运行起着非常重要的作用,它在一定程度上保证了新闻发布会、混合采访区的有序开展,也一定程度上维护了媒体看台席的秩序,以及摄影点位的合理分布,让记者能够以最好的视野、最舒适的办公区、最准确的时间及最专业化的分区进行体育赛事的报道。由于比赛期间场馆内人流量大，所以专门设置一个媒体看台区域，保证媒体之间流通，专人专区，每张桌子上有一个信号源。志愿者维持场馆的秩序，避免非媒体类人员进入媒体看台区域，进而打扰文字记者和摄影记者的工作，或者造成不必要的安全事故。

媒体记者看台席位配备了桌子，为记者提供了随时随地的办公环境，与运动队摄影区域和运动员看台席分开，既保障了媒体的工作环境，也给运动员相关区域提供了最佳观赛和录制视角，同时也避免了媒体到运动员看台席采访运动员情况的发生。

由于我们服务于媒体，所以作为记者看台席志愿者的我们是和媒体接触最多的，我们可以给他们提供最热情的服务。在此次实践过程中，我们需要时刻保持媒体素养，既能和媒体记者友好交流，又能适度把握聊天话题，提高政治敏锐性，从而不改变聊天的性质。

经过这段时间的服务，我们也受到来自各国记者的表扬和称赞，我们利用不同国家的语言和他们进行问候，让他们更加舒心地工作；我们在情人节当天用打印过后的废纸和旧纸手工折叠玫瑰花和爱心送给他们，让远在他乡的外国记者也能感受到我们的热烈欢迎。

由此可见，实践对人才培养十分重要。实践能够教会我们运用学过的知识，教会我们勤奋、坚毅和吃苦耐劳，教会我们提高新闻的敏感性，从日复一日的相同工作和生活中发现小细节，以及冬奥志愿服务中爱与团结的体育精神。

总的来说，实践是检验真理的最好标准，在实践中获得的经验能够提高个人的专业素养、社会技能和精神品质。

五、实践思考

对于大型体育赛事来说，媒体运行服务的地位应该有所提高。奥林匹克体育竞赛的精彩瞬间是昙花一现的，媒体的文字报道、图片记录是留给体育受众的一笔巨额遗产，这笔遗产具有不可替代性、唯一性和瞬时性，每次的体育竞赛都是不可复制、不可重来的。除此以外，媒体对奥林匹克竞赛的报道不应只停留于竞赛本身，它的存在更是为了讲述体育故事、传播体育声音，挖掘每个体育人背后的人格及精神品质。所以对于任何一场体育赛事来说，不论大小、不论场合，都应该做好媒体运行服务，只有这样才能保证奥林匹克人文精神的美好展现和传承。

对于大学生来说，尤其是学习新闻与传播专业的学生来说，在大型体育赛事过程中的实践是尤为重要的。这次实践不仅是学生专业能力的体现，也是对社会适应能力的挑战，而这个社会适应能力不仅表现在要面对中国，还表现在与国际友人的交流，所以社会对于参与过大型体育赛事的大学生应该给予更多机会。

六、照片等相关资料

◎ 志愿者们最后比赛日合照

◎ 强靖雯与郑孜璇在混合采访区合影

◎ 从记者工作间角度拍摄的速滑馆夜景

◎ 强靖雯在新闻发布厅完成最后一班志愿服务工作

服务冬奥　挥洒青春

——国家速滑馆新闻发布厅、摄影运行领域实践报告

> **作者姓名：** 郑孜璇　张海霞
> **作者岗位：** 国家速滑馆媒体运行领域
> 　　　　　　新闻发布厅助理　摄影运行助理
> **指导教师：** 路鹃

　　北京2022年冬奥会是一个巨大的系统性工程，而志愿服务则是其中的重要一环。作为青年学生，我们有幸参与到了本届冬奥会国家速滑馆的冬奥志愿服务之中。对于我们每个人而言，这都是一个难得的机遇。

　　在本次冬奥会实践中，我们分别承担了国家速滑馆新闻运行团队新闻发布厅助理的工作和国家速滑馆摄影运行团队摄影运行助理的工作。由于所属岗位不同，日常的工作内容和实践心得也存在差异。整篇实践报告将从这两个不同的岗位切入，尽力向读者展示两个岗位的日常工作全貌，同时也对两个岗位共通的工作规律和特点进行概括梳理，并对本次志愿服务实践进行思考。

一、实践内容概述

（一）国家速滑馆志愿服务群体概述

我们服务的国家速滑馆又称为"冰丝带"，是北京2022年冬奥会中唯一新建的冰上竞赛场馆。在冬奥会赛时，国家速滑馆共有12个比赛日、3个休息日，一共产生14枚金牌，也是单个项目产生金牌数最多的场馆。这里承担了本届冬奥会速度滑冰项目的所有比赛，分别是男子500米、1000米、1500米、5000米、10 000米，以及女子500米、1000米、1500米、3000米和5000米的决赛；男子、女子团体追逐赛；男子、女子集体出发赛。作为本届冬奥会的标志性场馆之一，国家速滑馆也体现出了中国"科技办奥""绿色办奥"的理念。在国家速滑馆中就有诸多技术设备应用亮点。整个场馆在空间塑形、结构选型、制冰系统、节能降耗、绿色环保等方面都体现了数字化和智慧化的特征。

在北京2022年冬奥会赛事期间，一共有598名志愿者在国家速滑馆提供志愿服务保障工作。其中有298名闭环内志愿者和300名闭环外志愿者，我们二人均为闭环内志愿者。国家速滑馆的志愿者有来自北京师范大学、中国社会科学院大学、北京体育大学、中国人民公安大学、中华女子学院等11所高校的师生，还有来自北京朝阳医院和北京急救中心两所医疗机构的医疗志愿者，以及部分社会招募的志愿者。我们这些志愿者在冬奥会期间分布在餐饮、反兴奋剂、防疫、交通、礼宾、媒体运行、票务、企业赞助服务、庆典仪式、权益保护、人员管理、赛时服务、体育展示、医疗、语言服务、注册、转播服务、场馆通信中心、场馆运行中心等22个业务领域，提供赛事的志愿服务工作。

（二）实践目的及意义

1. 实践目的

志愿服务工作作为北京2022年冬奥会这个系统工程中的关键一环，具有非常重要的意义。而我们大学生也渴望参与到本次冬奥志愿服务中，在各自岗位上认真做好赛时服务保障工作，为本届冬奥会贡献自己的一份力量，向世界展现中国青年的风采。同时，作为媒体运行领域的专业志愿者，我们也可以通过这种大型体育赛事进行专业实践，将学到的体育新闻专业知识用于实战中，提高自身的实践水平。

2. 实践意义

北京2022年冬奥会、冬残奥会是我国重要历史节点的一场重大体育盛会，是展现国家形象、促进国家发展、振奋民族精神的重要契机。作为北京体育大学的学生，能有幸参与其中，对我们来说是一次很好的实践机会，也是一次难得的人生体验。通过参与北京2022年冬奥会的志愿服务工作，我们可以更好地践行"使命在肩，奋斗有我"的青春誓言，为冬奥奉献青春力量，为我国冰雪运动的发展和体育强国的建设贡献北体人的力量。而作为新闻与传播学院的学生，能够成为媒体运行领域的专业志愿者服务冬奥也是一次难得的实践经历。借此体育盛会，我们可以将自己的专业所学与志愿服务工作结合起来，发挥专业特长，为来到国家速滑馆的各国记者提供更加专业的服务。同时，在这种亲身实践的过程中，我们也能够更好地体悟奥运精神，感受国际赛事的风采，这对我们之后的体育新闻专业学习大有裨益。

(三) 岗位职责描述

我们属于国家速滑馆媒体运行领域的专业志愿者，工作时间是从2022年1月24日至2月19日。我们分属于新闻发布厅助理和摄影运行助理两个不同的岗位。下面是这两个岗位的日常工作职责描述。

1. 新闻发布厅助理

新闻发布厅助理属于国家速滑馆媒体运行领域新闻运行团队中的成员。整个国家速滑馆新闻运行团队共包括4个岗位，分别是记者工作间兼媒体休息区助理、记者看台席助理、混合采访区助理和新闻发布厅助理。

新闻发布厅助理一共有8名志愿者，分别来自北京师范大学和北京体育大学两所高校的新闻学、英语、历史学、西班牙语等不同的专业，有本科生也有研究生。我们的主要日常工作就是和新闻发布厅的同事们一起保证赛后每一场新闻发布会的顺利召开。新闻发布会通常在比赛结束后举办，目的是方便媒体采访获奖运动员。而我们的日常工作有：发布会前整个新闻发布厅座椅、话筒、饮用水等物件的摆放和归置；在发布厅门口的验证点进行记者证件的查验；打印和摆放冠军、亚军、季军得主的桌签；将冠军、亚军、季军得主引导至新闻发布厅参加新闻发布会；发布会召开时，现场的话筒引导和秩序维护等。

发布厅的工作虽然并不复杂，但十分琐碎，加上一共只有8名志愿者，因此每次发布会召开时，每一个人都肩负着重要的任务，丝毫不能懈怠。作为国家速滑馆新闻发布厅的志愿者，我们的任务还是相当艰巨的，因为速度滑冰产生的奖牌数量多，一共会产生14枚金牌，相应地就会有14场新闻发布会，有时一天会有两场发布会。但我们都有很强的信心，始终坚信自己可以做好赛时的志愿服务工作，大家也一直在互相加油打气。

当然，要想保证每一场新闻发布会的顺利召开，光靠我们新闻发布厅的8名志愿者和1名主管老师是远远不够的，我们要和各业务领域通力配合。比如我们在引导获得前三名的运动员至新闻发布厅时，可能需要对外联络的志愿者为我们提供日语、韩语、荷兰语等语种的翻译工作，以便于我们和运动员之间进行交流；而在发布会开始前，分管技术设备的工作人员会帮助我们提前做好麦克风和音响设备的调试工作；在发布会现场也会有专门负责提供远程同声传译服务和同传设备的志愿者和老师……在不同业务领域的共同努力下，国家速滑馆的新闻发布会都顺利举办。

2. 摄影运行助理

我们所在的北京冬奥会摄影运行团队由23个人组成，是媒体运行的各种团队中人数较多的一个团队。一位摄影经理、一位摄影副经理和一位摄影主管带领20位志愿者共同承担此次冬奥比赛的摄影运行服务工作。

摄影运行助理在此次冬奥会上的赛事任务有两个阶段，分别是冬奥会训练阶段和冬奥会正式比赛阶段。训练阶段的志愿服务任务比正式比赛时轻松一些，但这个阶段的志愿服务经历也为正式比赛打下了良好的基础。摄影运行团队负责为赛事及相关活动创造最佳摄影位置，为注册摄影记者提供各种必需的服务和设施，以及与组委会其他业务领域通力合作，以满足摄影记者的拍摄需求，确保新闻图片迅速传输，呈现精彩的奥运赛事。

对于摄影运行团队，成功的评判标准是摄影记者能拍摄到体现奥林匹克精神的最好照片，并能及时传递到全世界！

摄影运行助理在注册卡上隶属于"4区"，每个人都配备一个印着"摄影员工"标志和个人数字编号的蓝色袖标，这是我们摄影志愿者的辅助通行物，是方便辨认摄影运行助理的标志。

赛时摄影运行助理的排班为轮班制，两个人轮班，换班时间为每日比赛的浇冰期间，具体换班次数和时间均按照每日排班表进行。

摄影运行团队的20名志愿者分别来自北京体育大学和北京师范大学，遍布英语、法语、捷克语、俄语、西班牙语、新闻、数学、文学、戏剧影视文学、心理学、法学、化学、天文、历史等15个专业，其中男生6名，女生14名，多为大三、大四的本科学生，也有几名研究生。在共同合作、齐心协力服务冬奥过程中，摄影运行团队从陌生到熟悉，建立起了深厚的友谊，变成了一个密不可分的摄影运行大家庭。

摄影运行团队的服务对象是注册摄影记者。在北京冬奥会上有800名左右来自全球的注册摄影记者，北京冬残奥会有300名注册摄影记者。他们持有注册摄影记者证件，并佩戴不同权限的摄影辅助通行物，穿梭于各个赛场进行拍摄。我们的职责就是为摄影记者提供服务。

二、实践准备

在2022年1月22日进入闭环前，全体国家速滑馆媒体运行领域的志愿者就已经接受了多次统一的培训，为赛时的媒体服务工作做好了知识储备。

北京冬奥组委给参与冬奥的人员准备了非常全面的冬奥通识课程，涵盖了冬奥冬残奥赛事概况、赛事常用英语口语、各大赛区的历史文化、各个比赛项目和竞赛场馆的介绍等。通过大量的网课学习，我们对北京2022年冬奥会和冬残奥会的相关知识都有了较为全面的认识。

除了一些通识课程，我们也参加了各自岗位的专门培训和考核。一系列针对媒体运行摄影岗位和场馆媒体中心岗位的专项培训及考试帮助我们更熟练地掌握了媒体运行领域志愿者日常工作所必备的专业知识。

此外，学校也给服务冬奥的志愿者准备了冬奥口语培训，让大家在分组培训的融洽氛围中掌握更多实用的冬奥口语技巧。

我们都参与了2021年10月8日至10月10日在国家速滑馆举办的"相约北京"测试赛。当时我们分别承担了记者工作间助理和摄影助理的工作。无论是在测试赛前举办的国家速滑馆培训线上课程，还是为期3天的测试赛志愿服务经历，都加深了我们对国家速滑馆的认识，这也是我们对冬奥工作的一次模拟。尽管测试赛时的媒体运行服务规模远不能和冬奥正赛时相比，但这段经历为我们后来服务北京2022年冬奥会打下了基础。

而在2022年1月18日至1月21日进入闭环前的最后4天里，国家速滑馆对所有的冬奥会志愿者进行了专题培训，培训内容涉及志愿服务技能、心理健康教育、医疗与防疫知识、志愿服务心得分享、赛时服务人员应知应会事项等许多方面。这也是对大家最后的动员，让我们对赛时要承担的工作任务、场馆特点和赛时服务需求有了更明确的认识，也提升了我们团结一致、做好冬奥志愿服务的信心。

除了大量的培训和考核，志愿者也积极通过各种方式进行自我调整，如通过读书、积极和朋友分享交流所思所想、经常与父母联系和交流感受，将自己的心理状态调整到最佳。

在身体方面，我们三餐规律，清淡合理饮食；作息规律，早睡早起；有时间便通过各种途径积极锻炼身体，保证有健康的身体状态为冬奥服务。

在物质方面，我们根据学院提供的冬奥志愿者物资清单提前准备了自己需要携带的各种物品，同时严格按照各项规定（如不能携带零食、茶叶、咖啡等物品），在做好充分准备的基础上尽可能做到轻装上阵。

三、实践过程

（一）岗位实践过程概述

1. 新闻发布厅助理

在正赛阶段，新闻运行团队的志愿者每天都需要在比赛开始前至少3小时到达场馆，为陆续到来的媒体工作者提供服务。每天去往场馆的车辆时间相对固定，上午和中午各一辆，因此各位主管老师根据国家速滑馆每日比赛的实际情况为我们安排了科学的轮班制度。由于国家速滑馆的比赛集中于下午，因此大部分记者都是下午才来到场馆，但也不乏来得相对更早的记者。所以每天都有一小部分新闻运行岗位的同学是上午岗（早上8:00左右出发前往场馆，13:30左右离开），剩下的同学是下午岗（13:30左右出发去场馆，19:30左右离开）。但新闻发布厅相对于其他三个岗位来说特殊一些。因为所有比赛结束后才开始召开新闻发布会，因此每天的比赛结束才是发布厅工作的开始。所以新闻发布厅也被称为速滑馆媒体运行服务的最后一班岗。正因为如此，新闻发布厅的8名志愿者并没有上午岗，几乎每天都是13:30从驻地出发前往场馆。有几天因为比赛开始较晚，而发布厅又是最后一班工作，8个志愿者会比其他3个岗位的志愿者晚1小时回到驻地。

实际上，在正赛开始前，新闻发布厅的8名志愿者就已经做好了充分的准备，借助2022年1月24日至2月4日这段赛前的时间完成了发布厅的布置和岗位演练工作。但由于当时没有比赛，所以并没有开过正式的发布会，8个志愿者也没有具体的工作任务，因此日常工作主要是帮助记者工作间或记者看台席的志愿者完成一些他们的工作。由于发布厅助理一共只有8名，所以合理的分工和配合就显得更为重要。最终，8个志愿者中的3个人分别负责冠军、亚军、季军获得者的引导工作；2个人负责发布会前整个发布厅物件的摆放、话筒调试结果的确认及发布会现场的话筒引导工作（整个发布厅左右两侧各放置一个话筒供记者提问）；1个人负责紧盯比赛结果，在发布会前打印好冠军、亚军、季军获得者的桌签；1个人负责在发布厅的入口处进行准入证件的检查；1个人负责在运动员进入发布厅准备室后看情况引导运动员上台接受采访。在前期进行了充足的准备工作和科学的任务分配后，8个志愿者在正赛时配合得相当默契，最终每一场发布会都顺利召开。

本次实践的过程中，有许多让我们记忆犹新的事情。

最近一次是在2022年2月12日，我们上岗的第20天。由于这天即将上场比赛的中国选手高亭宇实力强劲，因此有很多中国媒体记者前来。当时许多岗位的志愿者都站到了看台上为高亭宇加油并最终亲眼见证了他打破奥运纪录的一刻。那时，我们也很想去现场观赛。但因为发布厅在比赛结束前就必须开始运作，而高亭宇的出场位置又是下半场，所以我们只能坚守在发布厅的电视机前默默关注着这一历史性的时刻。当时，大家还是为不能到现场观赛感到有点遗憾，因为高亭宇拿到的这枚金牌对中国大道速滑来说有着非凡的意义，这是本届冬奥会中国在"冰丝带"收获的第一枚奖牌。但是每个岗位有每个岗位的职责与特定的工作时间，新闻发布厅的运行时间和媒体运行服务的要求是不能随着当天是哪国运动员上场而发生改变的。由于发布厅的工作性质，我们从来没有在看台现场看完过在国家速滑馆举办的任何一场比赛，往往都是刚看完上半场的几个运动员比赛，老师就让我们抓紧时间吃饭（一般发布会结束，食堂已经没有吃的了），然后赶紧去发布厅待命。所以大部分速度滑冰比赛我们都是通过发布厅里的电视观看的。尽管不能去现场观赛，但我们依然在发布厅的电视机前为每一位勇于拼搏和挑战自我的运动员喝彩。男子500米的比赛结束后，高亭宇夺冠，整个发布厅都坐满了记者，以中国记者居多。当天的发布会也比平时开得更久，我们每个人都没有丝毫松懈，全力以赴做好服务工作。最后当高亭宇离开发布厅时，我和另一个志愿者恰好站在门口，我们向他祝贺，他也礼貌地回应了我们。最终，整个发布会圆满结束了。

还有一次是在2月13日，我们上岗的第21天。这天在国家速滑馆举办的是男子团体追逐1/4决赛和女子500米的比赛。由于当天的比赛开始时间很晚，直到21点才开始进行第一场男子团体追逐的较量，新闻发布厅又是最后的工作，因此直到23点比赛结束，我们的工作才刚刚开始。不过当天来到新闻发布厅的记者并不是很多，所以整个新闻发布会没有持续太长时间，工作非常顺利。24点，我们终于结束了当天的工作，走出场馆准备登上返回驻地的车辆。就在这时，一名外国运动员用英语叫住了我们，希望我们为他提供一些帮助。通过交流我们得知他是找不到返回冬奥村的车辆了。当时已经非常晚了，加上刚刚下过雪，速滑馆外非常寒冷，这名运动员也在生气的边缘。见此状况，我们没有犹豫，一方面，我们安抚他的情绪，同时帮助他在电话里用中文和接送运动员的车辆负责人沟通，将运动员的位置告诉他们，帮助他们成功找到了这名运动员的所在地，也帮运动员找到了他要乘坐的班车车牌号；另一方面，我们和媒体运行领域的带队老师联系，报告了我们现在遇到的状况，让班车师傅稍等一小会儿再发车。最终，问题顺利解决，我们看到这名运动员登上了返程的车后才放心地离开。在回程路上，我们都为自己帮助了这名外国运动员感到高兴，尽管这并不是我们的业务领域，但当看到这名运动员在大冷天里向我们走来寻求帮助时，我们依然竭尽全力，并且非常顺利地帮他解决了问题，这是我们志愿者存在的意义。在返回驻地的路上我们已经看不到太多车辆了，回到驻地已是凌晨1点。驻地工作人员给我们准备了消夜，我们喝到了热腾腾的银耳汤，大家的心里也都暖暖的。

当然，在本次实践中，我们也遇到了许多之前培训中并没有提及的困难，一是发布会时长不确定带来的影响，二是在引导运动员过程中会随时遇到各种突发情况。

尽管排名前三的运动员在颁奖结束后到新闻发布厅参加新闻发布会是种惯例，但发布会的时长却会受到诸多不确定性因素的影响。因为新闻发布厅是媒体运行服务的最后一站，所以运动员在抵达发布厅前还需要经过混合采访区。他们在混合采访区接受采访所花费的时长，之后在更衣室、等待兴奋剂检测的结果的时间等，都会影响发布会的开始时间。同时，参加发布会的记者的数量及提问问题的数量等，也会对发布会的时长产生影响。一次开发布会时，由于冠军得主迟迟未到，发布厅的一些记者开始有些烦躁不安，不停地有外国记者向我们询问发布会还要多久才能开始，我们只能说需要等到运动员前来，但也不知道确切时间。随着时间一分一秒地过去，不断有记者离开，最后等到运动员到达时，发布厅只剩下我们几个志愿者和两三个记者了。尽管只有一名记者提出了一个简短的问题，但我们每个人还是坚持到了最后一刻，并卡着发车时间坐上了回驻地的班车。后来，发布厅的这个问题也被反映给了主管，之后媒体运行服务人员开始适当地控制运动员在其他环节的时间，也会预估运动员到达发布会的时间，由主持人告知现场的记者，之后运动员迟迟未到达发布会的情况再也没有出现过。

如何将冠军、亚军、季军运动员以最快的速度引导至新闻发布厅参会也是个棘手的问题。一次是2月15日引导速度滑冰女子团体追逐赛的铜牌得主荷兰队。这次的引导过程相当曲折，尽管我们在混合采访区就已经和荷兰队的新闻官说明了运动员在混采结束后需要去发布厅参会，他也直接礼貌地回应说了解。当时我觉得这应该是一次相当顺利的引导，因为此前荷兰队已有多名运动员获得过个人项目的奖牌，对于去发布厅这件事她们应该是相当熟悉的。然而，我完全没有考虑到团体项目和个人项目的不同之处。当混合采访结束后，我用英语和荷兰领队交流时才发现事情并不简单。领队比较礼貌地表明自己有急事不能带运动员去发布厅了，会让主教练代为前往，而此时荷兰队的主教练和新闻官还在混合采访区。四名运动员都到了更衣室，一位向我表示自己想先回冬奥村吃饭，一名运动员说自己有事情没办法前往，两位直接拒绝前往发布厅，尽管我说发布会时间并不长，而且参加发布会是惯例，但她们依然不愿前往。我们只能将这些情况在第一时间反映给了主管老师，并询问解决方法，最终得到的答复是主教练过去也可以。于是我们又一起回到了混合采访区，将荷兰队的主教练引导到了新闻发布厅。

后来我们才知道，这四名荷兰运动员来自不同的俱乐部，关系非常松散，想要让她们所有人一同前往新闻发布会不太现实。不过好在最终荷兰队还是有代表参加了发布会。引导结束后，老师也对我们的工作给予了肯定，认为我们的处理方法是合适的。当然我们也从这次的引导过程中吸取了一些经验和教训，这让我们在2月19日引导获得亚军的韩国运动员时更加顺利。在这次的引导过程中，我们在混合采访区得知韩国队的班车只有不到30分钟的时间就要发车的消息，但当时还有很多记者准备对亚军进行采访。估算了时间后，经过沟通我们得知兴奋剂检测可以移交到颁奖广场做。于是我们和他们领域的老师进行了沟通，最终得到让运动员先去发布厅的回复。于是在混合采访结束后，我们一边让他们填写兴奋剂检测转运的单子，一边和运动员说明需要去新闻发布厅及兴奋剂检测转运的事情，并跟随他来到了更衣室，在更衣室外等候。在等候的过程中，我们遇到了提供韩语服务的志愿者，在他的帮助下，我们将这名韩国运动员第一个引导至发布厅，让他有了足够的时间赶上班车。尽管在这次的引导中出现了到发布厅的时间不够的突发情况，但我们还是冷静地和其他业务领域的志愿者积极沟通，并最终顺利解决了这个问题，将运动员按时引导至发布厅参会。

通过这次冬奥志愿服务实践，我们收获满满。除了英语口语的提高和媒体运行服务等技能的提升，能够亲身参与到冬奥会这样的大型国际体育赛事之中，为来自世界各地的媒体朋友服务，我们对体育本身、对自己的专业所学有了更深的理解。它让我真切地感受到建设体育强国、健康中国不是一句口号，而是一个重要且影响深远的目标；讲好中国故事，传递好中国声音也不是一句空话，而是对新时代媒体人的期许。作为北京体育大学新闻与传播学院的学子，这次的冬奥实践也让我们对自己未来的专业学习和职业发展有了更加生动的认识。

2. 摄影运行助理

摄影运行团队的各个岗位在赛事运行的过程中是轮换交替进行的。我们在正式上岗前，摄影运行团队的三位老师也对我们摄影运行助理进行了专门的培训，布置了相关的学习任务。

在实践开始时，我们处于学习积累阶段，要熟悉更多相关知识，按照摄影运行相关资料熟悉摄影运行的各个摄影点位和记者进入各个摄影点位的流线，学习摄影辅助通行物的相关知识点，进一步了解场馆内注册分区及证件，明确摄影运行助理的职责。

摄影点位是为注册摄影记者规划出的工作区域，具有最佳拍摄角度。鉴于防疫要求，摄影座席隔二坐一，摄影站席人与人间隔1米。

除了重中之重的摄影点位，摄影志愿者服务的功能区还有摄影记者工作间、摄影记者储物柜、摄影记者接待台、成绩公报柜和摄影服务办公室。

摄影运行助理在对摄影点位进行监管和服务时，需要检查摄影记者是否佩戴了符合通行权限的身份注册卡和辅助通行物；按照流线引导摄影记者合规地进出摄影点位，确认摄影记者是否私占摄影点位，除了贴有新闻机构标识的预订座位，在被指定为摄影点位的区域内，任何位置都不能通过私人的标签或摄影器材被摄影记者"圈占"，我们遵循的是先到先得的原则。摄影运行助理还要检查摄影记者的摄影器材是否合乎规范，要无三脚架，无摄影梯，无录像机，无闪光灯，但是可以使用独脚架进行拍摄；检查摄影记者着装是否合乎规范；检查摄影记者是否遵守防疫规定，全程佩戴N95口罩或KN95口罩等；检查摄影记者是否干扰了比赛或观赛秩序。

摄影运行领域志愿者的每日工作流程主要是：

赛前3小时： 开放场馆媒体中心，摄影记者签到、领取储物柜钥匙、申领辅助通行物。

赛前2小时： 召开当日摄影吹风会，介绍场馆摄影点位、当日赛程及注意事项。

赛前1小时： 志愿者就位，引导摄影记者陆续进入摄影点位。

进入场心时间： 比赛开始前45分钟开启，比赛开始前30分钟关闭。

进入比赛场地时间： 比赛开始前45分钟开启，比赛开始前15分钟关闭。

比赛中： 保持各摄影点位及摄影记者工作间正常运行；颁奖时组织摄影记者前往指定的颁奖摄影点位进行拍摄，维持现场秩序。

赛后： 收回已发放的辅助通行物和储物柜钥匙，总结当日摄影运行工作。

摄影运行志愿者每天都会提前得知自己第二天的排班表，获悉第二天的摄影运行计划，并按照摄影运行计划表按部就班地进行各项工作。在岗期间记录和统计摄影点位上摄影记者的峰值人数，并在一天工作结束后将其与当天遇到的问题、摄影记者的需求和摄影记者遇到的问题一并统计到摄影点位工作日志中。

在上岗前一天，志愿者需要提前了解摄影运行计划、自己所处的摄影点位基本情况、第二天比赛的大致赛程情况，尤其是比赛的起点和终点，可以提前查看之前小伙伴的摄影点位日志，和小伙伴沟通交流经验提前了解情况，提前熟悉和自己搭班的小伙伴，确认班次。

虽然我们按部就班地进行各项工作，但实际上每天的工作中还是有层出不穷的意外情况。

2022年2月1日，我们轮岗到摄影点位C点时发现了一个意外情况。这里是一个比较受摄影记者欢迎的地方，但摄影记者人数越多，意味着意外和问题发生的可能性越大。在当天上午10时50分，刚轮到第二班次的我们上岗没多久，就意外发现有个摄影记者划破了裤子，正在和同伴指着裤子低声交流。我们上前查看后，发现原来是C点位附近梳理线路的铁条过于锋利，摄影记者在工作时又无法注意周围环境的太多细节，所以一不小心划破了裤子。

发现这种情况，我们立刻在工作群里向摄影经理汇报。在老师的询问下，我们了解到那是一位来自韩国的记者，裤子破口在膝盖处，是一个边长3厘米左右的正方形。于是，我们上前非常诚恳地对这位韩国记者说情况已经向摄影经理反馈过了，会有人马上过来处理，我们为这种事情感到非常抱歉，并询问他是否还有别的需要帮助的。他很和蔼地告诉我们没有什么需要帮助的。

老师们立刻对这种情况做出反应，询问看台全体摄影运行志愿者哪个位置还有类似物件，并报告位置。经过一定的讨论之后，我们提议用胶布包裹住分离物的边缘，以免类似情况再次发生。

很快，老师就带着技术方面的工作人员来到了我们的点位，并向我们确认是哪位摄影记者不小心划破了裤子，并第一时间找到这位记者诚恳地道歉。这位记者看起来略有吃惊，然后又说没事，向我们借了胶布后把裤子粘了粘就走了。

事后，老师和技术人员提到，摄影记者的相机、镜头都是极其贵重的，摄影运行领域的细节一定要处理好。之后我们和技术方面的两位老师一起把人可能经过的所有尖锐物都缠了一圈胶布，这项工作也在其他点位同步进行着。

在这个过程中我们更加关注摄影记者途经的道路，后来又发现一处因线路覆盖而阻碍通行的楼梯，并及时告知了摄影部门的老师。这是转播领域的电线，于是我们一起把线路梳理出来，并固定在阶面之下。

在这之后，所有点位的尖锐物品都得到了处理。大家都更加注意摄影记者途经道路是否方便、工作环境是否安全、是否存在威胁。我们也更加深刻认识到，对于摄影运行志愿者来说，与摄影记者相关的事都不是琐碎小事，都要慎重以待。

同时，我们更进一步认识到，站在冬奥赛场上，我们面对的是来自世界各国的媒体，我们的言行举止、我们对各种事务的处理，不仅是一个人对另一个人，可以说是一个国家对另一个国家。工作细致周全，不忽视问题，发现问题、直面问题、解决问题，并从中学习和成长，是我们一生都将受益的。

（二）岗位共性规律及特点

1.同属于媒体运行领域，为媒体工作者提供服务

从大的业务领域划分，我们都属于国家速滑馆媒体运行领域的专业志愿者。北京2008年奥运会总结中指出："媒体运行（新闻运行）的核心是媒体服务；服务媒体就是服务奥运，就是服务国家形象；通过大型活动的媒体运行，使中国的形象和声音在全世界得到

更广泛和更积极的传播。"我们两个人的岗位都在媒体工作区，是服务于媒体运行、促进中国形象和声音传播的岗位。

2. 都属于闭环内志愿者，疫情防控毫不松懈

在新冠肺炎疫情防控常态化的背景下，防疫安全无疑是志愿者团队的重中之重。我们都是闭环内志愿者，工作时要与大量的外国媒体记者、运动员直接接触，有一定的感染风险。新闻发布厅助理在发布会上会接触到来自世界各地的媒体工作者，也会与运动员直接接触。摄影运行助理的工作区域与运动员摄像队挨着，也会面对来自世界各国的运动员摄像师。

与高风险相对应的是更高的疫情防控要求。在进入闭环管理之前，我们所有志愿者都认真学习了国家速滑馆的场馆防疫规定和防疫手册，并且在日常的工作中严格遵守：在场馆内时刻佩戴N95口罩；回到驻地第一时间用消毒湿巾擦拭随身物品；在电梯等公共区域随时用手消消毒；接触运动员的时候，时刻佩戴面屏；尽量保持1米安全距离等。除了自己严格遵守防疫规定工作，当发现有媒体工作者的防护措施不当时，我们也会上前礼貌提醒，让大家都拥有安全的工作环境。

3. 轮班工作，轮班休息

我们两个人的岗位都采取了科学的轮班方式，每日到岗时间明确，轮流休息，这既保证了我们每个人都能有相对充足的休息时间，也有利于我们将更饱满的精力投入日常的工作之中。

4. 工作任务固定，但突发事件多

新闻发布厅助理和摄影运行助理的每日工作任务都很固定，但也不可避免地面对一些突发状况。像上文提到的锋利铁条、引导运动员时遭到拒绝等都是我们日常工作中常见的小插曲。但遇到问题时，我们沉着冷静、拿不准时及时向主管老师反映，最终问题都得到了解决。

5.直接面对外国媒体记者，外语水平要求高

因为我们的岗位是和来自世界各地的媒体记者打交道，因此大部分时间我们所说的都是英语。作为大学生，日常的英语口语交流技能和多元的文化意识是我们身上的重要优势，这也为我们打开了和来自各方的媒体记者交流的窗口。

6.团队成员教育背景多元化，共同交流互进

我们的团队成员都来自不同的学校和专业，也都有着自己独特的专长，如我们团队里就不乏摄影高手、日语达人、乒乓球能手等。大家在休息的时候也会互相交流生活和工作经验，共同成长。

7.团队协作，相互配合

对于冬奥志愿服务来说，团队之间的协作和配合必不可少。我们两个岗位的志愿者都能在老师的带领下高效协作，发挥团队精神，顺利完成每天的工作任务。

除了同一个岗位上工作人员的合作，同一个领域不同岗位及不同领域的志愿者之间也都有着积极的配合。国家速滑馆的志愿者团队是一个大家庭，正是在一次次的配合中，我们有幸结识了很多不同业务领域的同学，大家一起携手为冬奥贡献自己的力量。

8.定期复盘，提升服务水平

对我们每个人来说，定期复盘进行工作总结已是常态，这可以帮助我们更好地完成接下来的工作任务。摄影运行助理每天都需要填写摄影点位日志，新闻发布厅的8名志愿者也会在老师的带领下定期复盘工作交流经验。此外，学院也让我们每天撰写工作日志，这些都有利于我们提升自身的服务能力，而这些文字本身也会成为我们的宝贵冬奥记忆。

9.团队主力为青年群体

国家速滑馆媒体运行团队的志愿者都是高校的青年学生,有本科生也有研究生,大家都抱着为冬奥贡献一份力量的初心会聚到这里,也用青春之名助力北京2022年冬奥会。

四、实践效果

1.新闻发布厅助理

由于媒体运行领域新闻运行团队岗位分支较多,服务人员流量极大,因此并没有对所服务记者的人数、来源、时间等进行服务数据统计。

但具体到国家速滑馆新闻发布厅的工作,新闻发布厅的8名志愿者一直全力以赴,保证了14场新闻发布会的顺利召开。即便是一天有两场新闻发布会的比赛日,大家也都能做到有条不紊。而考虑到新闻发布厅的特殊性,大家也保持了很高的政治敏感度,用热情和专业为来自不同国家和地区的媒体朋友提供服务。

无论是国家速滑馆的媒体运行主任,还是新闻运行团队经理,都对我们新闻发布厅志愿者的工作给予了高度的肯定。大家所服务的记者、运动员也都给予了我们好的评价,每一场新闻发布会的氛围都是愉快的、和谐的。

但同时,在实践中我们也存在着一些不足之处。比如记者突然提出问题时,回答略有紧张,不能很自然地拒绝一些无法回答的问题。不过这个情况在经过几次锻炼后有所改善。

2.摄影运行助理

媒体运行领域摄影运行团队赛时累计接待摄影记者约1300人次,媒体140余家,其中包括国外媒体110余家。摄影点位上日接待摄影记者的峰值总人数达到了115。

在冬奥比赛的最后一天,摄影运行志愿者获得了每位摄影运行老师对我们工作的认可,同时我们也一起收获了来自世界各地摄影记者的肯定和赞扬!甚至在比赛结束后的几天里,我们还能看到老师们和我们分享可爱的新华社记者对我们的赞许!

另外,冬奥赛场对我们来说无疑是一次难得的机会、一个更大的舞台。对于这样的实践机会,我们存在的不足之处在于,虽然我们充分履行了志愿者的职责,但是由于经验的缺失、经历的不足,我们没有充分理解和执行冬奥组委的各项规定;在一开始没有足够的胆量和勇气与国际友人进行更多的对话和交流,否则会收获比现在更多的友谊和珍贵的经历。

五、实践思考

通过本次的冬奥服务实践,我们不仅收获了丰富的人生经历和更强的专业知识,对一些问题也有了更多自己的思考。

冬奥会的举办对于我国未来举办各类大型赛事来说无疑具有很强的借鉴意义。这次的冬奥盛会将我们的历史文化、春节文化和其他中国元素与奥运会、体育冰雪元素等结合起来,以体育为载体,促进了世界各国人民间的友好交流,也创造出丰富的文化遗产,弘扬了奥林匹克精神。这种文体融合的方式和文化表达对于其他赛事的举办都有所启发。对于中国而言,冬奥赛事的成功举办也弥补了中国在冰雪产业上的巨大缺口,是一个大力发展冬季体育项目的良好契机,也能够促进我国从体育大国向体育强国转变。这种借助体育赛事推动当地体育产业发展的思路也值得未来赛事举办者借鉴。与此同时,本届冬奥会的绿色环保理念也值得学习。无论是赛时大力降低碳排放量，还是赛后场馆的可持续使用，都体现出整个赛事筹办的绿色办奥初衷。另外，本次冬奥会充分利用现代高科技手段，让现代科技为体育运动奠基，也值得借鉴。

本次冬奥实践也让我们感受到了既有人才在服务大型赛事上的一些短板和不足，如体育赛事解说人才的稀缺、部分体育专业领域男女比例的不协调、年轻人才大赛服务经验缺失等都是目前存在的严峻问题。冬奥会这样的大型活动无疑给所有参与者提供了一个锻炼和实践的平台。但利用大型活动进行人才培养也存在着一些天然的弊端，如涉及人才资源多局限在办赛区域内，即使是冬奥会这样的大型国际赛事，志愿者招募也受到疫情影响集中于赛区所在地，难以辐射全国。

六、照片等相关资料

◎ 在国家速滑馆场地纪录墙前和新闻发布厅同岗位的同学及老师合影

◎ 在国家速滑馆媒体入口和"冰墩墩"合影

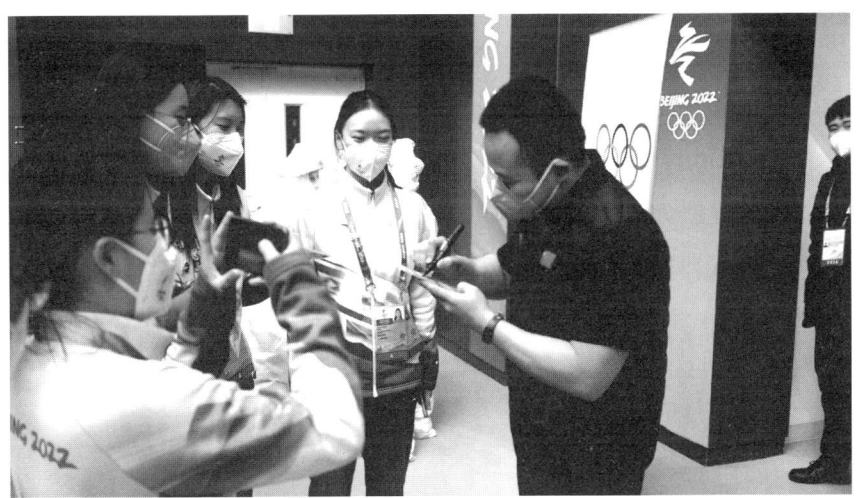

◎ 志愿者和新闻发布厅主管肖老师互相签名留念

◎ 在国家速滑馆合影留念

◎ 新闻运行团队全体人员合影

◎ 在国家速滑馆冰面上留影

◎ 在国家速滑馆混合采访区留影

青春热血　逐梦冰雪

——国家速滑馆记者工作间和媒体休息区实践报告

作者姓名： 夏听雨　张淳　樊欣阳

作者岗位： 国家速滑馆

　　　　　　记者工作间助理　媒体休息区助理

指导教师： 路鹃

冬奥会作为国际顶级的体育赛事，已经不单纯是运动竞技，更是举世瞩目的媒介事件。北京作为世界唯一的双奥之城，其举办效果、城市风貌及相关保障人员的精神面貌已然是世界关注的焦点。而北京体育大学作为北京2008年夏奥会成功举办的重要参与高校，在已有经验的基础上，北京体育大学学生通过奥运实践为本次冬奥会持续助力。无论是开闭幕式的演职人员，还是奥林匹克广播服务公司工作人员、技术官员、转播团队、志愿者等，都秉持着一起向未来的精神，以实现更快、更高、更强、更团结的奥林匹克目标。本报告将从三名北京体育大学学生参与2022年冬奥会的实践内容概述、实践准备、实践过程、实践效果及实践思考五大板块出发，深度挖掘三名学生在近距离接触、参与冬奥会当中的细节及收获，以期对此次冬奥会的意义及本次实践的不足之处更加明了，为以后从事相关工作积累经验，也希望本篇实践报告可以对其他有类似大型体育赛事志愿工作及想要从事类似工作的人提供参考。

一、实践内容概述

（一）实践目的及意义

志愿者一直以来被视为展示奥运形象和青年面貌的重要窗口，作为直接服务于运动员、媒体的奥运工作者，志愿者的一言一行都聚焦在了镁光灯下。优质、周到的志愿服务不仅能满足服务对象的需要，让他们感受到宾至如归，而且也能直观地传递出中国青年的素质和充满朝气的精神风貌。

志愿者也是冬奥顺利运行的重要保障，在节俭办奥的要求下，奥运会的工作人员尽可能地进行了精简，每个志愿者承担的工作因此更加重要。正是每个志愿者在自己的岗位上按照场馆运营要求保质保量地进行工作，才保障了冬奥会的顺利进行。

（二）实践任务

参与本次实践的专业志愿者被分配在国家速滑馆媒体运行领域，从第一个训练日（2022年1月24日）开始正式上岗，一直到最后一个比赛日（2022年2月19日）结束。媒体运行领域又划分为新闻运行和摄影运行，其中新闻运行包括记者工作间和媒体休息区、记者看台席、新闻发布厅、混合采访区四个功能区域。以记者看台席为例，主要工作任务包括核查媒体证件、解答记者问题、协助疫情防控等。

记者看台席是为记者提供的观看比赛的位置，看台区提供了196个带桌媒体席和少量的不带桌媒体席。带桌媒体席上配有电源插座和带有比赛信号的电视（提供混合采访区和现场两路信号），记者可以在观看比赛的同时进行工作。鉴于节俭办奥的需要，此岗位的志愿者人数并不充裕，一共只有11人，而比赛期间看台席每天的开放时间超过12小时。比赛期间志愿者分两班轮流工作，每两小时换岗一次，每班有一人在入口处核验证件，其他人在看台席分区域进行值班。看台席作为直接呈现在转播镜头内的区域，对志愿者的工作提出了更严格的要求。除了为记者提供必要的帮助及落实防疫政策外，在比赛期间，志愿者还需要时刻注意出入看台席的人员有没有异常举动：既不能干扰到运动员的正常比赛，也不能在镜头前有表达政治倾向、宣扬宗教信仰等违反奥林匹克宪章的行为。

二、实践准备

（一）志愿者测试赛岗前培训

2021年10月，"相约北京"速度滑冰中国公开赛在国家速滑馆举行。作为冬奥赛前的重要测试活动，需要参与测试赛志愿服务的志愿者于10月1日至2日通过线上视频的方式接受与测试赛直接相关的培训。

培训主要内容包括场馆介绍、踏勘，志愿服务心理健康、防疫专题培训等，因为测试赛期间媒体运行团队属于闭环外，老师们对照场馆地图着重介绍了此次测试赛闭环内外划分的界限及标志物，并强调了志愿者的纪律要求和注意事项。

（二）场馆媒体中心志愿者培训

2020年10月21日，北京冬奥组委对所有场馆的媒体中心岗位的志愿者进行了统一培训，并在培训后进行了测试。

本次培训主要对本届冬奥会的基本情况进行了详细介绍，使志愿者对冬奥会的项目、运动员人数、媒体人数、赛区分布等基本信息有了一定的了解。此外，老师们对各个竞赛场馆内的具体分区、媒体工作人员的权限等细节内容进行了培训，着重强调了注册卡上的分区代码及媒体注册代码分别代表的意义和权限，让志愿者对自己赛时的权限和媒体进入各个区域的准入政策有了基本的认识。

培训还介绍了记者工作间、记者看台席、混合采访区、新闻发布厅、媒体休息区在赛事期间的运行时间，并强调了记者看台席、混合采访区和新闻发布厅的具体运行规则，介绍了辅助通行物的发放和使用政策，让志愿者对场馆媒体中心的分区和运行方式有了较为全面的认识。

（三）北京体育大学志愿者通用培训

2020年11月，北京体育大学组织校内志愿者进行了为期一个月的集中通用培训，并对志愿者骨干进行了重点培训。本次培训采用"线上+线下"相结合的方式，涵盖了多种课程，邀请了各领域的资深老师为志愿者带来了包括心理健康与情绪调节、疫情防控和疾病预防、居家健身、救护培训、思想教育、英语口语等方面的课程。

此外，学校还组织志愿者进行每日学习打卡和定期测试，以保证志愿者对需要掌握的知识进行及时的回顾和整理，形成自己的知识体系。

（四）志愿者通用培训

2020年11月至12月，北京冬奥组委秉持"不培训不上岗，培训不合格不上岗"的原则，对北京冬奥会的所有志愿者及储备志愿者展开了通用培训。冬奥组委通过在线学习平台陆续上线了23门课程，要求志愿者按期完成所有学习和测试。

通用培训涉及的内容十分广泛，不仅有对奥林匹克文化发源和发展、志愿者文化、北京冬奥会办赛地文化等人文相关的介绍，还有冬奥会各大项目、日常英语口语、急救处理知识等方面的课程。此外，通用培训还着重介绍了服务残奥会的注意事项和原则，对服务残疾人的注意事项和要点进行了总结，尤其强调要用平等、正确的心态为残疾人提供服务，不要过分热情或冷漠视之。

（五）国家速滑馆志愿者培训

2021年1月，在志愿者正式进入闭环管理前夕，国家速滑馆运行团队的经理联合北京师范大学驻地相关的老师，为所有即将进入国家速滑馆提供志愿服务的志愿者进行了为期一周的有针对性的培训。

本次培训区别于通用培训，紧紧围绕国家速滑馆的特点与赛时服务需求，并与志愿者所需承担的工作任务紧密结合，主要包括思想政治教育、志愿服务技能提升、心理健康教育、医疗与防疫知识、赛时服务人员应知应会事项等方面的专题内容，使志愿者更好地了解了上岗后的具体工作及管理要求。

三、实践过程

（一）如何进行实践

国家速滑馆媒体运行和转播服务团队共有 62 名志愿者，其中 44 人（包括一名带队老师）来自北京体育大学，18 人来自北京师范大学。62 名志愿者按照各个岗位的需求被分配到了不同岗位。其中，转播服务 2 人，摄影运行 20 人，记者工作间和媒体休息区 15 人，记者看台席 11 人，新闻发布厅 8 人，混合采访区 6 人。

在具体的志愿服务过程中，媒体运行和转播服务两个领域分别由不同的经理统筹协调，每个岗位也都由专门的主管老师管理，包括排班、培训，并在正式上岗后进行具体的工作安排。

本实践报告将主要介绍记者工作间和媒体休息区岗位的工作内容。岗位细分为验证点、休息区、摄影接待台和文字接待台几个岗位。验证点岗位志愿者负责查看所有进入场馆媒体中心的人员的证件，核验其是否具有 4 区权限。休息区岗位志愿者负责在媒体休息区为前来用餐的媒体人员提供帮助，并及时对免费茶点进行补货。摄影接待台岗位志愿者负责接待前往场馆的摄影记者，为记者提供储物柜、解答疑惑，并协助摄影运行主管进行袖标的更换。文字接待台岗位志愿者负责接待文字记者，为记者解答基本问题，并进行混合采访区的预约、辅助通行物的发放。

（二）典型实践事例

2022 年 2 月 5 日，场馆的第一个正式比赛日，大量记者分批来到国家速滑馆，并前往文字接待台对混合采访区的名额进行了预约。鉴于防疫的相关要求，混合采访区开放的名额有限，并且不采用先到先得和线上预约方式。

为了避免记者因没有获得名额而产生冲突，或者产生其他因不了解规则而导致的问题，文字接待台的志愿者承担了重要的解释说明和登记工作。然而，虽然志愿者已经努力提前解释说明，记者也都事先了解了辅助通行物的发放规则，但是第一天真正进行分发时还是遇到了较大的问题。

原定只能进入35人的混合采访区，却收到了80余个预约名额，因此超过半数的记者没法进入混合采访区。这引发了很多人的不满，场馆的分配规则也遭到了质疑。因为规则难以临时进行调整，志愿者只能努力解释，并对记者进行安抚，同时协助老师给当日获得名额的记者分发辅助通行物，以尽力保障当日的混合采访可以顺利进行。

事后，文字接待台的志愿者立刻对问题进行了复盘，从接待台具体实施的角度向主管老师和经理提出了自己的想法。最终，老师们结合了混合采访区当天的实际情况，商议后对辅助通行物的发放规则进行了及时调整。文字接待台的志愿者也在第二天将新的分发方式告知了前来签到预约的记者，之后的工作中再没有因此产生问题。

（三）实践难点

记者工作间和媒体休息区的志愿者作为记者在国家速滑馆开展工作时首先接触的服务人员，起着重要的门面及事先提示作用。实践难点主要在于志愿者需要克服文化差异及语言习惯的差异，委婉、适度地提醒记者遵守记者工作间和媒体休息区的相关规定，并随时对记者提出的问题和遇到的困难予以解决。

当遇到不配合或者不友善的记者时，志愿者如何恰到好处地处理便成为一个难点。如记者工作间经常有不戴口罩进行工作的记者，志愿者需要对其进行提醒。但是由于各国对待疫情的态度不同及个人习惯的差异，很多记者会认为自己周围有挡板，并且保持了社交距离，不需要佩戴口罩。这时志愿者要重申冬奥会疫情防控的相关规定，并再次对记者进行劝阻。如果对方仍然坚持不佩戴口罩，志愿者也不能过分坚持，以致引发冲突，而通常采取上报主管老师，由老师根据整体人员密度及该记者所处位置等情况综合考虑后进行解决。

（四）实践收获

媒体运行领域的志愿者能够最直接、最密切地接触各国的记者，因此获得了学习和了解各国记者的工作模式和职能分工的宝贵机会。对于来自北京体育大学新闻与传播学院的学生志愿者来说，这也是我们对体育新闻这一学科进行深入思考的契机。通过这次冬奥会，志愿者亲身参与到了体育新闻的实践中，并了解了真正的体育新闻记者的工作状态和模式。这对志愿者未来的职业规划和职业发展起着重要的引导作用。

此外，志愿者的沟通协调能力也都有所提升，在遇到质疑的时候沉着冷静，熟练运用英语稳定对方情绪，并对自己能力范围内的事情进行解释，同时立刻通知上级老师而不贸然自行解决。这不仅提升了志愿者的语言能力，也为志愿者在未来工作中解决问题打下了良好的基石。

四、实践效果

(一)志愿服务的贡献与反馈

1. 赛事组织方

在作为媒介事件的现代体育盛会中,媒体正起着越来越重要的作用。在新冠肺炎疫情大流行时,观众无法大规模聚集观赛,媒体的报道和转播也就成为赛事呈现的唯一途径。因此,服务好媒体、为他们工作的开展提供保障和支持显得尤为重要。

◎ 樊欣阳与荷兰运动员交流

在志愿服务期间，每个工作区域都有分管经理直接负责，志愿者会协助经理一同完成本区域的任务。媒体领域的工作人员并不充裕，任务相对更加繁重，但最终志愿者顺利并出色地完成了任务，使得比赛报道顺利开展。志愿服务结束后，经理对志愿者的服务给予了认可和肯定。

2.媒体及运动员

作为媒体运行领域的专业志愿者，志愿者直接对接媒体，为媒体营造一个高效的工作环境，并为他们的工作提供尽可能多的帮助。服务期间志愿者收到了来自各国记者、新闻官、转播商的好评：既有对于工作服务的肯定，又有对志愿者精神风貌的肯定。志愿服务期间，媒体运行领域一共服务了多个国家3000余人次的记者，也受到了多个国家新闻官、运动队随队摄影师的称赞。多名记者在推特等互联网平台上发布推文称赞志愿者的服务，称志愿者为"本届奥运会的亮点之一"，也有多位记者为了纪念在国家速滑馆和志愿者相处的时光与志愿者合影留念。

（二）实践对人才培养的意义与不足

在本次实践活动中，志愿者更直观地了解了在大型体育赛事中媒体领域是如何运行的：记者的工作流线怎样规划、媒体的工作需要哪些保障条件、媒体领域与其他工作领域是如何对接的。"纸上得来终觉浅，绝知此事要躬行"，在深入一线服务赛事的过程中，原来只停留在书本中抽象的知识被更直观地理解，并进一步得以学以致用转化为真正的技能。

在本次实践中，志愿者也越发感受到了语言学习的重要性，以前的英语教学更多的是注重词汇量的积累和语法的提升，而在实际应用的时候，才能体会到口语表达的重要性。在与记者的交流过程中，志愿者能意识到自己的英语存在哪些具体的问题，也获得了以前没有的内驱力——在交流的过程中若语言成为障碍，为了更好地交流，就要提升自己的口语水平。

在实践保障方面也存在一些不足：学院未能直接与场馆沟通协调，在短视频拍摄这一实践中，学院、场馆要求的不一致客观上为实践带来了一定的困难。

五、实践思考

作为北京体育大学新闻与传播学院的学生，我们兼具未来媒体人和体育人的双重身份。在本次近距离地参与冬奥会实践中，这样的双重身份也给本次的实践活动打开了不同的观察视角。

（一）冬奥中的媒体人

作为未来的媒体人，对冬奥会中的细枝末节都要有新闻敏感性。特别是在疫情之下，这是我们展现国际传播能力的重要时刻。我们需要时刻保持警惕、谨言慎行，但并不代表缄默无言。我们需要用中国青年人的昂扬姿态展现疫情之下中国的活力。比如，当赛场上有国外的运动员摔出赛道、中国选手取得好成绩时，我们作为志愿者和工作人员，要保持公平、公正及客观的态度，也不能因为国外运动员夺冠就失去大国气度和风范；在和外国友人交谈时，如他们提到了疫情管控等敏感话题，我们要时刻牢记自己的身份，为自己说出的话负责。同时，作为媒体工作者，我们还要注意的是版权意识和契约精神，如奥林匹克广播服务公司要求工作人员不能接受媒体采访，不可在社交媒体上公布动态的比赛、场馆内的相关信息等，这些都是我们日后在实践工作中应该恪守的媒体人的底线。

（二）冬奥中的体育人

作为北京体育大学的学生，我们身上有体育人的标签，烙刻着体育魂的印记。或许在众多志愿者中我们不一定会以北京体育大学人的身份被记住，但在冬奥会中，我们每个人都成了传播体育精神的信使。我们不仅肩负着用体育运动向世界展现中国力量和中国形象的使命，同时也肩负着传播神圣的奥林匹克精神的责任，我们希望在疫情之下可以真正让世界各国人民感受到人类的团结和命运共存。因此，我们需要在实践中秉持人文主义关怀，抛弃一切偏见与先前的隔阂。比如，有些国外友人感染了新冠病毒或成为密接人员，我们不该戴有色眼镜疏远他们，而仍然应该坚守在各自的岗位上为他们提供合理合规的服务。如奥林匹克广播服务公司的实习生有一部分负责安排密接人员，如果这个时候有怨言或者对他们投以敌意，就会无意识地让人产生不好的印象甚至产生误解，这与我们在疫情中坚持成功、高效、团结友爱地举办冬奥会的初衷相悖。因此，我们要拥抱体育精神，真正把从"同一个世界、同一个梦想"到"一起向未来"的冬奥口号践行在我们的举手投足间，用心传递好体育故事。

综上，无论是作为媒体人抑或体育人，此次冬奥会都将成为我们走向未来的铺路石。冬奥会在带给我们震撼和情怀的同时，更给了我们这些亲身参与者无与伦比的人生体验和思考价值。

六、照片等相关资料

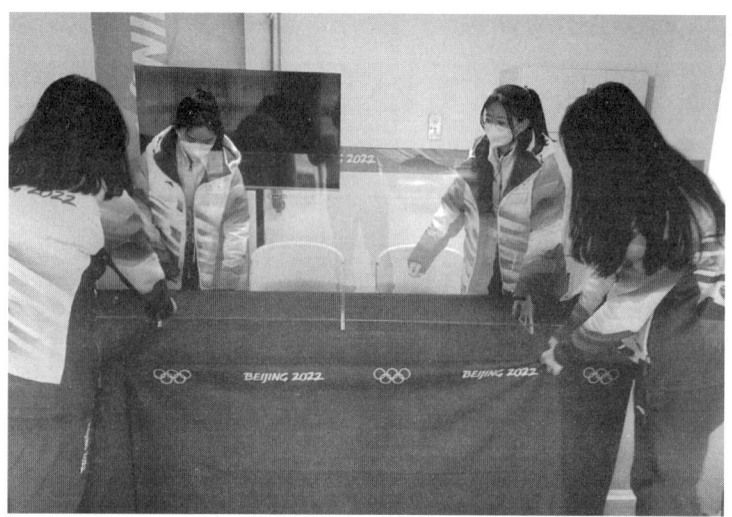

◎ 志愿者整理工作间桌面

◎ 接待台志愿者整理成绩公报柜

◎ 接待台志愿者接受安保培训

◎ 北京冬奥会转播培训团队合照

◎ 北京冬奥会转播培训团队工作场景

◎ 看台席志愿者与主管老师合照

◎ 看台席志愿者与主管老师合照（续）

国家速滑馆媒体运行部门实践报告

作者姓名： 刘晨歌

作者岗位： 国家速滑馆媒体运行部门
　　　　　　记者工作间和媒体休息区助理

指导教师： 徐明明

本次冬奥实践时刻以传播奥林匹克精神为纲要，以向世界展示中国高校志愿者精神面貌为基本目标，弘扬中国优秀文化，为办一届精彩、非凡、卓越的冬奥会贡献力量。在实践前，各个部门调动一切可利用资源保障志愿者身心健康，保障奥运工作顺利运行。在实践过程中，志愿者各司其职，合作完成工作任务。赛后，经验的总结和反思也必不可少，期待为中国体育事业添砖加瓦！

一、实践内容概述

为了传承奥运精神、保证北京冬奥会顺利举办、确保冬奥工作稳妥进行，奥组委在北京和河北等地各高校开展了志愿者召集工作。该工作耗时半年之久，共计超100万名学生报名参与，经过几轮笔试和面试，最终选取2万名左右的高校学子投入志愿者工作中，其中北京体育大学共有486名师生志愿团队。本次冬奥志愿实践以推进北京冬奥会顺利运行为原则，以锻炼高校学子工作实践能力为准绳，对我国的冰雪事业宣传和发展有着巨大的推动作用。志愿者服务实践活动于我而言，不仅带给我体育知识方面的充实，体育类工作实践方面的补充，还带给我丰富的社会资源和对待体育精神心态上的转变。在体育知识方面，赛前的志愿者培训教会我各类冰雪项目的历史、规则和评分要求等理论类知识，赛时的实地考察也给了我亲身接触到速度滑冰的机会，了解了体育类媒体在面对重要赛事时所需的具体媒介素养。同时，拥有多年赛时运行经验的指导老师也给予我许多生活和职业方面的指导。总的来说，虽然冬奥会已经结束，但这种全身心、全方位的提升，对每个志愿者来说都将是毕生宝贵的财富。

我所在的工作地点位于北京市区的国家速滑馆。这是北京冬奥会唯一新建的场馆，专门负责承办速度滑冰这一项目的比赛和训练，冬奥会结束后，该馆将变为承办冰上项目的综合性场馆，并向大众开放。国家速滑馆位于奥林匹克公园附近，又被称为"冰丝带"，于2017年开工，2021年6月全面竣工，冰面面积达1.2万平方米，以其高水平的智能技术装备和独具特色的建筑外观闻名。速度滑冰，顾名思义，以"冰"和"速度"为核心要素。速滑馆的建筑也秉承两大特点，用22条透明"丝带"环绕场馆，坚硬的外壳搭配着优美的弧度，展现着中国人刚柔并济的精神境界，而蓝色背景的玻璃折射出冰雪的纯洁与无瑕。科技赋能同样是速滑馆的一大特色。在建筑初期，速滑馆就采用了中国制作的特殊钢材，展现了外观的坚固与美观。内部冰场采用二氧化碳临跨界直冷技术，该技术能有效地保证冰面温度的稳定，杜绝了冰面不平整等问题，有助于运动员创造好成绩。在速滑比赛期间，多个项目的世界纪录和奥运纪录被频频打破，因此速滑馆的冰面也被称为"最快的冰"。

除了赛场的智能化配置，观众席同样也非常智能化。小到洗手间的自动垃圾桶，大到场馆管理系统的自动调温功能，可谓无时无刻无处不在展示中国科技的高水平、人性化布局。受到疫情管理规定的限制，很多观众不能到现场观赛，这就对媒体的赛事转播服务提出了更高的要求。多摄像机位回放系统、二维图像跟踪技术、实时速度测量、虚拟分析等技术的应用提高了直播信号的质量，给予观众身临其境的观赛体验。尤其值得一提的是"冰丝带"的特种拍摄设备——猎豹超高速4K轨道拍摄系统。该轨道总长度350米，最高运行速度25米每秒，搭载着国产五轴陀螺稳定云台和图像采集系统。该拍摄设备由央视技术团队自主研发，是国产体育转播技术的"天花板"。同时，为了保证速度滑冰赛时的评判更加公正，转播角度更加多元，馆内也首次采用了4K鱼竿摄像机和冰面锥桶摄像机，保证了比赛的全程无死角拍摄。

在此场馆的北京体育大学学子都被划分至媒体运行部门，但每个人的分工不同。我所担任的职务全称是国家速滑馆媒体运行部门记者工作间和媒体休息区志愿者助理，我被分到的具体岗位是记者工作间文字接待台的接待员，我们的职责是回答中外记者的所有问题（如如何连接Wi-Fi、如何使用打印机、如何到达场馆中的媒体工作区域等）、制作每日的班车表格、打印当日比赛的相关信息（如出发名单、出发顺序、选手最好成绩、比赛最终成绩及分段分析）等琐碎的杂活。在比赛日我们最重要的工作就是分发通往混合采访区的通行证，这是疫情期间奥组委对记者进行人数控制和管理的一个新型运行模式。我们在电视上看到很多运动员下场后的实时采访，其采访地点都设置在混合采访区。所谓的混合采访区，其实就设置在每位运动员下场回休息室的必经之路上。混合采访区的面积不大，十几平方米的区域由隔板区分出几条小路，记者在隔板一侧只需拿着收声的麦克风，当运动员下场休息，在回去的几分钟内对运动员进行文字类型的采访。有时运动员成绩不佳或者状态不好，可以拒绝混合采访区的采访。如果运动员成绩惊人，可能会在混合采访区待几十分钟，一一回答记者的问题。混合采访区面积狭小，加上运动员下场时间相似，常会造成混合采访区内部的拥挤和嘈杂。没有疫情的时候，这些问题对于拥有多年采访经验的运动员和记者来说，并不会成为一个优秀新闻作品诞生的阻碍，记者总能绞尽脑汁抢到一个采访机会，运动员面对各种敏感问题也大多会做出得体、精彩的回应。但疫情的来袭，混合采访区的人员密集会造成很大的安全隐患，之前的采访规则需要打破。而冬奥组委提出的要求就是志愿者在文字接待台设置一些混合采访区签到规则，对每个想进入混合采访区采访的记者进行提前登记与信息采集，按一定的规则向各国的记者发放辅助通行物，只有被发放通行物的记者才有资格对运动员进行采访。由于每个场馆的赛情不同，采访方面的需求也会随着当日比赛的热烈程度而产生变化。这就要求接待台具有预判的能力，提前部署，既要尽可能地满足记者采访的需求，也要全面贯彻防疫准则。

二、实践准备

本次冬奥实践活动,从培训至隔离结束总计耗时近半年之久。由于疫情的不间断式暴发,考虑到志愿者的安全与便利问题,大部分前期学习环节在线上进行。每个志愿者都需要在专门的网站上完成几十节课程的学习与考试,内容包括中国传统文化、冬奥赛事内容、志愿工作专业知识等。同时,各高校也在隔离缓冲期在校内开展了一系列冬奥动员活动,如冬奥项目体验、急救常识科普、大赛志愿者经验分享、体育类专家知识讲座等。为了保障各位志愿者的日常生活,提高志愿者的生活质量与荣誉感,各大高校都准备了别具学校特色的志愿者纪念品和生活物资,如北京体育大学为学生配备了瑜伽垫和泡沫轴,中国政法大学准备了精美的手账,北京外国语大学准备了虎年吉祥玩偶等。在物资方面,隔离的驻地和比赛场馆也都配备了丰盛的餐食和品类齐全的小零食;冬奥组委也为各位志愿者提供了数不胜数的各类奥运文化产品,如奥运手表、冬奥徽章,甚至是志愿者限量款"冰墩墩"。

三、实践过程

正如前文所述,接待台的工作并不轻松。每个记者都采访心切,在发放通行物时,若出现一些无法认证的情况,记者难免会有怨言。尤其是比赛的第一天,虽然接待台志愿者已经有所预料,提前做了很多种准备,但计划赶不上变化。当天接待台整体的氛围繁忙且混乱,甚至还出现了部分记者向志愿者发泄不满情绪的事件。

但出现问题也很正常，毕竟特殊时期，每个人都需要在摸索中前进。第二天的工作，接待台志愿者调整一些服务策略和方式，根据出现的问题完善我们的服务系统，整理组织服务语言。果然，有了大家的经验总结，第二天的工作变得顺利不少。之后，接待台的工作也一直在问题中发现出路，一点点改进，最终达到了得心应手、记者朋友赞不绝口的最佳效果。

让我印象最深刻的事有两件。第一件是一位荷兰记者与我的交流。那是冬奥会正式比赛的第13天，这时的我们已经经验老到，和常来的记者有了一定的默契。有时候体育也很残酷，热门的项目、抢手的体育明星自然获得更多的关注度，所以我们所在的场馆有时会十分冷清。但每天速滑馆都有几名固定到场的记者，其中一个让人印象最深刻的是一名来自荷兰的记者。她个子不高，身材微胖，一头红发，就像是动画电影里的卡通人物。她从开赛的第二天就坚持每天到馆。其实平时我们文字接待台的记者席并不是特别火爆，但她却每次都坚持坐在我们这边，久而久之我们便有些感动。我们和她熟络起来是在她借用接待台打印机的一刻开始的。接待台的打印机是对外开放的，但每天关于比赛的重要文件我们都会提前准备好，所以很少有记者会使用打印机。这位荷兰的小姐姐却反其道而行之。从我们第一天教她使用打印机之后，她便每天都会整理自己的赛程表到我们这里打印。

那天，正当小伙伴换班吃饭、我一个人在接待台工作时，她来了。原来她的电脑没电，只能通过iPad（平板电脑）进行打印，但iPad和电脑的连接方式不同，所以她又来询问。我耐心地帮她解决问题，其实只是很小的一件事，她却很感动。过了一会儿，她神神秘秘地走到接待台和我说，她为我准备了一个小礼物。我定睛一看，是一枚包装精美的徽章。不仅如此，她还记得我的名字，我的名字是第一天我帮她连接电脑时告诉她的，没想到她能记得那么准确。她说她知道帮助记者解决问题是我们志愿者的责任，但正是我们的耐心与热情，才使记者的工作变得如此顺畅与便利，感谢我的付出。她的眼神真挚且深情，毫无躲闪地看着我，让我觉得暖心。之前我一直觉得志愿者只是冬奥的幕后工作人员，没有姓名，甚至没有面孔，只要能为冬奥添砖加瓦已足够，但直到这一天，我才真正感受到了被惦记的感觉，一切努力都是值得的！

第二件是在最后一个比赛日，也就是我们工作的最后一天。大家当时的心情都很复杂，一方面，我们对冬奥的结束感到不舍，对朝夕相处的老师和记者朋友很留恋。另一方面，十几天的高强度工作、早起晚睡的作息让大家疲惫不堪，终于能在最后一天完成工作后享受一些私人的休息时光，大家感到了一丝解脱。有些小伙伴在最后一天选择了全天上岗，就是在岗位上坚守12个小时。这无疑是极大的挑战，但抱着对冬奥事业的无尽留恋，有近10名小伙伴选择了全天的岗位。我之前的岗位一直是接待台，本来上班的时间就比别的岗位多一些，这十几天的久坐也让我有了些腰椎间盘突出的前兆。为了保证最后一天的工作活力，我还是选择了睡个懒觉，上下午班。

下午班的工作通常会轻松一些，因为大部分的准备工作上午班的同学已完成了，所以到场馆后，除了完成一些日常琐碎的工作，我们有机会和记者朋友进行一些简短的交流。和我一起工作的小伙伴有一位来自外语学院，平时就对各国的语言很感兴趣，在最后一天，他特别有心地将"你好""谢谢""再见"等用语翻译成了当日参赛国国家语言，这样所有来签到的记者都能收到我们为他们准备的最后的小惊喜。大部分记者听到我们的问候都感到惊喜和意外，有几位记者还试图用本国语言与我们进行更多的交谈，但可惜我们才疏学浅，没有办法向他们表达更多中国人的热情好客。除此之外，我们还在平日里记录比赛日程的白板上写上了温馨的祝福语，很多外国记者特意到白板处拍照打卡。在临近比赛时间时，有位记者特地来接待台表示她对北京冬奥的满意和对我们志愿者的认可，这些行为都让我们感受到奥林匹克的友爱和谐精神。

最后一天的比赛是我们最后一次观赛的机会。之前接待台志愿者全天无休，除了上下班，我一直没有好好逛场馆、看比赛的机会。刚好最后一天的比赛开始得很早，下午班的工作做完，老师特意给没看过比赛的小伙伴们到场观赛的机会。最后一天的比赛是速度滑冰集体出发，这可以说是速度滑冰项目中最具观赏性的一个小项，比赛的选手要从不同起点同时出发，在400米的赛道上滑行16圈，赛程中共设置4个冲刺点，每个冲刺点的前三名获得积分，在最后一个冲刺点积分最多，比赛结束后获分最多的人为冠军。由于是集体出发，不免会出现碰撞的情况。同时，选手会由于超长的距离和不同的记分规则而制定不同的比赛节奏。这些都使比赛充满不确定性。中国的选手也参与了此次比赛，选手都全力以赴，在赛场上大放光彩。只有近距离亲眼所见，观众才能感受到速度滑冰这个项目所需的坚韧和战术。

比赛结束后，我们在接待台完成了最后的收尾工作，和亲近的记者互道再见。剩下的时间，场馆特意开放了冰场，我们媒体区域的志愿者也终于有机会亲自上冰感受。当我站在冰场的中间，突然感觉自己是那么的渺小，闭上眼仿佛能听到观众的喝彩、裁判的枪声和冰刀在冰面上摩擦碰撞的声音。在冬奥到最后的时刻，一切显得那么真实。平时工作时我们只能局限在一个小办公桌前，每天重复着"简单"的工作，一遍遍地和不同的记者解释工作间的要求，说得最多的就是"祝你拥有美好的一天"，好像已经有些麻木。可这一刻，体育的拼搏和刺激一股脑儿涌了上来，我们这才感受到自己参与到了多么伟大、多么有意义的工作之中。

四、实践思考

客观地说，在本次冬奥服务项目中，本人所在岗位承接了一项"吃力不讨好"的工作，但同时也是一项比较重要的工作。这是特殊时期对冬奥媒体运行类工作的特殊要求，前无可以借鉴的经验，也希望后无来者，希望未来的赛事没有疫情的困扰，可以恢复到以前的热闹。虽然任务重大，第一天也出现了诸多意料之外的问题，但多亏了带队老师的及时调整和各位志愿者小伙伴的积极配合，接待台的工作才很快地重返正轨，最终得到国内外记者的一致好评。

国家高山滑雪中心转播服务实践报告

作者姓名： 熊安逸
作者岗位： 国家高山滑雪中心转播服务主管
指导教师： 洪建平

在北京冬奥会及冬残奥会期间，我在国家高山滑雪中心场馆实习，任转播服务主管一职。实习期间，总体上，我主要负责对接奥林匹克广播服务公司赛前、赛时及赛后的各项需求，并会同场馆各业务领域落实需求，确保转播工作的顺利进行。

一、实践内容概述

奥林匹克广播服务公司受国际奥委会委托，履行奥运会主转播商的全部职责。奥林匹克广播服务公司作为奥运会的主转播机构，负责向全世界数十亿观众提供奥运会的视频和音频信号，在每个场馆、为每项体育比赛制作和传输奥运会国际公共信号，即国际电视广播信号，该信号符合国际电信联盟规范，具有客观性和世界性，并传送至世界各地。北京冬奥组委配合并协助奥林匹克广播服务公司完成冬奥会、冬残奥会的转播任务，按照主办城市合同及运行要求中的转播需求，为奥林匹克广播服务公司提供所需设施、设备与服务。转播服务业务领域负责协调其他业务领域为转播提供规划、资源和服务。

体育转播服务工作，尤其是高山滑雪项目的体育转播工作，相较于其他业务领域和冬奥项目而言，涉及的内容多而杂，大到转播摄像平台的机位设计、转播综合区的临时建筑及设施的设计问题，小到奥林匹克广播服务公司的同事及客户群（持权转播商）在场馆的交通、餐饮、垃圾分类问题，这些林林总总的问题无时无刻不在要求着转播服务工作人员既要有良好的体育转播知识功底及对体育转播事业的热爱，又要对场地的地质条件等自然条件做到心中有数。

二、实践内容概述

经过在国家高山滑雪中心为期6个多月的实习工作和实地调研，笔者发现对于国家高山滑雪中心转播服务而言，其赛前运行任务主要包括以下内容。

（1）为奥林匹克广播服务公司和持权转播商的项目方案制定、管理及协商提供支持。

（2）提供场馆内、综合区的转播设施及服务。

①从场馆运行阶段到赛前，提供转播相关服务并协调各业务领域。

②提供空调、通风、供暖设备及相关服务（设施业务领域）。

（3）转播区场馆安保、入口控制和围栏安装（设施业务领域、安保业务领域）。

（4）提供民用电和技术用电（电力业务领域）。

（5）场馆临建设施的搭建和运行（设施业务领域）。

（6）信息技术（信息服务业务领域）工作站安装（技术业务领域）。

（7）提供垃圾回收清洁服务（清废业务领域）。

（8）分配有线电视并提供服务（技术业务领域）。

（9）搭建转播平台和供电系统（设施业务领域、电力业务领域）。

（10）媒体交通运输和转播用车停放（交通业务领域）。

（11）为场馆、混合采访区提供公共信号（技术业务领域）。

（12）为奥林匹克广播服务公司和持权转播商提供海关通关支持（财务业务领域）。

（13）物流（特殊设备：压雪机、吊车、升降机、叉车等，物流业务领域）。

（14）机场和冬奥广播中心的注册服务（注册业务领域）。

（15）提供餐饮服务（餐饮业务领域）。

（16）为奥林匹克广播服务公司和持权转播商协调住宿安排。

（17）为持权转播商提供收费卡服务（财务业务领域）。

（18）提供语言服务（语言业务领域）。

（19）转播综合区24小时安保服务（安保业务领域）。

（20）提供无线电频段（技术业务领域）。

对于国家高山滑雪中心转播服务而言，其赛时运行任务主要包括以下内容。

（1）为奥林匹克广播服务公司和持权转播商的赛时工作提供服务与支持。

（2）提供场馆内、综合区的转播设施及服务。

（3）协助奥林匹克广播服务公司制作公共信号。

（4）协助奥林匹克广播服务公司向持权转播商提供公共信号。

（5）协助管理评论信息系统。

（6）处理好收费卡事宜，开具发票（财务业务领域）。

（7）提供空调、通风、供暖设备及相关服务（设施业务领域）。

（8）转播区场馆安保、入口控制和围栏、铁马等的安装（设施业务领域、安保业务领域）。

（9）提供民用电和技术用电（电力业务领域）。

（10）场馆临建设施的搭建和运行（设施业务领域）。

（11）信息技术（信息服务业务领域）工作站安装（技术业务领域）。

（12）提供垃圾回收清洁服务（清废业务领域）。

（13）分配有线电视并提供服务（技术业务领域）。

（14）搭建转播平台和供电系统（设施业务领域、电力业务领域）。

（15）媒体交通运输和转播用车停放（交通业务领域）。

（16）为场馆、混合采访区提供公共信号（技术业务领域）。

（17）为奥林匹克广播服务公司和持权转播商提供海关通关支持（财务业务领域）。

（18）物流（特殊设备：压雪机、吊车、升降机、叉车等，物流业务领域）。

（19）机场和冬奥广播中心的注册服务（注册业务领域）。

（20）提供餐饮服务（餐饮业务领域）。

（21）为奥林匹克广播服务公司和持权转播商协调住宿安排。

（22）为持权转播商提供收费卡服务（财务业务领域）。

（23）提供语言服务（语言业务领域）。

（24）转播综合区24小时安保服务（安保业务领域）。

（25）提供无线电频段（技术业务领域）。

三、实践过程

对于国家高山滑雪中心转播服务而言，其转换期运行任务主要包括：

（1）会同残奥整合业务领域，提前检查转播流线，确保所有流线符合无障碍要求。

（2）会同体育业务领域，确保混合采访区围栏进行相应转化，并对相关围栏数量进行重新布置。

（3）会同设施业务领域，确保残奥转播机位和摄像平台按照奥林匹克广播服务公司制作计划进行设置。

（4）提供餐饮服务、住宿服务、语言服务及转播综合区24小时安保服务。

需要注意的是，转换期是场馆特定的运行时间段，是60天运行周期的有效组成部分，场馆运行指挥体系统筹调度、专题部署、业务领域分工负责、属地城市紧密协作；各业务领域是本业务领域转换期工作的责任主体，结合运行实际，明确相关工作实施主体和转换保障需求，在场馆指挥体系统筹调度下，相关业务领域、运行保障业务领域密切协作，科学、有序地完成转换工作。

最后，国家高山滑雪中心转播服务业务领域的人员架构及岗位设置情况如下。

（1）场馆转播服务经理：主要负责向奥林匹克广播服务公司和持权转播商提供服务与支持；与各业务领域协商并处理紧急情况；负责转播服务人员管理和任务安排，定期通报情况。

（2）场馆转播服务副经理：主要负责为奥林匹克广播服务公司和持权转播商提供服务与支持；与各业务领域协商并处理紧急情况；协助场馆经理处理日常转播工作。

（3）场馆转播服务主管：主要负责为奥林匹克广播服务公司和持权转播商提供服务与支持等相关工作；与各业务领域协商并处理紧急情况；协助场馆经理处理日常转播工作。

（4）转播服务志愿者：主要负责为奥林匹克广播服务公司和持权转播商提供服务与支持；辅助场馆转播服务经理和副经理及主管进行联络和协调。

四、实践思考

在国家高山滑雪中心的转播服务业务领域实习工作带给我的收获和感悟，不仅体现在知识层面量的增长，还体现在心智层面、向内发展的质的变化。一直以来，我始终相信，转播服务的初衷和最终目标是通过摄像机镜头为全世界观众呈现一场精彩、非凡、卓越的奥运盛况。正因为肩上有这样一份责任，我才每日三省吾身，转播服务工作一直充实着我的心灵，鞭策我每日进步。

在实际工作过程中，我体会到，转播服务工作在其他人看来可能有一点"空中楼阁"的意味，全世界观众看到的一帧帧精彩画面，其实都有转播服务工作人员付出的无数努力和汗水。越是赛事临近，我越发感受到转播工作的重要性，深感自己是肩负使命的前行者。场馆转播服务经理张老师在我入职的第一天就告诉我:"你一定不要认为自己是实习生就对自己放松和懈怠,一定要记住,时时刻刻严格要求自己,转播服务工作是有其自身规律和魅力的,我们是肩负重要任务的前行者!只要做到主动摸清规律,勤于动脑思考,勤于动手去干,就一定能将转播服务工作干得很好。"

1.能力的提升

首先,在转播服务业务领域实习期间,我的各方面能力得到了提升。记得那是11月初冬一次户外踏勘工作,我在转播服务团队中一直负责跟进特殊摄像设备(轨道摄像机和风景摄像机)的安装和运行工作,最后一次会同奥林匹克广播服务公司同事艾瑞克及场馆各业务领域进行现场踏勘。由于高山滑雪中心地质条件及自然环境具有一定的特殊性,"飞猫"的搭建要在覆雪之前完成,这意味着如果这次还不确定飞猫上站、下站的点位及塔基、塔架要求,高山滑雪中心的飞猫计划就要流产了。在这个紧要关头,我十分紧张,当天带着奥林匹克广播服务公司同事走了5余次竞技赛道,经过无数次假设与协商,最终敲定飞猫上站、下站的点位及具体要求。当时已经是初冬,我们一行人的踏勘工作从旭日东升进行到了夕阳西下,但工作的成就感早已冲淡了我的寒冷之感。

由于高山滑雪中心属于室外场馆,因此我们的许多转播机位及摄像平台都在赛道沿线架设。在进行赛道沿线的转播机位布置工作时,我们不仅要考虑转播效果及转播信号的稳定性,还要兼顾山地的地质条件、自然环境等复杂情况,因此机位设置问题不是可以轻易解决的问题;高山滑雪中心不仅包括竞技赛道、竞速赛道,还有团体赛道;同时,机位的设置和设计不是转播服务业务领域就可以确定的,需要征求设施临建、电力、技术、形象景观、引导标识等业务领域的意见，才能确定转播平台施工和架设的可行性。从两年前我还未到场馆实习开始，机位的现场踏勘工作就已经开始了，经过一次次的确认和测试，终于有了一些眉目。除了两个结束区的摇臂摄像机机位，高山滑雪中心在竞速赛道设置了19个摄像平台及机位，在竞技赛道设置了13个摄像平台及机位，在团体赛道设置了8个摄像平台及机位。转播综合区共5400平方米，位于场馆后院，转播综合区是整个转播信号传输的大本营，考虑到各个摄像点位的工作人员的人身安全问题，转播服务业务领域会同设施业务领域对雪面上各个摄像平台的流线设计及辅助台阶进行定期维护和保养。在与奥林匹克广播服务公司同事及场馆相关各业务领域沟通和协商的过程中，我的协调沟通能力、英语日语口语表达能力，对高山滑雪项目的理解能力都得到了一定的提升。

2. 心智的成长

在高山滑雪中心转播服务业务领域实习期间，我的心智也得到了由内而外的成长。我的冬奥和冬残奥之旅结束之时，我切实体会到转播工作带给我太多美好的回忆！最大的收获是共情能力和钝感力的同时提升，在工作及与人相处的过程中，我懂得了对纯真的珍视、对善良的尊重及对艰辛的体谅。在日复一日的转播工作中，直到今天我才发现，每一份经历都是宝贵的财富，每一份经历都成就了现在的我。

我学会了一分为二看待问题，临危不乱。还记得男子滑降第一次比赛当天，比赛由于天气原因被推迟。高山滑雪中心是一个比较特殊的场馆，其他奥运竞赛场馆都经历过测试赛或者其他世界级大赛的考验，而高山滑雪中心还未经历过任何一次世界级大赛的考验，这对所有高山人来说都是一个未知数。对场馆及转播来说这是双重考验，因为如果比赛推迟，就意味着第二天要转换场地，也意味着不确定性的增加，这不仅为转播工作带来了压力，还对交通、索道、餐饮等后勤保障业务领域产生了一定影响。但是我有信心能够办好明天的比赛，或许这种不确定性正是竞技体育的魅力所在。

我明白在"内卷时代"生存的真谛就是热爱生活、热爱工作本身。如今浮躁的时代最可贵的精神就是能够让自己情绪稳定，不疾不徐地前进。在实习期间，我也经历过浮躁期，但经历过赛事转播的熏陶和磨炼，体育精神及奥林匹克广播服务公司同事"快中有慢、乐在其中"的敬业精神一直在潜移默化地抚平我的毛躁情绪。从协调转播车进场的那一天起，瑞士电视台工作人员的专业性及对工作的热爱程度给我留下了深刻的印象。瑞士电视台的工作人员表示："非常感谢转播服务工作人员的协调及无私奉献，使我们快速融入工作中来。"本尼热情地向奥林匹克广播服务公司的同事介绍我们。本尼已经是60多岁的老先生了，但是每每谈到转播技术，他的眼里还是闪着光，仿佛一个涉世未深的年轻人。果然，热爱可抵岁月漫长。最后，本尼还送了我一枚瑞士电视台的纪念徽章，他说希望我每次看到这枚徽章都能想到我们在高山滑雪中心一起奋斗的日子。

3.眼界的开阔

与此同时，在转播服务业务领域实习期间，我的眼界得到了开阔。以转播车内的工作为例，在此之前，我从来没有进入转播车工作过，再次感谢我的经理及团队对我的信任，让我接触到了许多转播车内的相关工作。

在男子回转项目的比赛日当天，我了解了一些体育转播制作流程相关的知识。以瑞士电视台高山滑雪转播制作流程为例，实际上制作流程就是整个制作过程的纲领性文件，它标出了赛事制作过程中的每个阶段、每个时间点和阶段时长。制作流程存在的意义在于告诉制作团队所有成员根据赛事进程在什么时段进行什么工作，涵盖了高山滑雪项目赛事制作中的各个方面。制作流程包括的主要内容有：赛前制作流程（城市宣传片及风景摄像机拍摄内容）、比赛实时制作内容（观众、进场、队列、裁判、教练等）、字幕制作内容、赛后制作流程（赛后单边、比赛结果字幕、即时采访、赛事集锦、完场动画等）。

在女子全能滑降项目的比赛日当天，即高山滑雪中心的第九个比赛日，我跟随奥林匹克广播服务公司制作团队了解了慢动作制作的相关技术。我们要明确慢动作这部分有专门的慢动作导演负责相关工作。高山滑雪项目的慢动作镜头对转播工作十分重要，因为选手滑行得很快，要想让观众在观感上体验到力与美的结合，就少不了慢动作信号的加入。慢动作导演与转播车工程师主要负责相关慢动作工作，转播车上有一套专门的慢动作系统，慢动作系统控制面板主要包括高速面板、标速面板、超高速面板等。在进行转播之前要设置好慢动作预览窗口，一般按照慢动作导演的操作习惯设置窗口顺序。我发现慢动作导演在切换过程中一般是以选手滑行激起雪花的瞬间或迅速滑行过旗门时转而切换到现场观众或单边。经过观察慢动作导演的切换过程，我越发觉得做任何工作都要沉下心来学习。我相信一步一个脚印，最终一定会有或多或少的收获。

五、照片等相关资料

◎ 笔者与转播服务经理在转播综合区进行清雪工作

◎ 奥林匹克广播服务公司同事在竞速结束区工作

◎ 笔者与鸟巢同事交流两个场馆冬奥转播工作的异同时合影

◎ 笔者在转播车中工作

◎ 笔者工作结束后在竞速结束区场馆媒体中心及看台席附近拍照留念

◎ 国家高山滑雪中心场馆全体工作人员召开赛后总结会

◎ 笔者在鸟巢观看冬奥会闭幕式

云顶滑雪公园转播服务实践报告

作者姓名：张铭梁
作者岗位：云顶滑雪公园转播服务主管
指导教师：洪建平

赛事服务周期从2021年11月16日开始到2022年3月底结束，我负责云顶滑雪公园转播服务主管工作，工作内容包括物资落位、转播商入场、人事、每日运行计划整理及志愿者执勤等工作。

实践报告内容主要包括实践内容概述、实践准备、实践过程、实践效果及实践思考，包含几个重点问题及难点问题，如领域物资落位问题。

一、实践内容概述

北京冬季奥林匹克运动会历经7年的筹备，于2022年2月4日晚终于开幕！冬季奥林匹克的魅力终于展现在人们的眼前！

作为北京体育大学的学生志愿者，必然要承担起宣传冬奥的责任，利用社交媒体等工具，把冬季运动的魅力展现给周围人，并且通过冬奥实践提高个人工作能力，提前为进入社会做准备。同时，参加北京冬奥会工作实践有助于我们更好地理解奥林匹克的深刻含义，加深与各国运动员及代表团的交流，同时借助自身工作便利，更深入了解国际奥委会及主转播商——奥林匹克广播服务公司的运作流程，为接下来的体育实习及工作奠定基础，同时将奥林匹克更快、更高、更强、更团结的理念更加深入人们心中。

我所在的场馆包括山地新闻中心及云顶滑雪公园。山地新闻中心为非竞赛场馆，且只服务到北京冬奥会结束，云顶滑雪公园为竞赛场馆，需要为北京冬残奥会服务，共两条赛道。冬奥会赛事期间，云顶滑雪公园共有六条赛道，包括日场与夜场，金牌的角逐也更为紧张刺激，赛程紧密的2022年2月10日共决出三枚金牌，这给场馆运行带来不小压力。

我所在的岗位名称为云顶滑雪公园转播服务主管，我从2021年11月16日到岗，服务至冬残奥会结束，也就是2022年3月13日。按照赛程规划，2022年3月12日为云顶滑雪公园最后一个比赛日，我们从12日开始进行集中隔离并完成赛事最终移出工作。赛事结束后，我们预计3月底离开张家口赛区。

我们的工作是转播服务，主要职责为摄像机位的先期勘探、搭建，所有板房、板房内物资的搭建与落位，防滑垫、脚垫等细节性设施的服务协调。这些工作在往届赛事中都是奥林匹克广播服务公司负责，但由于疫情，转播服务第一次拥有了一个小型工作组织，整个团队包括两名经理，另配一名实习生主管。同时北京冬奥组委媒体运行部下设转播协调处，由冬奥组委委派一名转播协调经理帮助负责奥林匹克广播服务公司与场馆转播服务人员及场馆本身的协作沟通事宜。

由于语言及疫情防控问题，奥林匹克广播服务公司无法提前抵达场馆进行赛事工作，由场馆转播服务业务领域进行中间协助沟通、人员物资进场，协调包括临时设施、山地运行、场馆运行、新闻运行、摄影运行、技术、引导标识等领域赛事工作。

赛事开始后，我们的工作主要包括志愿者验证服务及奥林匹克广播服务公司赛事期间的协调沟通工作，基本上转播服务架起了连接场馆与奥林匹克广播服务公司之间的纽带，协助工作顺利进行。

二、实践准备

（一）语言

语言能力是整个赛事最为核心、最为关键的能力。由于工作环境的特殊性——需要和奥林匹克广播服务公司工作人员进行长时间的交流合作，语言能力特别是英语成为一个关键性的工作必备条件，同时云顶滑雪公园拥有大量日本选手的夺金点，因此日语能力也成为在场馆进行工作的特殊加分项。据了解，来到云顶滑雪公园的日本持权转播商、各新闻及摄影媒体每天都有几十人以上，但由于语言问题，这些日本媒体并不具备英语语言沟通能力，因此会日语的工作人员非常稀缺，特别是中、日、英三语均掌握的工作人员更为稀缺。作为一场国际性盛会，语言能力是最为基础、最为重要的一项能力之一，是工作能否顺利展开的保证。

（二）转播

转播作为本身的工作职责，志愿者需要对转播机位、摄像机、线缆布设、电力、转播车、技术运行中心、信号制作间、导播、慢动作、4D、音频制作间、评论员、操作员室、混合采访区等知识有大致的了解。虽然我的工作并不涉及实际的摄像操作、画面切控、信号制作，但我也要掌握基本的转播摄像制作知识。

（三）体育

作为北京体育大学学生志愿者及场馆工作人员，需要对赛事本身有大致的了解，包括对规则、打分、资格赛决赛的轮次、比赛时间及相关信息的查看梳理都要有大致的了解，虽然不用亲身参与比赛，但是对运动员抵达、训练、比赛、食宿、交通、离开要有大致的了解，特别是比赛相关内容、赛事的时间长度及由于风雪等天气造成的日程变更要有清楚的认识。

（四）卫生防疫

由于疫情持续蔓延，卫生防疫是整个场馆运行的重中之重，日常佩戴口罩并对口罩进行定时定点更换非常重要。在接触过后立刻喷洒消毒液进行消毒处理，以及对更为重要的用餐环节进行消毒处理也是场馆顺利运行的必要保证。

三、实践过程

（一）实践工作流程

2021年10月13日左右，我提交了实习生申请书，到11月初，云顶滑雪公园开始联系我。2021年11月16日，我正式前往云顶场馆群，其间两次返回北京，12月中下旬正式开始无休工作状态，一直持续到2022年2月底冬奥会正式结束。2022年2月底到3月初为北京冬奥会到北京冬残奥会的转换期，赛事一直到3月中旬结束。

2021年11月下旬我们开始准备赛前最后一次测试赛，对场馆全流程、全要素进行检验，同时对流线等问题进行检查，避免出现人员交叉现象，尽可能做到让赛事平稳运行，同时找到问题并及时解决。每日分为早例会与晚例会，早例会早7点开始，晚例会按照赛程安排或早或晚。赛时晚例会在比赛结束半小时后开始，非赛时阶段，晚例会普遍在16点左右开始，例会时间有长有短，按照各领域实际问题进行调配。除了场馆本身的例会，各领域也有自身的例会，奥林匹克广播服务公司及摄影运行、新闻运行等涉外领域为吹风会，时间短，信息含量足，对赛事开展非常重要。

赛前、赛中、赛后，我们都根据场馆及奥林匹克广播服务公司的要求，对各项任务进行协调，居中协助工作顺利进行。由于本届赛事的特殊性，本届奥运会的各卡口验证工作由本领域内工作人员及志愿者完成，形成排班制，从9点到18点，并根据赛程安排灵活对工作时间进行优化，如空中技巧的比赛均在夜晚，因此排班任务也安排到了晚上。

（二）典型事例

摄像机位的搭建一直是压在奥林匹克广播服务公司、组委会、场馆、转播服务业务领域、施工方的一块巨大"石头"。负责云顶滑雪公园摄像机位工作的为奥林匹克广播服务公司的工作团队，包括技术经理皮特，以及制片人海伦。在2021年1月10日工作团队到达云顶滑雪公园之前，各方一直通过邮件、视频会议及微信的形式沟通安排，但由于工程的复杂性，并且涉及转播机位多达百个，因此在确定摄像机位的实际位置之后，施工方北京松影舞美工程有限公司始终无法实地进行搭建，因为涉及冬奥会这样高规格、高标准的赛事转播，北京松影舞美工程有限公司在甲方未到场的情况下，无法对摄像机位进行准确搭建。转播摄像平台的搭建一直拖到了2022年1月下旬。而对于仅有十几天就要开幕的北京冬奥会来说，这样的施工周期是万分紧张的。从2022年1月8日开始，北京松影舞美工程有限公司负责人就多次在社交媒体上表达自身对工期、闭环及人员安排的担忧。

因为工期的问题，以及北京松影舞美工程有限公司本身其他的任务，在奥林匹克广播服务公司人员到达之后，所有的工程都挤到了一起，包括奥林匹克广播服务公司转播综合区的防滑垫及脚垫台阶的搭建，都成为积压的问题。另外，由于疫情的限制，场馆要求入场施工人员数量越少越好，因此更造成了工期的紧张。

奥林匹克广播服务公司摄像机位人员到场之后，在完成了相关平台的草图设计、样板平台的搭建后，北京松影舞美工程有限公司终于开始了数百个平台的搭建工作。其间遭遇的问题包括雪地施工条件、春节期间原材料供应紧张、转播画面景观美化、设备材料入场、施工人员缺乏、防滑垫、木头平台、脚手架本身增稳、奥林匹克广播服务公司操作员室帐篷修建、施工人员证件、施工工期紧张、语言，虽然大量问题累积在一起，但最后北京松影舞美工程有限公司还是圆满完成了各摄像平台的搭建，这确实是一个奇迹。事实上，每届奥运会都有自身的问题，就像本届奥运会在疫情的压力之下依然成功举办，真的是一个奇迹。虽然和上届平昌冬奥会相比少了很多热闹的地方，摄像平台也比平昌的更高一些，对摄影记者造成了一定影响，但总体来说，奥林匹克广播服务公司及中方雇员还是圆满完成了所有的转播工作，奉献了一场积极、正面、美丽的冬奥盛宴。

（三）难点问题

于我而言，最难的问题还是物资落位问题。从第一天负责物资落位开始，我就开始纠结这些物资的落位问题，转播服务业务领域只有三个人，但要负责整个场馆上百件板房。板房遍布整个场馆的所有角落，山顶、山脚、出发区、结束区、看台、平台、雪地，能想到的地方都有转播的板房及物资落位需求，总的物资数量在几千件以上。物资的需求也五花八门，从技术到厨房，从桌椅到电视、台灯，每间房的物资都要到位，每间房的位置我们都要牢记于心，同时我们还要对每间房每项物资的数量了如指掌。由于是第一次处理这样大规模的物资，我还是出现了很多问题。

第一，物资难以准确归入房间，每间房都有固定的家具数量，这在奥林匹克广播服务公司的需求单及协议书上写得都很清楚，但每间房的物资落位准确度还是存在问题，这要求工作人员要有耐心，对每间房进行核对，并在每间房张贴物资落位数量及明细清单。

第二，物资丢失是整个赛事期间最困扰我的问题。在测试赛期间，转播服务人员已经预先安置了一批物资，但是在测试赛后，由于疏于管理，我们还是丢失了部分硬面折叠椅。冬奥会结束后，我们在清点各方面物资时，每次都会发现台灯丢失。因此物资落位之后的存放也对我们提出了挑战。而门锁问题是重中之重，不能一落位就不管了，我们需要对物资的数量及安全了然于胸。

第三，一次落位、二次落位物资混用的问题。2021年12月31日我们完成了A、B场地的物资落位工作，但由于钥匙及雪地问题，我们无法对坡面障碍技巧场地的物资进行准确落位，因此把物资暂先安置在隔壁体育领域的房间，由此导致问题出现，并且这些问题极大影响了后期转播工作。由于物资安放在别的领域房间中，造成了物资混用并在一个月后的物资回收中造成了巨大的回收问题，并且由于物资放在别的服务领域的房间中，我们只能先满足他们的物资回收计划，由此带来新一轮的问题。因此在首日完成物资落位后，我们需要在随后几天完成物资的二次搬运，把物资放到规定的房间里，并且对已经安放好的物资完成安全检查及清点工作。做事时我们要多做一点，要准确一点，不能糊弄，要有原则，要有明细，要有计划性、规划性，不能浑浑噩噩地工作。

（四）实践收获与影响

这次实践的收获对我来说无疑是巨大的。

我清晰地记得经理对我说的话——事前有请示，事中有回应，事后有总结。这是好好工作的不二法门，我要把这段话牢牢记在心中，把工作做完，把工作做好。

耐心是非常重要的，我们要踏实，要抓住机会，要多和别人交流，要走出去，不能待在房里，要和各个领域的人接触，要有规律的生活作息计划，每天都要有总结。最关键的是我们不能怕事，怕事没有用，焦虑也没有用，对抗害怕及焦虑的最好办法就是好好工作。我相信自己对于问题的处理能力一定得到了提升，并会将其运用到今后的工作生活中。

四、实践效果

我的工作主要是奥林匹克广播服务公司的前期工作、赛中的协调工作，以及赛后的收尾工作，其实我就是一个好好工作的螺丝钉的角色。我相信大部分人对场馆的贡献都比我大，正是每一个人的努力才构成了这次美丽的聚会。

从我个人的角度来看，我的收获真的非常巨大。我也非常感恩能有这次宝贵的实践机会，我看到了世界，接触了世界，拥抱了世界。奥林匹克是人类爱与勇气激情的结晶，是人类文明的精粹，能够参与冬奥会是我一生的荣幸！

五、实践思考

由于我国已经有过对于大型体育赛事举办的经验，且国内大部分一线城市均已举办过大型体育赛事，但对于冬季运动来说，这样大规模、高水准及在防疫压力下举行尚属首次，因此给大型室外体育比赛的举办及小城市举办体育赛事带来了巨大的经验。

（1）给在小城市甚至边远农村地区举办赛事提供范例，从基础设施到专业人员派遣形成一套成熟机制。

（2）交通问题是赛区正常运转的关键。

（3）安保问题及安保简化问题需要各领域工作人员协同考虑。

（4）防疫问题与竞赛转播问题同等重要。

（5）转变思维，从管理转向服务。

（6）工作人员保障问题，灵活排班、值班及最为关键的充足休息是赛事顺利运行的保证。

六、照片等相关资料

◎ 转播摄像平台

◎ 空中技巧场地远眺

◎ 奥林匹克广播服务公司场馆内电视系统启用

◎ 防滑垫物资入场

◎ 转播服务志愿者合影

◎ 志愿者在执勤

冬奥会体育赛事解说个人实践报告

冬奥会体育赛事解说中的队员资料准备

朱锶源

经过长达5个月的准备周期，我成功通过了咪咕文化科技有限公司冬奥解说的选拔考试，正式开始以北京体育大学新闻与传播学院解说团队成员的身份服务冬奥，为冬奥助力。在此期间，我解说了三场北京2022年冬奥会的男子冰球比赛。本报告将通过描述工作岗位、工作时间、工作内容梳理主要工作内容，分析典型活动和工作效果，并表达成为冬奥会比赛背后声音的激动和收获。在最后部分，我总结了此次服务冬奥活动对体育解说人才培养的意义及自身的不足。

我在服务北京2022年冬奥会的实践中参与了咪咕文化科技有限公司的相关项目直播解说工作，具体为冰球项目的三场赛事的直播评述。整个实践流程包括但不局限于2小时左右的直播工作，还包括前期遴选考核、会议培训、技术信号测试等各个环节。

我参与的冰球项目比赛时间分别为2月10日12点10分进行的瑞典对阵拉脱维亚、2月11日16点40分进行的瑞典对阵斯洛伐克，以及2月13日12点10分进行的斯洛伐克对阵拉脱维亚比赛。我和我的解说搭档根据赛事的具体时间，在比赛开始前半小时左右进入制播站，预先调试设备，做好上岗准备。如果两支球队在常规时间内打平（抑或进入射门大战），解说的时间将自动延长，直到比赛转播结束。我参与的这三场比赛均在常规时间内结束比赛，直播时间为2小时左右。

尽管对体育解说工作来说，在准备不同体育项目的时候，进行的流程和步骤具有相似性，都可以分为赛前准备和赛中解说，需要的资料包括赛事背景、队伍资料等，但对从未尝试过冰球运动和冰球解说的我而言，系统的、专业的冰球知识是必不可少的。所以在本次解说实践中，有很大一部分工作内容是学习冰球知识，可以说这是准备流程的重中之重。

我将冰球专项学习分为三大部分，分别是常识性的内容，冰球职业联赛、国际赛事，以及冰球战术学习。首先，对于常识性的内容，除了在学院开设的专项课上学习以外，我还在网络上观看相关科普性质的文章与视频进行学习，并且在制作抖音短视频的过程中输出这些科普的内容，再次加深自己的印象。其次，针对本次国家冰球联盟球员不参加北京冬奥会的现实情况，对于冰球职业联赛、国际赛事，我主要学习了大陆冰球联赛和欧洲各国的职业联赛，了解它们的发展历史和知名球员、俱乐部，以此作为解说的背景，以利于快速了解各国的运动员。最后，冰球战术内容对我来说是最困难的，我需要在短时间内快速了解冰球的术语和战术知识。为此，我除了寻找国外评论员对冰球战术的分析以外，还咨询了我校冰上运动学院冰球专业的学生。

在准备解说的过程中，资料的获取与收集是十分关键的，除了需要掌握一些基本的信息，如运动员和教练员的身高、体重、年龄、履历等，还需要挖掘他们背后的故事与往事，这部分内容往往是最吸引观众的，也是最容易让观众带入比赛中去的。在准备瑞典男子冰球队的资料时，我注意到本次瑞典男子冰球队征召的球员普遍更防守一些，于是我通过国外社交媒体、体育媒体等查阅，发现其主教练约翰·加尔彭勒夫在选择球员时确实引起了一些争议，不少评论员、球迷都提出质疑，但这一选择和其执教风格偏向防守有关。在提炼总结这些背景之后，体育解说员可以在直播中增加评述的内容，为比赛带来看点，如带动球迷关注瑞典的战术。

此次斯洛伐克男子冰球队征召的球员也十分有特色，征召了众多年轻球员，其中U23球员有5名，还有2名17岁的球员，他们都是初次参加成年组的冰球赛事。冰球青年组的赛事和成年组的赛事在对球员的保护和规则上有较大的区别，其护具、允许的身体对抗和比赛激烈程度都相差甚大。但斯洛伐克队本次征召的17岁年轻球员尤拉伊仍然扛起了球队的进攻大旗。截至此案例完成，即冬奥会结束，尤拉伊为斯洛伐克队打入了7粒进球。因此，在准备斯洛伐克队的比赛资料时，年轻球员尤其是尤拉伊是比赛的一大看点。首次参加成年组赛事的尤拉伊带领斯洛伐克队掀起"青春风暴"。

本届"家门口"的冬奥会对普通大众而言是了解冰雪运动及相关场馆的最好契机。我此次解说的三场比赛中，男子冰球C组——瑞典对阵斯洛伐克的比赛是在五棵松体育中心进行的。

我在2月10日的解说中遇到了运动员受伤门牙被打掉的情况，尽管我对冰球运动口腔最容易受伤这一事实较为了解，但并不清楚场馆有何应急措施或配套医疗预案。因此，笔者在赛后搜集了五棵松体育中心的相关介绍，最终了解到，为了顺利办好此次冰球比赛，五棵松体育中心除了在"制冰"方面下足了工夫，还针对冰球运动中容易出现的牙齿伤病做了医疗预案。五棵松体育中心配备了专门的牙科室，除了具有专业牙科医疗器械，还有两名牙科医生和两名牙科护士。如果运动员在赛场上口腔受伤，首先各队的队医进行判断，如果伤情超出他的能力范围，竞赛场上的医生组再把运动员送到牙科室进行治疗。此外，在场馆外还配备了一辆CT车（牙科电子检测扫描仪），方便随时为运动员提供CT服务。从冰球场到牙科室及CT车之间的距离都只有三四十米，所以整个应急医疗系统是非常完备的。

在本次解说实践中，我顺利完成了三场男子冰球比赛的直播评述，在这里分享一下在解说工作的准备阶段、解说期间及解说工作结束后的一些经验。

一是解说工作的准备阶段。此次解说实践是我首次与搭档进行双人解说工作。为此，我们在前期进行了一次模拟直播解说，来提升两人的默契程度。此外，在收集资料时，我和搭档进行了详细沟通，分别进行了不同方向的资料收集工作。例如，笔者在解说中担任B角，更多侧重技战术分析与场面分析，因此我在准备阶段查看了许多关于各个冰球队伍打法特点的资料及一些有特点的球员及其比赛风格等内容。

二是解说期间。尽管我们在前期做了很多准备，但在实际直播中仍然可能遇到各种各样的突发事件，如我在第三场直播中就遇到了个人麦克风没有声音的事故，在确认直播终端操作没有问题后，经过重启软件后成功解决了问题。这就需要解说员有一定的应变能力，同时在直播时要关注手机信息，及时与监播老师沟通反馈问题。此外，在遇到类似情况时，解说员要和搭档准备好预案，如果一人暂时无法开口，搭档解说员应更多地承担解说工作。

三是解说工作结束之后。我习惯在工作结束后把所有用过的资料归档，方便以后复盘反思，寻找自己在准备阶段及解说期间中的不足。在此次解说实践结束后，我也总结归纳了一些问题和不足。

第一，解说人才在冰雪运动的专业性方面有欠缺。对于冰雪运动，很多同学是没有亲身体验和经历的，这既和我国目前冰雪运动发展的实际情况有关，也对我们解说人才提出了更高的要求。如何在短时间内快速了解一项全新的运动是值得我们思考的一个问题。第二，设备使用的熟练程度还需加强。对直播设备足够了解、能够熟练使用有助于我们在遇到突发事件，如直播事故、麦克风问题、网络问题时，有更平稳的心态去应对。应急能力、随机应变能力是解说员不可缺少的能力。

冬奥会体育赛事解说：
规范与风格之间的距离

余博洋

一、解说服务实践基本情况

当学院通知我会在北京2022年冬奥会期间进行解说实践相关工作时，我非常兴奋并感到极为荣幸。为了能够良好地完成解说实践任务，不辜负学院老师、领导的信任，为北京体育大学解说品牌增光添彩，我在第一时间开始了准备工作，投身到冬奥项目的了解和学习中去。

参与解说实践的人员选拔于2021年11月正式启动，经过冬奥专项知识和人文素养两方面综合知识的笔试、解说直播、短视频制作等多重考核，最终选拔出30人参与到咪咕文化科技有限公司冬奥解说实践工作中。其中，冰壶项目组17人，冰球项目组5人，雪车项目组5人，花样滑冰项目组3人。我非常荣幸地通过了各项测试，正式成为冰壶项目组的解说服务实践人员。鉴于疫情防控要求，北京体育大学解说团队采用"线上+线下"相结合的解说形式,又因为学院老师、领导的信任,我非常荣幸地获得进驻咪咕文化科技有限公司在北京广播电视台的转播大本营,在插播间进行线下解说的机会。

◎ 北京广播电视台

2022年1月26日,我正式进入北京广播电视台,开始为咪咕文化科技有限公司进行解说工作。在此期间,我进行了对冬奥会冰壶项目解说更加具体和专业的准备。根据咪咕文化科技有限公司解说排班表认真查询队员、队伍、教练员的名单及各项背景信息与衍生信息;在北京冬奥组委会官方平台查询赛制、规则、排名方式等具体信息;积极利用互联网寻找之前比赛的录像资料,更加全方位地整理和总结各支队伍和队员的打法、技战术特点等信息;针对混双和四人冰壶不同的规则赛制打法总结不同的解说节奏和风格;查询并记录比赛场馆、比赛赛程、各队准备情况等周边信息。在正式解说之前,我准备了全面、充分的资料约两万字。

在整个解说过程中，我开始时承担了12场混双比赛和男子女子四人冰壶循环赛的场次，由于在解说过程中表现优异，且咪咕文化科技有限公司因自身解说安排变动给我增加了三场的场次，所以最终我一共参与解说了15场比赛。

◎ 冰壶解说截图

二、解说优缺点复盘总结

在我参与的15场解说工作中，虽然我基本完成了解说的任务，没有出现大的问题，在网络上的反响也较为积极，但每一场比赛解说结束后，我都会认真观看录像回放，积极进行复盘，整理自己在解说中的优缺点，并在下一场比赛中积极注意与改正。如今全部比赛已经结束，我将自己整个解说过程中出现的问题整理如下。

因为语速较快，所以我在解说过程中很容易出现吃字、吐字不清晰的情况，给观众造成不好的听感。当用长句释放资料信息和总结时，我经常出现卡壳的情况，出现过多停顿，导致观众听感不连贯。

在有些比赛过程中，我在解说开始时发声起调太高，导致全场比赛调值都维持在较高的状态，后期很难再降下来。这样的结果是，一是与冰壶比赛本身沉稳缓慢的比赛节奏不符合，造成观众听感上的疲劳；二是全场比赛解说结束后自己也会非常累，嗓子在后期很疲惫。

对战术的解读和理解有待提高。如果拿不准，解说员最好以结果为导向，在情况较为复杂的情况下减少预测，等出手之后甚至产生结果之后再对产生的结果进行解读。

◎ 解说现场环境

有些过渡语重复使用。比如"那么这样的话"重复使用会造成观众的听感疲劳,解说员应用更多同类过渡语和连接语。

情绪较为平淡,缺少起伏。虽然与之前相比起调降低了很多,但调制过平,虽然没有什么大问题,但是整场比赛如果保持一个调值,会造成观众的听感疲劳。尤其在冰壶比赛中,解说员解说时调值要有变化,抑扬顿挫要强一点。

三、对解说风格的创新和思考

在参与本届北京冬奥会解说期间,我一直跟随着解说工作的进程,保持对解说风格的思考与创新。同样在咪咕文化科技有限公司解说的前短道速滑运动员王濛火遍全网,"王濛解说"话题直冲热搜,"我的眼睛就是尺"等金句火遍全网。王濛和黄健翔最终形成的解说模式,明显区别于传统的AB角搭档解说的分工模式,即A角负责对场面的描述、对背景信息的介绍,而B角由专业的运动员或者对这一项目有很深了解的人员对比赛进行技战术的分析。王濛以一种全新的更加接地气的方式,将专业的信息以通俗易懂、有趣味的形式告诉观众,这样能够更好地拉近与观众之间的距离,与观众产生共鸣。

在王濛解说爆火之后,我也积极对王濛的解说进行了研究与复盘,并结合自己原有的解说风格进行有机的融合和创新。我自身原有的解说风格是激情张扬、善于调动观众情绪,多以解说篮球、足球这样的节奏较快、观众较为熟知的运动为主。但此次参与冰壶项目的解说,冰壶的比赛节奏和所需要的解说风格与我之前形成的自身解说风格相差较大,以致我无法参考自己以往的解说风格进行冰壶比赛的解说。于是经过前期的思考和实验,我对我的解说节奏进行了刻意的降速，并且找到了适合自己的解说模式，即用观众视角、接地气、轻语态、幽默诙谐、高频次与观众进行弹幕互动等特点形成自己在本届冬奥会的解说风格和模式。

  我认为，冰壶这一比赛项目对大众来说还是较为陌生的，所以我更加注重与观众的交流和互动，帮助他们先"看得懂"，然后再慢慢地进行技战术的分析和讲解，从而让观众能够"看得精"；同时，因为冰壶比赛节奏较慢，观众的情感情绪不会像看足球赛、篮球赛等比赛一样在一个瞬间达到高潮，所以我选择用幽默诙谐的语态，在保证基本场面描述的同时尽可能地插入一些场外信息，用一些有"梗"的小段子让观众感觉更有趣味性；高频次与观众进行弹幕互动，塑造出一种观众视角的解说模式，不再站在宏大的视角"高高在上"地进行叙述，而是更加接地气，让观众把解说员当成陪伴看球的朋友，这样的陪伴感能够更好地拉近解说员与观众之间的距离，让观众更容易接受。

◎ 赛事截图

我不仅在单口解说中慢慢地用这种方式进行了解说，我也在双人搭档解说的过程中尝试了这种对解说模式的创新。在这场比赛中，我与前女子冰壶国家队队员刘金莉搭档，解说女子冰壶循环赛最后一轮韩国对阵瑞典的比赛。这场比赛虽然没有中国队参加，但因为这场比赛关系到两队进入最后的半决赛，并且这两队的比赛结果将影响中国队的出线形势，所以这场比赛还是受到了较多的关注。

在比赛正式开始之后，我按照之前传统的解说节奏和搭档模式进行解说，完成基本的场面描述和背景信息释放。经过一小段时间后，我逐渐摸清刘金莉老师的解说风格，便开始在完成基本的场面描述和技战术分析的前提下大胆进行创新，将我轻松活泼、诙谐幽默、与观众进行大量互动的解说风格与刘金莉老师进行有机的结合。

例如，让刘金莉老师以老师的身份利用自己的专业知识回答观众的弹幕问题；在比赛进行过程中，刘金莉老师通过"随堂提问"的形式提问我每一球背后的战术意义，在回答的同时将问题抛给观众，让观众也能够积极参与互动；我站在观众的角度，将刘金莉老师的专业解说语言通过通俗易懂、诙谐幽默的方式进行解读，让观众在轻松、充满趣味的状态下更好地了解冰壶的专业知识和技战术打法，更好地看懂比赛，让观众有更强的共鸣感。

对于此次的大胆创新，我们也得到了观众很好的反馈，在解说过程中观众在评论区给出了"继黄健翔、王濛之后又一宝藏解说组合"这样的高度评价。在比赛解说结束之后，刘金莉老师也对我对冰壶项目的深厚了解和深入浅出的解说方式进行了高度赞扬。

◎ 赛事截图（续）

当然，我认为这样的解说风格与方式也是有局限性和前提条件的。首先，观众视角并不意味着观众解说。解说员只有在自己对解说项目拥有丰富的专业知识、进行了详尽的资料准备，在完成好场面描述、背景信息释放等基本专业解说工作的前提下，才能通过更接地气的解说风格与观众实现更好的互动和共鸣。如果解说员对这一项目的基本规则、历史、简单的技战术打法知之甚少，那又何谈通过深入浅出、通俗诙谐的方式将这些信息交代给观众呢？这也是很多之前非冬奥项目的解说员解说冬季项目被观众批评最多的一点。

其次，这样的解说方式要根据不同的项目进行变化。因为冰壶或者其他冬季项目普及率较低，很多观众是通过看比赛才知道这一项目的基本规则的，所以将这项运动推广给大众时，这样的解说模式是可以被大众接受的。但是如果是足球、篮球这样的热门项目解说，解说员完全不需要向观众普及基本规则和技战术打法。如果一味地在一个较为初级的观众视角，反而会产生反效果，让观众质疑解说员的专业性，所以在不同的项目中还需要找好不同的观众视角。

  以上是我对本次冬奥解说实践的总结和此次实践中对解说风格创新的一点思考。再次感谢学院领导和老师给我机会参加此次冬奥解说实践活动，让我得到飞速的成长。我也会在今后的解说生涯中继续保持思考，保持进步，为北京体育大学解说发声！

冬奥会体育赛事解说中的"意外"与应对

崔世鑫

一、实践内容概述

从2022年2月3日的首场冰壶混双比赛开始到2月12日最后一场女子冰壶循环赛,我的本次北京冬奥会解说任务也顺利完成,其中有进步,当然也有很多需要继续提升的地方。总体来说,这次的冬奥解说之旅,我收获颇丰。我作为北京体育大学新闻与传播学院体育赛事解说班的一员,参与线上解说了冰壶项目的四场比赛,分别是:

2022年2月3日,冰壶混双循环赛:挪威对阵加拿大(与薛笑天搭档);

2022年2月6日,冰壶混双循环赛:加拿大对阵澳大利亚(与方文萱搭档);

2022年2月11日,男子冰壶循环赛:俄罗斯奥委会对阵丹麦(与薛笑天搭档);

2022年2月12日，女子冰壶循环赛：英国对阵美国（与方文萱搭档）。

其中两场混双比赛因为比赛用时较短，对解说对比赛的掌控度的要求相对较低，再加上双人解说的配合，虽然也出现了一些小问题，但总体来说比赛进行得比较顺利；而在团体比赛时，因为比赛时长很长，一些问题被放大了，出现的问题也随之增加。下面我对这几场比赛解说进行复盘与总结。

二、实践过程

1.冬奥首声，紧张与激动并存

在得知要解说北京冬奥会的时候，我们体育赛事解说班的所有同学都很激动。我们都畅想着自己解说比赛时的情景：喜欢花滑的同学描述着羽生结弦那优美的动作，痴迷速滑的同学为武大靖的又一次夺冠而呐喊……但得知需要通过考核才能参与冬奥解说之后，所有人的心一下子跌入谷底：我们要从之前课上有说有笑共同解说的搭档变成竞争对手，我们都感受到了不小的压力。当然，压力也成为我们前进的动力，经过两轮紧张的测试及一系列的解说练习，我们丰富了冬奥历史人文知识、解说专项知识等方面的知识。

我刚开始对冬季运动项目并不怎么了解，但随着不断摸索，我开始渐渐迷上了冬季运动。在正式解说开始前的一段时间，我自己撰写文案设计内容，更新了不少抖音视频。从一开始的简单介绍项目到之后解释奥运冠军王濛老师的"金冰刀"从何而来、罗致焕先生当年的训练环境有多艰苦、安凯为何无缘北京冬奥会等，我开始更加期待我的声音能出现在北京冬奥会的舞台上。我也正式从一个最开始的冬奥"小白"成长为一名解说员。

在进行第一场冰壶混双项目循环赛,即挪威对阵加拿大的比赛解说时,我虽然有了一定准备,但依然存在一些问题。

首先,在两个解说员之间话口的衔接上,我与搭档多次出现抢话的现象。这个问题几乎持续了整场比赛,甚至在结束的时候也出现了这个问题。究其原因,主要是赛前及赛时的沟通做得不够到位。

其次,抛话题给对方的次数太少。很多时候,两个人更多的是在自顾自地说话,没有聊天交流的感觉,对话术的运用显得很死板。在前几小局及相关回合中,这样的现象尤其明显。我们可以适当增加对比赛基础规则及内容介绍的时间,这样既能给不了解冰壶的冰迷普及知识点,也可以让对场面的描述不那么枯燥。另外,我们没有利用好节间休息的空当,这些时间留白过多了。

2. "意外"总比准备来得突然

在第二天的比赛中,"意外"就接踵而至。先是上午奥组委通知,比赛因为一些因素预计会取消,虽然最终顺利进行,但比赛过程也是一波三折:在冰壶混双循环赛加拿大对阵澳大利亚的比赛中,在比赛进行到一半时,双方一反常态,突然连续出现重大失误。在正常冰壶比赛中,一小局只能拿1至2分,但双方在比赛中后段每局平均失掉5分。这种情况在一般比赛甚至一整场都不会出现,而我却"幸运"地遇到了。在突发情况下,我出现了失语的现象,但还好迅速调整好状态,接下来的解说也顺利进行。在这场解说中,我虽然有进步,但更多是需要弥补的地方。

首先,没有把握好赛事解说的整体平衡。在开头的铺垫、资料介绍和串场上有所进步,在运动员出场和比赛初始阶段的铺垫工作做得比上一次更好,但是问题同样凸显,就是过分突出较强的队伍，对比赛解说的平衡上没有把握好。我之前解说过一场加拿大的比赛，已经准备了相关资料，但对澳大利亚队的水平，包括对队员方面的了解认识不够充分，导致介绍的重心放在了加拿大队员身上，而且有些地方还出现了介绍跟不上转播画面的情况，如介绍教练的时候，镜头给的时间很短，稍稍提及就可以了，但我没有反应过来，还自顾自地继续介绍。当时我应该尽快调整语言，但是速度太慢了。

其次，两个解说员在沟通时还是出现了抢话的情况，可能受到了两个人线上解说的影响，但好在比上一场有所改观。这个问题在混双项目上还好，但在男团、女团项目上，时间一长，在后面就很容易出现问题。我们还要再练习和多交流。在专业知识的普及上，我们比上一场有所增加，也使整场比赛的内容丰满了一些，但提了太多次"对于了解项目的人"这种话。在普及知识之前，我应该用一两句话做铺垫，让后面更好地衔接，也便于引入基础知识。还有就是对专业术语的运用方面，有几个词出现得太过频繁，此时要么留白，要么给评论员话口。

经此一役，我明白了体育比赛的过程瞬息万变，不能期待所有的比赛都按照常理进行，只有自己做好充分的准备，才不会在关键时刻出差错。这也让我更加珍惜每一场冬奥比赛的解说。

3.冬奥解说体验结束，但未来还在路上

最后两场解说是英国对阵美国的女子冰壶循环赛和俄罗斯奥委会对阵丹麦的男子冰壶循环赛。这两场比赛是冰壶劲旅之争，两支队伍实力相差不大，所以比分一直咬得很紧，一直进行到加时赛阶段才决出胜负。这也是我第一次感受到冰壶运动的温度。在2个小时的比赛中，队员除了赛间休息时间能短暂恢复体力，其余时间在

身体和精神上有着巨大的消耗，而且还要为了那微弱的分数优势不断尝试、不断争取。他们在最终失利后也为对手鼓掌庆祝，这正是体育精神所在。不光是她们，所有的体育健儿不都是这样的吗？

从2022年2月3日的首场冰壶混双比赛开始到2月12日最后一场女子冰壶循环赛，我在解说中有进步，也有很多需要继续提升的地方。我经历了从最开始的紧张、说话时甚至会嘴瓢，状态低迷、情绪平淡没有起伏到能与搭档流畅交谈，甚至能在合适的时间把不少知识普及给观众这个过程。当然最重要的还是作为一名体育解说方向专业的学生，能有在"家门口"解说冬奥会的机会，我感到无比兴奋和荣幸。但问题依然存在，问题主要在比赛节奏和资料准备方面。其实只要解说员准备得足够充分，对比赛解说就比较有底气，也会把握得更稳定一些。我同样相信这次北京冬奥会的解说经历会为我日后的解说打下坚实的基础。

最后感谢体育赛事解说班的各位老师及咪咕文化科技有限公司的转播老师在解说过程中的辛苦付出。这次解说对我来说是很好的一次经验积累和一段难忘的回忆。当然后面会有更多的解说，我依然要认真努力，依然做好准备！

冬奥会体育赛事解说的"破茧"历程

丁一岚

2022年2月11日晚英国对阵挪威的比赛以8:3提前结束，我的冬奥解说实践也就此画上了句号。对首次在公开平台上进行解说的我来说，这次经历为我真正打开了解说的大门，让我真正从解说中收获了快乐。

一、关于比赛的准备

（一）"偷师"

在距离比赛还有20天时，对于即将开始的解说，其实我的心里一直没底。这个项目，我究竟了解了多少？比赛的双方，我究竟有多熟悉？对于全场的战术判断，我能不能看清？随着北京冬奥会冰壶比赛的开赛，这种焦虑日益加剧。而应对这种焦虑的方法，就是把一个个问题罗列清楚，并且把它们的答案写在纸上、印在心里。

解说员只有做好无限接近万全的准备，才能保证在解说过程中有好的表现。

从2022年2月2日中国队的第一场比赛开始，我一直尝试着从每场中国队比赛中的解说嘉宾那里学习一些新的东西。不同于在这之前看到的世锦赛和寥寥无几的冬奥会的冰壶解说，北京冬奥会上每一场关于中国队的冰壶比赛都会邀请非常专业的冰壶从业者进行评论，其中有前国家队的主力队员，也有专业的冰壶教练。我的许多疑问在他们的谈话间消解了，我对冰壶战术的了解也更加深入具体。也就是在观看学习这些比赛之后，我才敢于把眼光放得足够长远，去猜测他们整体打法的意义，而不仅是慎重地分析每一个壶的目的。

在男子团体赛开赛后，我将注意力集中在了即将解说的两支队伍上，急切地关注着英国队和挪威队的每一场解说，试图从解说员的分析中挖掘对阵双方更加具体的信息。但这一轮"偷师"并不十分成功，我没能获取到两支队伍足够充分的信息，即使如此我在战术分析方面也补充了一些知识。

（二）窥探

由于国内冰壶运动的普及度并不是很高，对近些年国际赛事的相关报道也比较少，所以我在最初并没有了解清楚两支队伍的具体信息，所掌握的内容只是停留在他们分别参加过哪些大赛、世界排名如何。每场冰壶比赛持续的时间最多达到3小时，有时会出现为保留后手权控分在0∶0时无话可说的尴尬局面。为了避免解说时出现大片空白，我急切地搜寻着每一位运动员的相关信息。值得庆幸的是，我在奥林匹克官网和世界冰壶协会官网上找到了许多有价值的信息。

对双方运动员的好奇心推动着我去了解并记录他们每个人，而过去的一些采访则提供了最完美的样本。我开始像真正的崇拜者一样想了解他们与这项运动的渊源，他们如何接触到冰壶、对于冬奥会有着怎样的野心、他们更喜欢怎样的打法、他们的成功率如何……他们的每一场比赛都令我紧张不已，我就像关心自己的主队一样。最终我顺利搜集到了令自己满意的足以填充比赛空白的信息，进行数遍充分的整理后，心里的大石头才终于落地。

二、解说实践

解说的过程其实并不是十分顺利。在这之前我过于注重解说可能会涉及的种种内容，想着去说什么，但没有真正设计好要怎么说，而且对于比赛节奏的把握还需要更加精进。

（一）拘谨

在解说中，我更像一名陈述者而非参与者，我将自己置身事外，观察着每个壶的走向和结果，冷静地分析着赛场上的局面。如果我作为观众来欣赏这场比赛，心情是非常复杂的。因为实力更强劲的英国队在正常比赛中状态都非常稳定和出色，他们的目标是冠军，他们想赢下每一场比赛，进攻性也更强。在充分了解这支队伍后，我完全能够以支持者的心态代入，以紧张的心情关注他们投的每个壶。即使挪威队的整体状态也很不错，但由于缺少英国队的野心和冲劲，所以在打法上比较保守。而我只是一如既往地像观众观看比赛时那样停留在感觉层面，很难以传播者的身份将所思所想表达出来。同时，许多判断只是基于个人的观赛体验，我并没有足够的信心确认这些"感受"在技术层面的正确性，因此解说并不是驾轻就熟的，而是有强烈的拘谨的感觉。

（二）身份转换

对于我来说，解说不同于熟悉的文字报告，我没有办法仔细斟酌，更没有办法反复修改。比赛局势瞬息万变，解说员需要有最充分的准备来应对各种局面。更重要的是，解说员要从学习者的思维中跳跃出来，成为真正的实践者。在这之前，我更喜欢注视着比赛的每个瞬间，为他们的失误懊恼，为他们的成功感叹，但并不擅长在话筒前侃侃而谈。相较于表达自己的想法，我倾向于安静地欣赏比赛。

作为赛事的服务者，解说员需要将观众想要听到的表达出来，给观众以陪伴。这是我在真正张口说之后才切实体验到的。两支国际强队的对决使比赛非常精彩，我确实有许多迫不及待想要表达的想法，并且尝试着在比赛中呈现。按照以往的逻辑，这些想法在公众平台表达之前需要经过严密的确认，而不被解说实践所允许。但对足够专业的解说员来说，这并不是"问题"。

（三）一些底气

在比赛刚开始的一段时间内，我没有快速进入解说状态，一度过于拘谨，很多话不敢说出来。但好在之前的准备足够充分，让我得以尽快调整，不至于看着一个个壶不断送出紧张到什么也说不出来。尽管没达到畅所欲言的地步，但我也能够做出最基本的判断。好在随着比赛的逐步推进，局势越来越明朗，解说的状态也渐渐好转起来。我能够准确地判断每个壶的目的和完成状态，也能够将语言顺利地传递到话筒中。

（四）搭档配合

双人解说是保障，也是挑战。在通常情况下，两个人能够更好地应对比赛过程中可能出现的一切突发状况，在出现失误时能够互相提醒，在一方状态不佳时也能将解说顺利进行下去。但对于不熟悉的二人来说，这并不轻松。一起搭档的学长和我一样并不具备过硬的冰壶专业水平，我们在比赛过程中同时担任着解说的角色，为了尽可能确保解说过程的顺利进行，我们决定划定好每个人的解说范围——他负责讲解挪威队的投掷，而我负责讲解英国队的投掷，在对应的每个壶讲解结束后，对方可以进行评论。而冰壶比赛的节奏决定了我们的话语密度并不宜过于集中，所以在很多时候我们适当留白，尽可能避免出现抢话的现象。原本明确的分工在实践中也带来了一些问题。更多时候在讲解结束后，评论的时间十分有限，而我们的原则是"宁可少说一些，也不要逞强去说错"，所以很多时候评论得并不够充分。好在随着比赛的进行，我更能够进入对话的状态，在对话间进入语境，努力增进交流感。在表达欲提升后，随之而来的是一些抢话的尴尬小场景，幸好双方的表达欲没那么强烈，两个人都会及时止住。

在放下紧张的情绪以谈话的姿态欣赏比赛、"说"比赛后，我真的很开心、很满足。我发现原来解说并不是那么难以进行的工作，原来在比赛中这样表达就可以，原来我需要学习的是这些方面的东西。

解说的实践使我真正体会到"纸上谈兵"远远不够，更多时候需要放弃一些过于严谨的审视,来表达自己内心的声音。而紧张的状态如何缓解、自如的状态如何掌握好分寸,解说员只通过查找资料、看视频并不能真正把握好,一定要通过实践来学习和进步。

实践虽是紧张复杂的,但更重要的是带来了真实的快乐。感恩,感谢!

冬奥会体育赛事解说中的一次历练感悟

董晓璇

2022年2月4日，北京冬奥会如期举办。在这世界瞩目的时刻，身为北京体育大学新闻与传播学院播音与主持方向班的一员，我有幸参与到了学院与咪咕文化科技有限公司合作的项目——北京冬奥会比赛的解说实践中。为了能顺利地完成实践任务，展现学院、学校风采，用自己的力量为北京冬奥会贡献出一份力量，我在赛前进行了充分的实践准备，在解说中积极发挥作用，并在赛后做出如下总结。

参与选拔：鼓足干劲、力争上游

冬奥会解说虽短短数个小时的工夫，但我深知背后的文化底蕴需要多加准备和积累。如果将当时的准备量化的话，最显而易见的就是为2021年12月笔试做的准备。为了考核我们在冬奥历史知识、人文社科知识、解说专项知识等方面的水平，学院和咪咕文化科技有限公司联合进行了第一轮考核。我也在老师上课介绍、自己课下分析爱好和进行一系列解说练习后，选择了解说节奏较为和缓、需要客观冷静分析的冰壶项目作为自己的解说专项。为了提升自己的理论知识，我在整理课堂上学习的知识之余，上网查阅了冬奥会的历史和人文知识。在了解了冬奥会的起源、发展经历及中国参与冬奥会的历史之后，我对北京冬奥会的理解更加深刻。这不仅是世界上的第24届冬奥会，还是中国有史以来第一次承办冬奥会，这是标志着我国冰雪事业腾飞的一个重要里程碑。

冰壶项目是一个历史悠久、文化深厚的冬季运动项目。我们学习冰壶的项目规则、历史文化并不能一蹴而就。除了在课堂上学习、课下在网上查找资料之外，我还联系了学校学习冰壶项目的学弟，一起观看比赛，从中学习交流，收获颇多。最后在考试时我顺利通过，虽然还有相当大一部分成长空间，但是这次考核肯定了我的努力，坚定了我的信心。

在这个新媒体高速发展的时代，从书本和资料中学习和体会到的知识是有限的，所以我还从短视频中学习和更深层次地了解了冬奥和冰壶。学院为了我们进一步增加冬奥相关的人文底蕴，让我们坚持学习，给我们布置了每天发布一个一分钟左右抖音小视频介绍冬奥相关知识的任务。在接到这个任务之后，我开始筹划，先是做了"关于北京冬奥你必须知道的事"系列，介绍北京冬奥会的历史、场馆、冬奥文化等知识；然后以我的解说专项冰壶为主要介绍对象，介绍了冰壶的历史、魅力、造价等，还在元旦时结合实际分析了冬奥大事记等；接着结合重要的历史人文知识和我认为受众可能关心的问题进行了学习分析和文案撰写、视频录制剪辑上传，取得了不错的效果。无论是受众对我视频内容的讨论还是点赞，都让我体会到大家对我在视频背后内容准备的认可和对冬奥的关注期待之心。

赛前准备环节：厉兵秣马、以待一战

在老师在群里发布了最终确定的解说场次人员名单后，我欣喜万分，我终于得到了日思夜想的机会——我将在2月14日和一位经验丰富的学长共同解说一场加拿大和英国的冰壶循环赛。加拿大和英国都是冰壶强国，学长更是实力满满，我感受到了学院和咪咕文化科技有限公司给予我机会的宝贵及对于我们的重视。虽然后来因为疫情更换了解说搭档，但这个搭档也是一位能力很强的研究生学姐，我知道她能够带动我一起做好这次解说任务。

在欣喜之余，我的心中不免产生了一些负面情绪：我能不能解说好比赛呢？如果我的表现受到大家批评怎么办？我会不会给学姐拖后腿，给学院丢人呢？压力和焦虑曾短暂困扰了我，不过在老师和同学的鼓励下，我很快就明白，只要一点点地努力学习和准备，就能提升自己的水平，就不会辜负这次机会。

在设备使用方面，我们观看了视频，也完成了测试，装备了麦克风等设备整装待发。在专项知识方面，我加快学习的脚步，观看相关赛事和有关视频资料，弥补自己的知识漏洞。在2月2日，冬奥会的冰壶项目开始后，我更是积极地通过咪咕文化科技有限公司视频观看冰壶比赛，尤其是涉及加拿大队和英国队的比赛，我都会反复回看、记笔记、查资料，学到了很多。在一次观看学长直播比赛时，我发现经验丰富的学长谈吐间内容非常丰富，我在他下播后询问了他查找资料的平台，学长十分热心地分享了他找人物资料的网站和相关用法，以及如何实时了解其他赛道的比赛情况。同样，又一次在一位学姐直播中我听到学姐对个人投壶赛的成绩、投壶队员十分了解。我询问了学姐获得途径，学姐不仅专门拍摄视频细心告知，还对我进行了鼓励。这两位学长、学姐对我进行的帮助和鼓励对我来说至关重要。

解说完成：艰难玉成、尘埃落定

终于等到了这一天，2月14日，我要解说女子冰壶循环赛——英国对战加拿大的比赛。实践出真知，在这次实践中我发现了自身很多的不足，同时也收获和成长了许多。

首先，在心理上我一开始没能克服心中的紧张不安，尤其是前几局不敢开口，在搭档学姐说出不同意见后，我因怀疑自己而不敢说话。比如在一次对战术推测时，我推测是悬壶入营，但学姐抢先说"他们要打双飞"后，我对自己产生了怀疑，不敢接话。但随着比赛的进行，我知道自己的判断大多数没错，如那个壶的结果就是悬壶入营，而不是双飞。我知道我的积累是足够的，有了一定的分析局面的能力，所以也大胆说了起来，渐入佳境。

其次，在解说的专业性方面我还有待加强。我对冰壶的线路规划判断有时候不准确，而且有时候没能把握好节奏，画面和解说的配合并不是最好状态。通过观看回放，我看到有些细节被我忽略了，所以我要多看比赛，提高自身的节奏感和专业性。另外，在设备使用方面，在前期也出现了一些小问题，两次出现了电脑熄屏、麦克风断掉的现象，不过幸好我们都及时发现问题并且解决了。最大的问题是和学姐的配合不默契。有很多次我俩同时开口，在听到学姐的声音时，我就暂停了我的话。我知道这样不仅打乱了我的解说节奏，还给观看比赛的观众带来不好的体验。我知道默契需要培养，除了要加强对搭档状态的观察，还需要加强前期沟通商讨。我在比赛中还出现了几次口误，如将"打比赛"说成了"打游戏"，虽然及时更正了，但也体现出我的基本功不扎实、心态调整不好。我需要加强口部操和基本功练习，稳住心态、镇定头脑。

  不过总体来说，此次实践是我第一次解说实践，我对自己的总体表现还是比较满意的。尤其是资料准备很齐全，几乎没有大片空着的时间，在适当位置我都用人物背景、比赛规则等进行了填补。在后面我越来越敢说、越放得开的时候，我体会到了解说自如的自我状态。希望我能保持多看比赛、多准备资料、多练口部控制的状态，盼望能在之后的实践中展现出社会主义青年的风采，传播时代强音，能为中国解说奉献自己的一份力量。

冬奥会体育赛事解说中的调动与控制

李秉昊

北京2022年冬奥会，我来到，我参与，我见证。

谨以此报告对我在北京2022年冬奥会期间在北京广播电视台、中央人民广播电视台及咪咕文化科技有限公司完成的工作进行总结归纳；与此同时，以此报告感谢我们团队每个人为北京冬奥会做出的贡献，致谢中央广播电视总台中国之声、北京广播电视台及咪咕文化科技有限公司给予我们参与北京2022年冬奥会的机会，致谢所有辛勤付出和陪伴我们的指导老师，致谢我们团队的每一个人，感谢自己。

北京2008年奥运会，那一年我7岁，年幼的我只能在电视机前感受奥运盛况，感受祖国的强大；北京2022年冬奥会，如今的我终于可以亲身参与其中，这是我梦寐以求的事情，是我至高无上的荣誉。我有幸能够为北京2022年冬奥会奉献自己的力量，可以参与其中，可以见证它伟大的盛况，可以为冬奥会发出自己的声音。

在经过一学期的精心准备后，我对冬奥会的各种赛事规则及发展历史都有了十分详细的了解。知识是基础，也是必备品，无论是现场播报还是推文传播，抑或冬奥会体育比赛的解说，都要求有丰富的知识储备做基础。在这个学期，我们的解说实践课程主要内容变成了冬季奥林匹克项目，这也是在为北京冬奥会做准备。在学习之后，我们便开始了作为解说员的考核。在2021年12月，也就是学期末的时候，我们先后进行了普通话语音考核和冬季奥林匹克项目专项知识考核。在专项考试中是分项目的，不同项目的解说员会接受该项目和考核，在试卷组成部分上也有不同的题型分配。试卷一部分是通过选择、填空、简答等不同题型对专业知识、项目发展历史、运动规则的全方位考核。只有通过考核的人才有机会担任解说。在北京冬奥会上发声是每个人梦寐以求的，大家都非常努力。

2022年1月18日我们开始在北京广播电视台实习。但是鉴于疫情防控和学校的出入校政策的要求，我们改为线上办公，我们的团队负责新媒体视频的创作，根据热门赛事和焦点运动员进行新媒体创作。从这份实习工作中，我们学会了抓重点、抓热点，学会了开门见山，一下子抓住观众的注意力。

2022年2月10日，我开始了北京冬奥会赛事直播平台咪咕文化科技有限公司的解说工作，这是北京冬奥会第六个正式比赛日了，而男子冰球比赛才刚刚开始。虽然我们的比赛开始得相对晚一些，但是在过去的这几天，或者说在过去这一段时间里，我们都在忙碌着。我们在不停地准备比赛的信息，这些信息中包括球员的基本信息、队伍的信息、发展的历史，还有必不可少的项目规则信息。作为跨项解说员，我们应该更多地去关注过往的冰球比赛录像。说句实在话，如果你没有做好准备，你可能连冰球都找不到。

这要通过在比赛之前大量观看冰球比赛来锻炼这个技能，在这期间也要通过实践经验来了解裁判判罚的尺度和标准，以及裁判判罚的时候出示的手势。这对在正式比赛时解说是非常有帮助的，便于我们更直观地了解赛场上发生了什么，把这种专业术语传达给观众朋友。

之前的解说绝大多数是单人进行，在进行双人解说前，我们进行了角色实验，也进行了配合测试。在比赛中，从整体来说配合还可以，但是有时候还是会出现抢话的情况，所以我们在赛后要认真分析。还有就是要控制解说的节奏，这是相当重要的，我们的语速都有些快，在描述场面时重复的词语比较多，听起来有些乏味单调，这是有待改进的。我觉得我们做的准备工作是十分充足的，我们有处理和应对危机的完整解决方案。在2月11日的比赛解说结束之后，我在第一时间找到指导老师，询问我在这场比赛中解说有哪些好与不好的地方，优点在哪里，不足之处又在哪里。这样做我可以在之后的比赛中取长补短，发挥出自己的优势，弥补自己的不足。指导老师给我的建议是，解说比赛的时候情绪调动上有点刻意。这个在解说的过程中我是有所感觉的，所以在接下来的比赛中我们尽量做到自然，两个人在沟通的过程中要给对方留有充足的空间，这就要求两个人要更加默契地配合。我们还需要有应急事件的处理方案，在比赛中，我的搭档曾出现没有声音输出的情况，在这样说了5分钟后得到了咪咕文化科技有限公司监播的提醒。我的搭档在所有都确认无误的情况下，咪咕文化科技有限公司在转播输出时出现了问题，在这个时候我要做的是冷静处理，不能让听众听出来出现了问题。这需要的不仅是稳定的心理素质，也需要在平常解说实践中的经验。在直播比赛的过程中，什么都有可能发生，我们改变不了什么，我们能做的只有做好充分的准备，以应对不同的情况。在经历了这些之后，我的解说生涯又积累了不少解说经验。

我还参与了中央广播电视总台的中国之声，在这档《一起向未来·冬奥之夜》节目中，我的搭档是我的偶像苗霖老师。在节目中，我从苗霖老师的身上学到了很多，也知道了自己的不足。在进行节目总结的时候，我可能过于偏向自己熟悉的项目，偏向中国代表队，而忽略了奥运会是一个世界性的大赛，是全世界运动员的盛会。苗霖老师及时的引导和纠正让我认识到，自己眼光应该放得更开，目光应该更长远。在知识储备上，我不能仅仅局限于某个项目或者某个领域，应该更广泛地关注冬奥会的各种项目，以及各国的运动员。在关注比赛本身的同时，我也要关注人文关怀及赛事延展。在之后的节目中，我将会做更充足的准备，进行更丰富的知识储备。

"众里寻他千百度。蓦然回首，那人却在，灯火阑珊处。"紧张而又忙碌的17天转瞬即逝，这让我不禁想起我们为冬奥会付出的一切辛苦，现在回首看这一切，感觉一切都是值得的，是难忘的，我们永远忘不掉2022年这个春天。在文章结尾，再次感谢每一位为北京2022年冬奥会辛苦付出的人，再次感谢所有给我们提供机会的平台，再次感谢自己能抓住这次机会。

冬奥会体育赛事解说中的输入和输出

彭丽霖

2013年11月3日，中国奥委会正式致函国际奥委会，北京市成为2022年冬奥会的申办城市。

2014年7月7日，北京正式入围2022年冬奥会申办候选城市。

2015年1月6日，北京2022年冬奥会申办委员会在瑞士洛桑向国际奥委会提交2022年冬奥会申办报告。

2015年7月31日，在吉隆坡举行的国际奥委会第128次全会上，北京携手张家口获得2022年第24届冬季奥林匹克运动会举办权。

2022年2月4日，第24届冬季奥林匹克运动会在北京鸟巢盛大开幕。

2022年2月20日，北京2022年冬奥会暨第24届冬季奥林匹克运动会在鸟巢正式闭幕。

17个日夜，一场"简约、安全、精彩"的体育盛会给全世界留下难忘的印象。"简约、安全、精彩"是中国就北京冬奥会向世界做出的承诺。经过6年多的精心筹办，在这个冬天，在各国参赛运动员、国际奥委会官员和全体服务人员的共同努力下，北京展开了一幅"简约、安全、精彩"的奥林匹克壮美画卷，向全世界讲述了一个绚丽、温暖、感人至深的冬奥会故事。

"两个一百年"交替时代的北京冬奥会，正值中国向第二个百年奋斗目标迈进的关键时刻，北京冬奥会的成功举办见证着中华民族从"站起来、富起来到强起来"的伟大飞跃。值此北京冬奥会之际，北京体育大学新闻与传播学院体育赛事解说班的学生在传统媒体和新媒体同时发声，既展现了北京体育大学新闻与传播学院体育赛事解说班的专业水平，也做到了服务冬奥、传播中国声音。

而我作为北京体育大学新闻与传播学院体育赛事解说班的一员，也十分有幸参与到本次北京冬奥会的实践项目之中，既站在了专业能力展示的舞台上，又为服务冬奥奉献了自己的一份力量。回望整个冬奥周期，发现自己在实践之中有很多需要改进的地方，但更多的是收获和进步。

从2021年秋季学期开始，学院和体育赛事解说班就全力投入北京2022年冬奥会的备战工作中，每一个人都想为冬奥献出自己的一份力量。学院为我们与各个平台一遍遍洽谈协商，争取宝贵的合作机会；老师细致安排课程训练，为我们的专业能力提升做好保障；而我们从本科生到研究生的每一位同学拿出了认真负责的态度，搜集整理资料，完成日常训练，每一个步骤都不落下。北京体育大学新闻与传播学院的整个解说团队在冬奥契机推动下变得更团结、更默契、更强大。

还记得我们2019级体育赛事解说班2021年秋季学期一整个学期的解说课都在"疯狂输入"冰雪运动，大家一遍遍地"啃下"冰雪运动的解说视频；在口语传播实务课上，大家报道、演讲、辩论、评述齐上阵，不断提升自己的专业能力；大家见了许多专业运动员，和他们交流，积累许多运动专业知识……之前所有的准备、日常训练现在看来都好像发生在昨天。

做好准备工作之后，要做的就是实战了，就像速滑运动员高亭宇说的——"比赛就是真刀真枪地干"。我非常有幸在北京冬奥会周期参加了三个实践项目，咪咕文化科技有限公司平台的解说、央广中国之声的晚间直播节目、北京广播电视台体育广播的新媒体编辑工作。每一个实践项目都让我收获满满。

咪咕文化科技有限公司平台的解说项目对我们来说，是最贴近我们专业课程学习的实践项目，也最能提高我们的解说专业能力。我参与的是雪车、钢架雪车项目的解说。在2021年秋季学期的解说课上，每个人都选了一个专项进行主攻，我选择了此前完全陌生的雪车项目，想挑战一下自己。对于大部分观众来说，钢架雪车和雪车项目很陌生，它们属于受众较少的项目，关注度和热度都没有花滑、短道速滑这些项目高。在此前准备冬奥会解说的过程中，我就对这两项精彩刺激的项目很感兴趣，在参与实践解说之后，我对这些项目的了解更深，就更能感受到它们的魅力。除了更加了解冬奥项目，解说能力的提升是十分重要的收获。进入真正的比赛后，我发现这和日常训练还有很大的差异。真正开始比赛之后，解说节奏并不像练习时的节奏那么慢，大部分时间集中于比赛现场，资料补充只是辅助，我们要提高对比赛现场的感受和画面处理能力。比赛节奏快，我们要提高临场反应能力和即兴口语表达能力。在短时间的滑行过程中，我们要学会传达关键信息，筛选出资料中重要的内容进行补充。而且我的所有比赛解说都是双人搭档解说，这也考验我和搭档的配合默契程度。有时候比赛是通过异地连麦的形式解说，异地连麦解说最大的问题就是容易抢话，我需要和搭档磨合说话节奏，找准话口避免抢话。此外，整体解说状态要保持长时段的积极状况。比赛的时间往往比较长，我们需要整场比赛都保持积极的工作状态，我们要提前做好体力、心理等方面的准备。这些都是我在解说能力提升方面的收获，会促使我不断进步。

央广中国之声的晚间直播节目对我们来说，最能帮助我们综合能力的提升。央广的直播节目不仅考验我们个人的体育知识的储备，也考验即兴口语表达能力、临场反应能力等，它对个人的各方面能力的要求较高，这是一次非常有意义的锻炼机会。参与直播节目需要较为扎实的冬季运动知识储备，也需要较强的在短时间内的资料搜集能力。而且我们是两人一组搭档，解说员可以和搭档多一些互动，多一些交流，形成自己的搭档风格。节目表现需要活跃一点，解说员学会找到合适的话口表达很重要，并且要采用合适的表达方式，多传递有意义的、有趣的内容，发挥嘉宾角色的作用，使节目更丰富。解说员参与节目时的整体状态要轻松自然，与主持老师自然地互动，这样才会有好的节目效果。

北京广播电视台体育广播的新媒体编辑工作对我们来说，与之前两个项目需要的能力更加不同，它偏向于提高幕后的制作能力。我在这一项目中主要从事北京广播电视台体育广播的新媒体编辑实习工作，这注重个人的音视频制作能力。此前老师布置了一天一条短视频的训练任务，一条短视频的构思、文案编写、剪辑、后期都需要我们独立完成，做成完整作品之后在抖音上推送。这正是对新媒体工作能力的锻炼，有利于提高我们的新媒体产品制作能力。对于推送的短视频，我会以冬奥会为主题，考虑选题，并完成后续一系列制作工作，将作品做得短小精悍，尽量符合新媒体产品的要求。在连续的解说实践中，我也有一些对体育新媒体工作的思考。新媒体工作其实和解说有相通之处。首先，两者都非常考验个人的资料搜集能力，做新媒体工作时你需要大量地搜集素材，了解人物；做解说工作时你同样需要去了解运动员的个人资料、搜集很多比赛的细节信息。其次，两者都考验个人短时间内的信息处理能力。在新媒体工作中，当你拿到第一手时效性很强的资料时，需要快速思考如何处理手中的资料，以产生好的新媒体作品；在解说工作中，在瞬息万变的赛场上，每一个即时产生的变化都是信息，解说员要快速在脑海中对这些信息进行处理并转换成语言表达出来。

从北京2022年冬奥会各个项目的考试、选拔、参与、总结各个阶段一步步走来，我看到了自己的一个个脚印，除了对冬奥会落幕的不舍，我深感荣幸和兴奋，我学到了很多新的知识，也有了很多全新的体验和经历。这一切都源于学院和老师给予我的宝贵机会，感谢学院为我们搭建的实践平台；感谢所有老师的支持和帮助；感谢咪咕文化科技有限公司、中央广播电视总台中国之声、北京广播电视台所有老师的照顾；感谢一起奋斗的小伙伴；感谢精彩的北京2022年冬奥会。在这个冬天收获的一切都会促使我不断前进。

冬奥会体育赛事解说的
赛前准备和赛后反思

彭胜亚

2015年7月31日，当国际奥委会主席巴赫宣布"Beijing（北京）"的名字时，北京便注定要成为举世瞩目的一座城市。那年我15岁，还不知道我与北京、冬奥会的距离有多远。后来，高考填报志愿，我最终选择了北京体育大学，其中一个原因就是想参与北京2022年冬奥会。后来，我又有幸选入赛事解说实验班，从进入播音班那一刻起，各位专业老师就时刻跟我们强调：未来你们这一批学生肯定是要为北京冬奥会服务的！

所以我与冬奥会的缘分之种早已生根发芽。虽然没能成为亲身参与冬奥一线工作的志愿者，但是做一名解说员伴随转播画面输出自己声音也足够让我永远铭记。

一、赛前：厉兵秣马

（一）理论课程学习

在刚刚结束的这一整个学期里，我们播音班的核心课程都是围绕冬奥会的冰雪项目展开的。在课上，我认真学习了冬奥会的7个大项及15个分项的基础知识，并完成了这15个分项的解说实践（截取3—5分钟比赛视频，去掉原声，课上现场解说）。在这些大项中，我最终选择了冰球这个项目。因为它是冬季项目里与足球最为相似的，有着激烈的身体对抗和团队配合，最吸引我。

（二）笔试准备

选好自己要解说的项目后，我便开始准备学院组织的专项笔试：翻阅课上笔记，及时巩固已学知识；查阅百度百科，继续补充尚未了解的知识；观看冰球比赛回放，模仿学习解说员的解说方式……

但是我准备得还是不够充分，在第一次的笔试中，我以4分之差没能通过考核。总结这次的失利，我发现我对冰球项目的技术和规则了解得不多，政治知识和文学知识储备也不够。于是，在第二次笔试之前，我针对这些薄弱点继续加强，最终顺利通过了第二次笔试，拿到了解说冬奥会的入场券。

（三）短视频内容制作

确定能参加咪咕文化科技有限公司的冬奥解说实践后，学院老师又给我们布置了发布抖音短视频、介绍冬奥和专项知识的任务。接到这个任务后，我便开始付诸实践。每次拍摄短视频前，我都会认真准备脚本，反复确认没有错误、没有啰唆的语句后再进行拍摄；拍摄时反复多次拍摄，如果一句话、一个字没说好，都重新进行拍摄；拍摄完成后进行剪辑时，也认真检查有无错字，最后再挑选合适的音乐，起好标题，再三确认没有错误后才按下发布键。

在我发布的短视频中，有关于冬奥会历史知识的，也有介绍冰球比赛基本规则的，还有聚集球员带大家了解著名冰球球星的……虽然视频的播放量和点赞量不高，但是我在制作过程中积累了不少冬奥知识，这在我之后的解说实践中都用上了。

（四）场次分配确定，进一步针对性准备

在学院和咪咕文化科技有限公司制定好冬奥期间具体的比赛场次分配表格后，我根据自己要解说的比赛（男子冰球小组赛B组：捷克对阵丹麦）进行有针对性的准备。

1. 搜集队伍的历史资料

我观看了一些丹麦和捷克这两个国家男子冰球队在前几届冬奥会和世锦赛上的比赛录像，了解其历史战绩（包括最高历史成就、近些年的发展情况等），分析队伍战术特点。

2. 搜集运动员资料

球队是由球员组成的，因此了解球员的情况可以帮助我较快地了解队伍的实力。但是毕竟时间和精力是有限的，因此我的策略是：选择队内的几个"明星"球员进行重点了解（成绩表现、技术特点、生活中有趣的小事等），其他球员粗略地了解一下（号码、年龄、场上位置）。

3.解说前通过冬奥会官网看官方数据资料

善于利用官网查找解说需要的资料是很重要的，因为官网给出的数据是最权威的。我在冬奥官网上下载了球队的很多具体信息（球员资料、平均年龄、教练团队等），这节省了我很多时间，让我不用在纷繁复杂的网络资料中分辨正误。另外，每场比赛前几个小时，官网会更新该场比赛球队的大名单；赛中，技术统计（判罚次数、射正率等）会及时更新；赛后，官网提供的详细比赛数据可以帮助我们进一步分析球队及球员的具体表现，从而反思自己的解说是否有不恰当的地方。

（五）配备硬件设施，做好信号测试

除了自身专业知识和技能的强化，硬件设施也是保障解说实践能够顺利进行的重要一环。在之前有过解说经验的学长学姐的推荐下，我购买了合适的麦克风，以便解说时能有较好的声音输出。另外，学会熟练运用解说的工作站也非常关键。因此，我和咪咕文化科技有限公司的技术老师进行了制播站的信号测试，掌握了所有的技术操作。

二、赛时：全力以赴

时间很快就来到了2022年2月9日这一天，我的冬奥解说实践正式开始了。

前一天晚上我整理好了所有需要用的资料，早起去街上打印出来。拿到资料后，我又就一些细节进行勾画、强调。

下午，在冬奥官网给出这次对战的两支球队出场的名单后，我又就出场的球员进行了资料补充。（这段时间我的心情十分紧张，想找更多的资料来"壮胆"）

20:30，开赛前半小时，我连接好解说所需的麦克风和耳机等设备，登录咪咕文化科技有限公司制播工作站，和我的解说搭档许小龙一起等待接收比赛信号。

21:00，球员入场，比赛即将开始。我和许小龙同时按下"准备就绪"的按键，开口说话。我的第一场正式解说就此开始了。

首先主讲的许小龙同学进行开场介绍，之后我和观众朋友打招呼（介绍自己名字的那一刻，我感觉很骄傲！）。之后双方在中心争球点争球，比赛正式开始。

这场解说的分工是这样的：许小龙经验丰富，主要是负责画面描述、战术分析；而我作为第一次正式解说的新人，更多的是向大家介绍冰球比赛中的规则、术语。在这里非常感谢许小龙同学，他一直在努力地抛出问题，给我创造更多开口机会。

冰球比赛瞬息万变，画面运动速度极快，解说员在解说中既要捕捉冰球的动向，又要关注球员的技术动作、战术；与此同时，两位解说员要有着很高的默契度，尽量避免抢话、打断等情况的发生。

以上这些都是解说冰球比赛的难点。在刚刚开始解说时，我和许小龙比较容易出现抢话的情况。我本以为自己抓住了搭档说话的空当，没想到他还打算说下一句，这就出现了两个人同时说话的尴尬情况。后来我不再那么心急，等他说完默数两三秒再开口说自己想说的，解决了抢话问题。

但是对于我来说，在整场比赛解说中最大的困难还是不敢说。一是基础知识仍然不够丰富，害怕说错；二是缺少这种正式的解说经验，我有些怯场。这是我在之后的解说中需要努力去克服的问题。

三、赛后：总结反思

这场解说是我解说的第一场，也是最后一场北京冬奥会比赛，但我想，这绝不会是我在解说这条路上的最后一场比赛，所以从这次实践中发现问题并努力改正比解说实践本身更具有意义。于是赛后我又具体分析了自己整场的表现。

1. 话语密度太稀疏

三节比赛下来，我说的话非常少，大多数时间都是许小龙同学在进行描述分析，给人一种只有一个解说员的观感。

2. 专业知识不够

在直播过程中，许小龙提到了冰球比赛中的"决斗"，并让我给大家解答冬奥会的冰球上是否会出现这种现象。我听到这个词后很慌乱，因为我并不了解"决斗"在冰球比赛中的含义。所以当时我没有接住他抛出的这个问题，场面有些尴尬。

3. 信息捕捉不够敏捷

对于比赛场上的一些形势（如进球、犯规、射门），我的反应慢半拍，有些技术动作由于过快我没能看清，更不知道怎么去描述；当画面给到一些球员时，我不能很快说出他的名字和基本信息（虽然我做了资料准备，但是给到镜头时再去看资料就会慢很多，导致错过镜头，后来再想介绍时，画面就切过去了）。

这些不足归根结底还是两点：一是专业知识储备不够；二是解说经验欠缺。这是我之后需要努力提升的方向。

虽然我只参与了一场冬奥解说，但是这次机会依然是我不可多得的经历和回忆。很感谢学院老师和咪咕文化科技有限公司提供的平台，让我有机会锻炼自己、展示自己。这次是我第一次正式解说（此前除了课堂展示，从未在大型公开场合解说过）。能在北京冬奥会这场举世瞩目的盛会上留下自己的声音，我感到十分荣幸。虽然在比赛中我也出现了不少小失误，但无论是老师、同学还是家人、朋友，甚至是素不相识的网友，都给予了我鼓励和支持。这是我在解说工作中迈出的具有历史性意义的一大步。在未来，我会继续努力，参与更多的解说实践，争取把步子迈得更好更稳！

冬奥会体育赛事解说中的跟画面和跟主体

韦艳鑫

一、单项总结

在这次冬奥解说实践中,我一共担任了4场比赛的解说,分别为:男子单人滑、男子单人滑自由滑(前两组)、女子单人滑自由滑、双人滑。整体解说语言较为流畅,但对话感不强,语调措辞较为单一。接下来将根据不同小项做具体的总结。

(一)男子单人滑

男子单人滑的大部分选手都具备四周跳的能力,所以不存在分析谁能跳四周跳和谁不能跳四周跳的情况,这是和女子单人滑的一个显著差异。男子单人滑的比赛需要分析选手四周跳的个数和种类,提前计算跳跃动作的总基础分值,以便在解说时让观众直观地了解选手的节目难度和其本人的跳跃难度掌握情况。在这一点上,我做了准备,但在实际解说中发挥得并不是很好,经常错过介绍的时机，从而没能把想说的内容在恰当的时机说出来。

鉴于男子单人滑的特殊性，可以对花样滑冰6种跳跃的周数进化历史进行介绍，包括跳跃的发展历史等。加上在北京冬奥会上，日本选手羽生结弦首次在国际滑联认证的赛事中进行阿克塞尔四周跳的挑战，这是比赛的一大看点，也是花样滑冰历史性的突破和挑战。阿克塞尔跳作为花样滑冰6种跳跃中难度系数最高的跳跃，需要向观众进行科普，介绍其难点在哪儿。而这些资料均较为冗长，解说员需要不断精简且不断将语言具象化，才能在紧凑的比赛中进行穿插。这也是我在本次男子单人滑解说中没有完成好的地方。

（二）女子单人滑

女子单人滑与男子单人滑在跳跃上区别较大，所以不能采用和男子单人滑类似的解说思路进行介绍。女子单人滑选手能掌握四周跳的人数并不多，阿克塞尔三周跳和四周跳是顶尖选手的夺分利器，所以把男子单人滑解说中的跳跃进化史完全照搬过来是行不通的。在女子单人滑的解说上，我采用了统计每位选手在不同单跳、连跳成功率的方法，并且针对女子单人滑跳跃多有用刃模糊、错刃、存周的问题，提前记录下了选手在跳跃时需要注意的点。跳跃作为花样滑冰中的重点之一，是解说员经常出现问题的"重灾区"。如果解说员对30位选手之前的表现做不到一一熟悉，那么跳跃成功率和问题的收集是至关重要的。

（三）双人滑

双人滑作为中国花样滑冰的优势项目，需要介绍其优势及过往的成绩。这次解说较多地停留在解说与画面同步，对中国队的优势介绍篇幅并不多。

二、三项通用问题总结

三个小项虽然各自都有其特殊的地方，但是也存在着相通的问题。这些问题普遍存在于这4场花样滑冰的解说中。以下将进行详细总结。

（一）解说被画面牵着走

关于在复盘和总结中多次提到的"错过时机"、"未找到插入背景资料的时机"及"留白过多"问题，我反复思考原因，发现我是被画面牵着走导致的。选手在做动作时，必须同步解说动作；选手在等分时，解说员必须说和这位选手相关的内容；选手在赛前6分钟热身时摄像机拍到了这位选手，解说员必须介绍他的基本信息。我因为过分跟着画面走，所以我"认为"跳出画面的内容都不应该说。然而比赛的程序设置都是一样的，每一组选手上场前6分钟热身，热身结束后选手依次上场比赛、等分，下一位选手上场，依次循环。这会使很多补充的信息没有说出来，整体的解说内容也很单一：介绍选手信息、同步解说动作、报分、介绍下一位选手信息。实际上，在前几组排名靠后的选手上场时，解说员在中间可以突破同步解说的限制，穿插资料介绍，尽量在前面就把气氛活跃起来，否则会造成背景资料没进行科普，专注于选手介绍而很多时候往往无话可说，有大段的留白。解说的确应该贴合画面，但不应该被画面牵着走，控场的应该是解说员而非画面。

（二）对选手没有针对性的评价

虽然我准备了每一位选手的基本资料，但对每一位选手并不是都十分了解，包括他的个人风格、动作特点、个人水平等。这导致我无法判断他这场的表现对他本人来说是发挥好了还是没发挥好。有时候选手摔了、失误了，我会用"很遗憾"来表达，但是实际上选手刷新了自己的赛季最好成绩。这就是因为我对他个人的了解有限。赛前把每一位选手之前的视频资料都看了当然是一种方法，但是有时候这是不太现实的方法，因为时间有限。针对这个问题，采用女子单人滑的解说思路会是一个较好的解决方案，即提前收集好选手的动作信息：跳跃的成功率、执行分（GOE）加或减的情况及程度、步法通常能定几级、旋转是否都能拿到GOE加分等。从技术数据方面对选手有初步的认知，这样解说员在评价时会更中肯，也会更贴切。

（三）解说的专业性问题

花样滑冰的解说终究需要专业知识的配备。虽然在解说之前我已经对跳跃动作、周数的辨认，包括规则、基础知识、花样滑冰知识进行了了解，但是到了真正解说时，受到各种因素的影响，我还是会说错动作或者把跳跃缩写说混的情况。说错并不代表我不会看或我不了解，但是对观众来说就等同于解说员不专业。任何一个失误都会影响解说员的专业性和权威性，所以解说员不能把自己现在懂得的知识认为自己已经懂得很多了，永远都不能抱有这样的心态。比如有些选手把后外点冰四周跳跳得像萨霍夫四周跳一样，解说员应该准确地指出这是选手起跳的问题，点冰像踩刃是会被扣分的。虽然我之前也听说过专业运动员在解说时出现过失误,毕竟在一两秒的时间内选手就完成了一个三周跳或四周跳,转播角度出现偏差或稍微分了一下神,抑或选手的技术不是非常标准,都会导致解说员认错动作,但是冰迷并不会考虑这些因素,冰迷不会去思考为什么解说员说错了,冰迷只会说解说员不专业。所以解说员在解说花样滑冰前需要不断提升自己的专业水平,对选手的了解要深入,将看过的比赛数据化,建立选手的个人档案,这样才能服己服众。

(四)花滑解说员风格问题

在之前的花样滑冰解说中,解说员通常在选手的节目中留白,在选手完成整套节目之后再进行评述。留白的模式在中国花样滑冰的解说中存在了很长时间。一方面,花样滑冰项目在中国较为小众,早些年的关注度较低,所以留白模式对于大部分资深冰迷来说保留了节目的原始性;另一方面,之前花样滑冰的转播权大多在央视,多是央视解说员陈滢进行解说,陈滢的个人风格逐渐成为主流风格,并被大众所接受、习惯。在这个过程中,也不乏反对和不满的声音,但并未对这一风格形成实质性的影响。加上陈滢对羽生结弦的评论多次出圈,陈滢的一次出圈能获得众多羽生结弦粉丝和不太了解花样滑冰的路人粉的喜爱,所以冰迷对其的评价正面多于负面。但是随着新媒体平台的出现,央视的转播远不能满足冰迷的需求,一些网络主播通过转播一些国外比赛,如全俄锦标赛、全日锦标赛等,获得了固定的粉丝群体。随着人气的上涨,他们开始在直播间以聊天的方式进行解说尝试,获得了较好的反响。留白模式逐渐被打破,"唠嗑"模式也渐渐被冰迷接受。近几年,咪咕体育、企鹅体育等新媒体平台逐渐购入花样滑冰赛事的转播权,并且开放"清流"(无解说的)直播。冰迷已经不仅限于通过央视体育来观看花样滑冰的比赛,所以对解说风格的接受度逐渐提高,留白已经不再成为定式。花样滑冰冰迷对解说风格和解说模式的挑剔度很高,在这次的冬奥会中也出现了众口难调的情况。不论是新媒体平台的解说还是央视的解说,都各有千秋。对于观众来说,也是"萝卜青菜,各有所爱"。但无论大众对解说员的评价如何,专业性仍是评价一名解说员的首要标准。解说员不应该被嘈杂的舆论环境所影响,而应不断提升自己的专业能力,时刻保持客观公正,不过分吹捧明星运动员,不贬低有争议的运动员,不刻意迎合受众,不刻意留白或刻意"唠嗑",在保持客观、公正、专业的基础上塑造自己的个人风格。

综上所述,在解说前的基本功解说员还是需要不断打扎实。解说员不仅要不断提升自己的语言表达能力和临场应变能力,还要不断扩大对运动项目的专业知识储备,做到能像裁判一样评分、评判。同时,解说员要明确自己的个人定位,自己是为专业观众服务还是为"小白类"观众服务,这对解说员在语言表达上有很大的影响,也便于自己个人风格的形成和塑造。我国花样滑冰的解说到目前为止尚未形成定式和权威,解说员可以不断探索多元的解说模式,大胆尝试不一样的解说。

冬奥会体育赛事解说中评述的规范性

许小龙

我从来没有想过自己会离冰雪运动这么近，也从来没有想过自己会跟北京冬奥会这么近。

我一直有一个不成熟但坚定的想法：当一个人为了热爱的事情每天都在努力，在成功面前，这个人不需要运气，因为他的所有努力就是他的运气。

这个略带学生气的想法帮助我成功考取北京体育大学，也在一个关键的转折点让我进入了北京体育大学新闻与传播学院体育赛事解说班学习。越努力越幸运的想法也帮助我成为冬奥会比赛背后的一个声音。

我记得当初来到北京体育大学时北京这个城市已经有了非常浓厚的冬奥氛围。当北京冬奥会来临的时候，我想我是一个看客，当时我并不认为我能亲身参与到这么盛大的赛事当中。

但是当我进入了体育赛事解说班之后，一切都变得不一样了。2021年秋季学期，体育赛事解说班紧锣密鼓地展开了为建立北京冬奥会解说团队的一系列工作。我原本是一个对冰雪运动无感的人，但当我体验过北京的冬天、真正见到雪花飘落之后，我发现冰雪对我来说其实并没有那么遥远，尤其是当我看到冰球这个项目之后。在这个学期刚开始的时候，我就问过很多同学想解说什么项目。我当时坚定地表达了我的想法：我想通过冰球解说的选拔。

在刚开始接触冰球这个项目的时候，我是非常迷茫的。我是从零开始，对这个项目一点不熟悉。作为一名北京体育大学的学生，我立刻就意识到我的身边有非常多学习冰球专项的同学，真是"踏破铁鞋无觅处，得来全不费工夫"。

在新闻与传播学院对播音与主持艺术班的课程设置上，会设置许多像竞技体育概论和运动心理学等有趣的体育相关课程。非常巧的是，和我们一同学习运动心理学这门课程的同学就是冰上运动学院冰雪专项的同学。借此机会，我也认识了许多练习冰球的术科生。于是我在课余时间向他们学习了非常多关于冰球的知识。比如在冰球比赛中，最简单的比赛规则、比赛时间、比赛人数、比赛获胜的判定，还有犯规违例的处罚规则等，这为我接触冰球提供了一条"高速公路"。我在这条"高速公路"上快速地飞驰，同时也记住了每一处沿途的"风景"。

2022年1月，我顺利通过了学院关于北京冬奥会解说团队的选拔考试，被分配到了冰球项目的解说岗位，这让我无比兴奋。在两年前，我还是一个自认为跟冰雪无缘的人；在两年后，我成为北京冬奥会冰球项目的解说员。

我一共解说了4场比赛，分别是冰球女子小组赛捷克对阵瑞典和瑞典对阵丹麦、冰球男子小组赛捷克对阵丹麦和瑞士对阵丹麦。在这4场比赛解说中，我经历了从陌生到熟悉的过程。2月5日下午4点，我跟李骜师兄完成了北京2022年冬奥会第一次比赛解说，冰球女子小组赛捷克对阵瑞典。这是我第一次搭档解说篮球之外的项目，我感觉很新奇也很紧张。在长达两个小时的比赛中，我和李骜师兄较为默契地做好了搭话工作，我们AB角分工明确，配合得相对不错。在之后的第二场和第四场当中，我加强了与搭档的配合和情绪的调动，尤其是第二场比赛，即女子冰球项目瑞典对阵丹麦的比赛中。任何比赛的走向都会影响三支队伍的命运。为此我也做了充分的准备，认真分析了中国队的出线形势，以及小组中丹麦、瑞典、捷克、中国的胜负关系。局面非常严峻，所以我在解说过程中也一直强调这场比赛的重要性；同时也一直引导受众中立观赛，既要支持瑞典队，也要支持丹麦队。但是在解说过程当中，由于情绪比较激动，我出现了几次发音吐字不正确的情况。在对比赛规则的掌握方面，我认为自己是有进步与提升的，外国冰球运动员的名字、号码信息也没有念错，这是我对自己比较满意的一点。在最后，我与搭档进行了差不多两分钟的文学性评述，给这场解说来了比较圆满的结尾。到了第四场比赛，我承担B角的任务，我提前搜集了很多人文知识及评论性的描述，但在比赛过程中由于不太适应B角的角色，和搭档出现了抢话的现象。在第二节和第三节的解说过程中，我控制得较为不错。在评论进球的时候，我也能及时进行解说，在搭档对规则有不明白的地方，我也能进行实时的补充。在比赛最后，我说出了"被小美人鱼雕像祝福的丹麦人最后战胜了来自阿尔卑斯山脚下的瑞士队"，这句文学性评述我是比较满意的，在赛前的准备也有很好的反馈。回顾4场解说，我担任了不同的角色，意识到自己对一项运动应该完完全全地了解才有资格解说。但是当遇到比较难以处理的情况的时候，我就暴露了经验不足的问题。在解说的第三场比赛中，即冬奥会男子冰球项目捷克对阵丹麦的比赛中，我第一次以双口解说的方式和女同学搭档。但是很遗憾，由于女搭档经验不足及准备不充分，我们并没有像事先沟通好的那样我担任解说员，她担任评论员的角色。我在整场解说过程中要同时担任解说员和评论员，还要不断给予女搭档鼓励，因为她只有一场解说，所以我尽力地让她开口留下一些声音的记录，这对我来说是一个不小的挑战。即使中场出现了小失误，我还是稳住了情绪，在下半场遵循了少说少错、宁愿不说也不说错的原则来保证直播的质量，同时最大限度减少失误。在最后第三节，我们还是比较圆满地解说完了这场特别的比赛。

　　我觉得这是一次能帮助自我提升的无与伦比的奇妙体验。首先，作为一个南方人，我本来对冰雪运动不是非常了解，但是来到了北京体育大学学习体育解说之后，通过老师们准备的许多冬奥会比赛视频的课堂教学，我开始了解冰雪运动，甚至挖掘到了自己非常喜欢的冰球项目。我自己在抖音个人账号上进行关于冬奥会及冬奥会冰球项目短视频创作的过程中收集了许多关于冰球比赛的规则及冰球项目的发展历史，这帮助我非常快速地了解了冰球这个比赛项目。在之前进行冰球解说练习的时候，我发现冰球与足球和篮球有许多地方是相似的。冰球有篮球的比赛节奏，有许多和足球相似的规则。篮球比赛中的快速攻防转换及非常直接的身体接触对抗在冰球场上时常发生。所以在做关于冰球比赛解说的前期准备工作中，我与擅长解说足球的同学进行过相关规则的交流与讨论。我认为冰球要用和篮球解说一样的三言两语短句的形式进行解说评论，也需要运用足球比赛中的观察站位及战术分析。比如足球中的阵型、防守和越位规则在冰球项目中都有比较相似的情况。所以，我的收获是利用以前解说篮球的经验，并在向解说足球的同学学习后，我把对篮球解说的节奏，以及对足球解说规则的掌握和阵型观察运用到了冰球解说中，这对我学习新项目有非常大的帮助。同时，我还利用在北京体育大学学习的优势认识了非常多学习冰球专项的同学，在向他们了解冰球规则、冰球专业术语的时候得到了非常高效的帮助。

在最后一场解说完后，我特意拍了一个Vlog来记录这个时刻。深夜的11点半，北京飘起了小雪，我从一个在没有冰雪的南方长大的男孩变成了如今冬奥会冰雪赛场上背后的声音。

在这趟旅途中，我以一个冰雪"小白"的身份出发，弄清楚了冰球场上运动员为什么而战。他们是为了国家的荣光，是为了冬奥会的精神，更是为了他们心中对于冰球的热爱。努力就是幸运，这份幸运眷顾了丹麦的男子、女子冰球队，眷顾了斯洛伐克的男子冰球队，也眷顾了中国的男子、女子冰球队。

没有一个人不是在为他们心中的荣耀进行拼搏，体育解说员把这种热血的感觉和这种拼搏的激情，通过比赛画面传达给受众。虽然我觉得我并没有做得很好，但起码我做到了。所有运动员挥汗如雨的瞬间都是我经历过的风景，我深刻地铭记了这些时刻。我也很幸运，能把我自己的声音留在这些荣耀时刻中。

冬奥会体育赛事解说中的胆量训练

薛笑天

四场冰壶循环赛,从混双到团体,从男子到女子,像赛前准备总结里写到的一样,是机会在倒逼我成长。

北京2022年冬奥会是多少人翘首以盼的盛会,其中倾注了多少人的努力和心血。这一点,在冬奥志愿服务工作中,我的体会尤其深刻。这是挑战,也是机遇,这场盛会带来了太多的机遇和成长,解说实践也是如此。对我来说,能够参与到北京2022年冬奥解说实践是人生难得的机会;在播音班学习则是人生重要的际遇。

2022年2月16日解说最后一场比赛后,我坐在桌前浏览着解说链接下面亲朋好友的评论,忽然之间觉得一切都好奇妙,就像3年前坐在高三教室里的我不会想到自己会到北京体育大学一样,踏入北体校门的我没有想到自己会在北京2022年冬奥会上担任解说员的角色。播音班对我的改变是方方面面的,不只在学业上。我在学习和体悟了如何"发声"、说"好听"的话后,也学会了"打开"自己,收获了更加积极的生活状态;和老师们的相处也分外融洽——亦师亦友——一直憧憬的师生关系照进现实。

每次的学习和实践都让我对体育的理解更进一步。为比赛的精彩瞬间欢呼雀跃，为五星红旗高高飘扬而骄傲自豪，感慨运动员一路走来的艰辛与不易，"端详"一个项目发展的前世今生……我发自内心地深刻体会到体育之于个人、之于社会、之于民族、之于国家弥足重要。

我不能说我将来要做一名优秀的赛事解说员，但是"解说比赛真的很酷，很有趣！""体育真的值得！"却是字字恳切。体育记者也好，体育经纪人也罢，或者继续深造，我没有想清楚自己以后要做什么，唯一能够确定的是，仍想和体育在一起。所以这四场比赛对我来说也是一个"寻找答案"的过程，我会思考解说对体育的意义、解说对我的意义。对我个人来说，这是实践的最大收获。

从具体的解说来看，从学期刚开始朱老师的线上、线下两堂课的讲解到咪咕文化科技有限公司冬奥解说项目开启，围绕冰壶展开的笔试、抖音拍摄、解说练习，从北京二七厂的冰壶国家队奥运集训选拔赛到北京2022年冬奥会，我从一个没看过冰壶比赛的"小白"，成长为可以独立完成一场冰壶赛事的解说员。成长从来都是点滴积累的过程，道阻且长，行则将至。不管是哪一场比赛，都有很多细碎的不满意被写在了复盘里，这些细碎的不满意拼凑在一起，或许会作为遗憾留在记忆里。如果不能阻止遗憾第二次出现，至少要少出现几次。

木已成舟，这次的实践表现已成定局，从中汲取养分、总结经验，专注当下和未来更加重要。在下个学期，我们还会学习解说的课程，也一定会有新的实践机会。所以结合这次实践经历，我对自己的成长和不足进行了总结与反思。在接下来的新学期，针对解说实践，我会从以下几个方面进行努力。

1.找到自己的兴趣点

在冰壶、冰球、速度滑冰、花样滑冰这几个冬奥解说实践项目中，冰壶是我最喜欢的，在宁静中期待，在沉默中爆发，是体力、脑力和技术的较量。而冰壶比赛的节奏相对来说比较平缓，不需要很强的爆发力，这一点又很适合我。

每个项目都有自己独特的气质和魅力，关键是要找到自己喜欢的，适合自己的。在下个学期的解说课程中，我们会接触"三大球"和其他项目，我会在这些项目中捕捉自己最感兴趣的。从目前来看，"乒羽网排"是我的一号选择，而它们同属于隔网对抗，所以我希望能从中发现一些共同之处，由点及面，从兴趣点到兴趣面。

2.做好文本整理工作

在冰壶解说过程中，我深刻认识到文本积累的重要性。这个文本整理并不是一般意义上的资料搜集，而是"有个人特色的数据库"。比如一个项目的规则，搜集到的资料是别人的语言，比较书面和官方，但要说清楚、说明白，就要进行加工，变成自己的话。这一点对资深粉丝或者运动员来说，在赛时可以实现瞬间转换。比如王濛在解说的过程中可以用最简洁、精准、有趣的语言解说项目规则，这来源于她对项目有极丰富的经验和深刻的体悟。而对我这个甚至不太合格的观赏体育者来说，就必须进行大量的准备，如冰壶中的"五壶保护""得分壶"，这些经典规则脑子都很清楚，但是要"好听地"解释给观众，就必须经过一些打磨。所以从了解这个项目开始，我们就要做好文本撰写和储备，虽然这很庞杂，但这是一项做加法、滚雪球的工作，可以"循环利用"。

为什么叫整理不叫撰写呢？因为在比赛过程中，照着念最为

"致命"。在冰壶集训选拔赛第一次解说时，我准备了大量资料，但是起了反作用，因为太关注书面材料，导致自己很紧张，没有办法自如地发挥。所以在比赛过程中，起作用的是已经内化的文本、刻在脑海里的文本，而不是"物理"文本。

3. 让练习和实践变得更有效

之前我对听回放比较逃避。这次冰壶解说后，通过听整场回放复盘问题，我逐渐地克服了这个心理障碍。这是非常高效的反思方法，解说员不能因为懒惰和心理不适而逃避。以后的解说练习中，我也要进行录制，回看回听，发现不足，进行改正，困惑的点要及时请教老师，及时解决，不能得过且过，练一次要有练一次的效果，说一次要有说一次的成长。永远不要期待"灵光乍现"，工夫要在平时下。

4. 接触运动员

在解说课上，老师邀请到了很多在各自项目领域非常优秀的运动员，他们对项目的理解深刻而全面，讲解也总是"直击要害"。朱老师在讲冰壶时，我觉得我和冰壶的距离一下子拉近了。在准备冰壶解说的过程中，我也请教了冰雪班冰壶专项的同学，他们非常友善地回答了我的问题，很多想来想去想不明白的点，他们一句话就解决了。在北京体育大学有这么多运动专项的同学，我们应该好好珍惜，我们也要发挥专业所长，给他们一些帮助，一起成长。不光是对项目知识的了解，其实跟他们的相处，也是了解运动员的心理、生活、状态，走近体育的过程，这些对体育解说都是宝贵的资源和财富。

5. 大胆去做

"试试就试试，又不会怎样"——如果想尝试，就好好准备，然后尽力去做就好，不要有过重的心理负担。压力是常有的，也有助于我们保持认真的态度和状态。但是回过头看看，很多之前过分担心的，我们也一步一步走过来了。在这个学期围绕冬奥解说展开的实践中，大家都在不同的阶段出现过不同的担忧，但最后都圆满地完成了任务。有时候焦虑反倒会导致浪费时间和精力。解说员应专注当下，专注积累，不问收获，不问结果，行动就好。

最后，真的真的感恩国家，感恩体育，感恩北京体育大学，感恩新闻与传播学院，感恩老师和同学们！

抓住机遇，迎接挑战，我们一起向未来！

冬奥会体育赛事解说中的资料准备

杨加丞

2022年2月4日，为期17天的北京冬奥会正式开幕，这意味着我们的冬奥解说之旅拉开了帷幕。17天的时间虽然不长，但是我收获了前所未有的硕果。现在我从头想来，点点滴滴都历历在目。

此次实践总共分为三部分：咪咕文化科技有限公司冬奥解说、中央广播电视总台中国之声与北京广播电视台的实习。虽然正式实践的时间只有17天，但是我们的准备工作从2021年9月就正式展开了。

为了做好服务北京冬奥会解说实践的准备工作，学院从学期一开始就制订了明确的计划。

首先，相关课程变动。解说实践课程内容全部调整为冬奥会的冰雪项目，7个大项全部涉及。在课堂前，老师要求我们进行提前预习，做好知识储备。在课堂上，老师为我们详细介绍每个大项的知识，包括历史起源、现状及如何解说；有时还会请相应专项的专业运动员或者解说员为我们讲课，让我们学习到很多知识。同时，老师会要求我们对每一个项目进行解说练习，并在课堂上进行展示，老师进行点评。在这样的循环中，我们对冬奥项目的了解愈加深入，逐渐体会到了冰雪项目的魅力。

其次，专业选拔考核。我们根据咪咕文化科技有限公司提供的解说项目进行了选择，大家都尽可能选择了自己感兴趣的项目，接下来就是为正式的选拔考核做准备。经过4个月的准备，我们在2021年12月末和2022年1月初进行了两轮正式的选拔考核。由于疏忽大意，我在第一轮落选，差点无缘参与冬奥解说。在意识到自己的错误后，我深刻反省并及时查漏补缺，之后顺利通过了第二轮考核，成功获得了参与冬奥解说的资格。

再次，正式实践前直播练习。从2021年12月25日开始，每个正式参与冬奥解说的成员每天都要在抖音上发布一条与冬奥会相关的视频（时长不得少于1分钟）。从2022年1月20日开始，参与央广节目的同学也需要进行抖音直播的练习，每次时长不少于1小时。练习的任务虽然有压力，但正是通过每次的练习，我们查漏补缺、扬长避短，在短时间内能力得到了检验与进步，为即将到来的正式实践夯实了基础。

一切准备工作进行完毕后，在工作开始前，学院领导与老师召开了正式的动员会议，既制定了行为规范和相关规定，也表达了对我们的勉励和期望。带着领导和老师的期待，我们正式开始了冬奥会的解说实践。

我在此次冬奥解说实践中有咪咕文化科技有限公司解说和中央广播电视总台中国之声解说两个任务。每个任务各有重点，因此有不同的收获与体会。

1. 参与咪咕文化科技有限公司解说的收获与体会

对于解说，我自认为还是比较熟悉的。从2021年9月开始，我就正式在咪咕文化科技有限公司解说法甲联赛，积累了一些解说经验，因此对于这次冬奥解说，我很有信心能够解说好。

做好任何一场解说的前提都是准备详细的资料，因此在每场比赛前我都会搜集尽可能多的相关资料。但是由于雪车项目的人员情况与足球完全不同，所以在资料的搜集上我一开始遇到了困难。冬奥会给出的官网上只有基本信息，如国籍、姓名、年龄、身高、体重和参加的项目等，并没有给出运动员的其他比赛成绩和所获荣誉，所以还得从别的信息源寻找。后来我找到了世界青年斯诺克锦标赛（IBSF）的官网，在上面找了需要的详细信息。上面有每一位运动员所有比赛的成绩、所获荣誉，以及个人的一些爱好、理想等可以丰富解说内容的信息，这对我的资料准备提供了相当大的帮助。再加上此前准备雪车考核的资料，我基本上完成了资料的提前准备工作。

紧接着就是正式的解说工作了。此次我一共有3场比赛解说：男子钢架雪车的第三、四轮，女子单人雪车的第一、二轮和男子双人雪车的第一、二轮，分别和徐缘、彭丽霖搭档。3场比赛解说下来，我也有不同的感受。

首先，和徐缘共同解说男子钢架雪车比赛。我和徐缘是远程解说，并没有面对面的交流，而且赛前徐缘的摄像头出了问题，我全程看不见她，所以一开始我俩的配合稍微有一些不够默契。但是随着比赛进程的推进，我俩逐渐找到了搭档的感觉，进入了状态。这场解说对我来说有新的挑战——我担任了B角，也就是评论员的角色。由于在此前的解说中，我都是A角，所以对角色的突然转换，我一开始明显不适应，没有找到B角表达语言的状态。因为B角更多的是评论和讲解动作，所以语言应该更加精练准确。我还需要进一步的练习。之后我逐渐找到了状态，并迅速融入比赛中。当闫文港夺得铜牌时，我和徐缘的喜悦溢于言表，带着饱满的情绪完成了解说。最后想一想，能够解说一场中国队员拿到铜牌的奥运比赛，我们真的太幸运了。

其次，和彭丽霖搭档解说两场雪车比赛。体会最深的一点不是在解说中，而是之前的准备工作。我和彭丽霖在一起解说，省去了交流不默契的麻烦，但是也遇到了一些问题。最大的问题就是两人的工作理念差别较大。彭丽霖由于是第一次正式解说，她有些担心，因此非常重视脚本的制定。我认为不用过于拘泥于固定的脚本，即兴发挥即可，但最后还是按照她的分工进行了部署，最终我俩的配合很不错，解说的效果也不错。这给我的启示就是一定要和搭档提前沟通好，了解对方的工作理念和方式，以免出现问题。

2. 参与中央广播电视总台中国之声解说的收获

我一共参加中央广播电视总台中国之声3次节目，3次节目都是娱乐板块，3次的搭档都是段怡君。

第一天上节目前我还稍有紧张，担心不清楚节目流程。好在中国之声的老师给出了相应的提示，我也提前做好了准备，紧接着就正式上节目了。第一次上如此规模的平台，我多少有些紧张，但是在可控制的范围。我和段怡君在节目一开始都稍有拘束，不太敢插话。但是在主持人的带动下，我俩也逐渐进入状态，气氛也活跃了起来，但总体表现中规中矩。第一期节目后，两位主持人老师和嘉宾白老师都鼓励我们下次再大胆一点，可以更多地插话，勇于展现自己。我在复盘中也写到，要敢于插话，同时得夯实播音的基本功，但在口播的环节我们还是不够从容轻松。

在后面两期节目中我的状态越来越好。在2022年2月16日晚最后一期节目中，我与苗霖老师搭档，学到了很多。我们虽然年轻，但是依旧需要勤奋刻苦，勇于尝试不同的领域，多给自己提供可能性，不断地自我突破，自我进步。

中央广播电视总台的节目虽然我只参与了3期，但是每一期我都收获颇丰。这次实践经历真正开阔了我的视野，坚定了我的目标。

其实一开始的时候，我们对准备工作、在学校隔离有很多抱怨和不满，但是经过这17天的正式实践后，我相信每一个人都是无悔的。在短短的17天里，我经历了此前从来不敢想象的事情，之前我参加过东京奥运会的实习，这次我又成为北京冬奥会的解说员。两次参加奥运会赛事的解说后，我还登上了中央广播电视总台中国之声的舞台，这一切都是无比美妙的经历。所以我非常感谢学校为我们提供这次机会，我也非常愿意为塑造北京体育大学的形象贡献自己的力量。

这次的实践是进步的又一个台阶，但我不会因此自满骄傲，相反，我会更加努力提升自我，为实现自己的目标、梦想而奋斗！最后，我想用一句话勉励自己——不积跬步，无以至千里；不积小流，无以成江海。

冬奥会体育赛事广播节目的语境和语感

张溪乔

在本次冬奥会期间,我十分荣幸参与了咪咕文化科技有限公司、中央广播电视总台中国之声、北京广播电视台三个平台的解说实践工作。在正式工作开始之前,全体同学都在不断加强自己对各个冬奥项目基本知识、基本规则的了解,对北京冬奥会7个大项、15个分项、109个小项进行专业学习,并从北京奥运会的口号、吉祥物、会徽等各项基本信息和北京从申办到筹备北京2022年冬奥会的工作进展等方面全方位、立体化了解冬奥知识。

在整个过程中,我深感知识储备、知识丰富度、综合能力的重要性,以及前期所有准备工作的必要性。冬奥开始前每天一条短视频的更新,能够使我们更加熟悉新媒体语境,更好地锻炼如何用媒体人的方式回应热点。同样,做新媒体也是一个不断探索的过程,在实践中有自己的内容输出,同时也看到了很多优秀的作品,思考如何将自己的专业性和短视频形式进行结合,而且对整体的行业趋势、如何锻炼自己的能力以更好地适应行业有了自己的思考。

无论在哪个平台，无论从事什么岗位的工作，我们都要始终明确服务受众的目的，而且冬奥会承担着国际交流桥梁的重大使命，服务这样的重点赛事时，我们要始终保持思想高度，无论以什么样的形式发声，在内容上始终要坚持党性原则，增强"四个意识"，坚定"四个自信"，坚决做到"两个维护"，在认知方面致力于传播体育精神，讲好中国体育故事。

我们在北京广播电视台主要负责编辑岗和新媒体岗的工作。以编辑岗为例，我们需要为受众提供时新性、准确性和前沿性兼具的产品内容。首先是个人对选题的认知，无论是冬奥会的7个大项、15个分项、109个小项的具体项目规则、其中的看点，还是具体到运动员个人的内容，工作者对选题都要有全局性的把握，有合适的切入点进行思考，这是后续工作推进的前提。这对个人的知识储备及对冬奥会整体的传播方向感知有着较高的要求。

尽管奥运会前期我们都做了较为完备的信息储备，但在实践过程中也从未停止对综合能力知识库的不断扩充，而新媒体岗还需要对当前的新媒体传播趋势、受众偏好有所掌握。最重要的是把握整体的方向、基调，向观众传播正能量，同时思索什么样的内容适合采用几十秒短视频的形式予以展现。二者对选题的要求不同，但对工作者提出的把握热点能力的要求是相同的。

确定选题之后，我们对全篇布局要有自己的想法和思考，从哪个方面切入，详略如何安排，或在短视频中如何进行浓缩并将一个点清晰地呈现出来。在具体付诸文字、落到实处的过程中，我们需要搜集大量信息作为基底。如何在较为繁复的信息中合理地筛选、提取有效信息，并契合热点，有观点、有信息量地进行输出，都在考验工作者的信息处理能力。

实践的效果是相对理想的，经过大家的共同协作，产出的新媒体内容收获了不错的关注度。我们要秉持着一颗敬畏之心，从选题到备稿、组合、发布，始终保持思想高度，致力于传播积极的体育精神。我们要能够适当选取适宜传播和表达的内容进行加工，做到中立客观地输出观点。在体现新闻专业性的同时，我们要最大限度发挥对体育的理解度，体谅和理解运动员真实的成长历程和心理状态，契合冬奥会这个"大舞台"语境，并且为整体冬奥会的传播效果做出微薄贡献。

如果希望每一篇稿件、每一组新媒体内容都满足时新性的要求，一是对关键赛程要有敏锐预测和有效把握，且具备新闻敏感性，能够从中发现可能引发关注的点。二是有前期预案，在具体操作时能够保持较高的效率和出品质量。

在参与咪咕文化科技有限公司解说冰壶之前，我做了很多准备工作，如坚持每天看一场冰壶比赛并挑选20分钟的片段进行解说。12月的时候，我有幸参与了国家冰壶集训队奥运选拔赛第五站的解说工作，这是非常难得的实践机遇，提升了自己的专业水平，也近距离地感受了运动员的生活。我坚持复听自己的解说，和搭档、导播交流，听他们的意见，不断地改善。在正式解说瑞典对阵意大利的冰壶混双比赛时，我深切感受到了这些准备工作的重要意义。

赛前我详细看了两支队伍在冬奥赛程的所有比赛，去发现两队的技术特点，详细搜索了四位选手之前的比赛经历，并应用到本场解说中。我对整体节奏的把握、插入资料的时间都把握得不错，整体而言，我对技战术的分析及预测也都很准确。本场比赛起伏很多，转折也很多，我和搭档基本能够随着比赛情节做好情绪烘托，解说和画面对位，无论是选手拿高分激动欣喜时，还是强队受挫时，我都能有相对合适的表达，我们俩整体搭配比较默契。

不过我在解说过程中也存在不足和问题，在开场解说时间比较短的时候出现了紧张及没适应比赛节奏带来的语速分配欠妥，给人一种着急把话说完的感觉。今后，我会加以调整。另外，在准备材料和解说的时间的匹配上，我还需要磨炼。

除此之外，我还参与了4场央广平台《一起向未来》夜话节目的录制。在节目的整体表现中，我一开始找不准什么时候应该开口说话，后来更加熟悉广播语境，能够自然地接住话口，在自己的话轮有比较好的表现，和搭档有比较默契的配合。在赛前，我根据提示准备了相关话题，所以在节目中比较能聊起来，有比较多可说的内容，也能比较好地把握节奏，没有出现抢话之类的现象。在选择了问题答案后，我能自然地附上自己选择的理由，在轻松的娱乐环节契合节目气氛进行发声和回应。

整体而言，这是一个慢慢熟悉工作内容的过程，且需要在适应整个赛事的前提下进行创新，表达和表现更加自然。我需要再加考量的是如何在恰当的时机主动说话。

北京作为世界上唯一的双奥之城，在整体的服务环节也向社会开放了许多可参与的环节，面对在校大学生提供了很多可以磨炼自己专业能力的平台和岗位。无论是场馆内的志愿者岗位，还是此次北京体育大学新闻与传播学院体育赛事解说班荣幸参与的优秀平台的实践活动，这些机会都十分难得，要求参与者一定具备过硬的专业水平。能够进入服务冬奥环节的工作者都经过了较为严格的选拔，如志愿者在前期需要经过笔试、面试等多重考察。我们在奥运周期开始前经历了知识技能考察、专业水平测试、面试等多重选拔。这是很好的机会，要选择能力适配的工作者参与其中，而选拔的过程也是人才培养的一个重要步骤。

在参与之前，我做了充分的准备。在解说工作真正到来时能够发挥所长，为冬奥奉献微薄的力量，我深感荣幸。同时，这也是对自己的专业水平和综合能力再次提出考验和磨炼的过程。经过这次大型活动，我相信今后大型活动的参与能力、处理事务的能力，以及个人的专业素养方面，均会有所提升。学生以自己所有的理论知识和办事经验全力投入服务冬奥的活动中，并在实践中进行检验。相信此次冬奥会会成为每个参与其中的人最为珍贵的记忆之一，一起向未来。

冬奥会体育赛事解说中的基本意识和能力养成

王笑阳

忙碌的冬奥周期终于结束了，兴奋之余还有一些取得成就之后的失落。在这期间发生了太多太多的故事，我也得到了许多老师和同学的帮助。接下来我将对此次北京2022年冬奥会的相关工作进行总结。

早在我参加选拔时，我就满怀期待，并且非常努力地涉猎各种知识。当我得知我通过了选拔时，虽然非常高兴，但仍然告诉自己"这只是起点"。我努力让自己激动的心情平复下来，更加努力地去查阅资料，观看比赛录像，希望在即将到来的冬奥会上表现优秀，为校争光。

本次北京2022年冬奥会实践主要分为两个部分，一是咪咕文化科技有限公司的解说工作，二是中央广播电视总台中国之声的解说和节目工作。其中中央广播电视总台的相关工作分为赛事解说、《一起向未来·决胜时刻》新闻节目和《一起向未来·冬奥之夜》

娱乐节目。

  首先到来的是中央广播电视总台中国之声的节目。在本节目中我搭档央广主持人方亮老师进行新闻板块的直播。由于本次节目主要以新闻为主，并且结合当日冬奥项目进行讨论，因此在参加节目的前一天我回看了近两日比赛的回放，仔细研究相关规则，总的来说我准备得较为充分。晚间到达央广编辑部之后，编辑老师还为我准备了一些额外材料，因此在前期准备上应该没有什么大问题。在到达中央广播电视总台之后，我拿到了当日的流程单及相关播读稿件，这时我开始利用节目开播前一个小时的时间快速熟悉稿件并且用笔在上面进行断句处理，同时对一些生僻字和选手姓名进行核查，保证在读音上万无一失。在节目期间，有时由于当日采访连线安排较满，留给我展示的时间不是很多，方亮老师抛给我问题的时候，面对非常充分的资料和较少的时间，我的语速变得有些快，以至于我在回看的时候发现有一些小瑕疵。在之后的一段时间里，有时方亮老师在与导播沟通交流的过程中会抛给我一个话题，我需要在两三分钟内的时间进行评述，这非常考验我的临场反应能力及对该项目的知识储备。在这方面，我完成得并不完美，仍有很大的提升空间。有时我只是对比赛进行单方面描述、介绍中国选手的情况，并对准备的一系列相关知识做出评述，而没有对该项目正在进行的看点进行完美的解读，这是比较遗憾的地方。在解说的同时，我希望将我准备的东西尽力呈现出来，于是会东拼西凑，结果使逻辑显得有些混乱。这是我以后需要继续加强的地方。

  接着便是中央广播电视总台中国之声的解说。本次分配给我的场次是北京2022年冬奥会自由式滑雪空中技巧女子决赛。我在前期工作中熟悉了相关规则及判定得分的情况，并且观看了该项目在早些时候进行的团体赛及资格赛，记录了选手们的表现情况及难度选择情况。在本场比赛中仍然是方亮老师与我搭档。在比赛开始之后，我们有条不紊地进行着相关介绍及播报，然而比赛的进行比我想象得快了很多，并且中国选手的表现也越来越出色。因此我在描述方面将中国选手作为重点，并且对其之后的第二轮、第三轮的比赛做出了展望。在三轮比赛的间隙，我和方亮老师进行了相关话题的评述，我也在比赛的间隙对选手的实时得分排名及晋级形势做出了快速分析和反应。我和方亮老师在进行相关评述时也更加侧重评价了中国的两名选手、澳大利亚名将及美国队"黑马"。在比赛的最后阶段，我对中国队两名运动员的评述仍需提高，尤其是中国队在夺冠之后的评述，仍有很大提升空间，但是从整体来说我解说得还不错。

此外，就是中央广播电视总台中国之声《一起向未来·冬奥之夜》节目。在这个节目当中，整体的氛围比较轻松，以知识竞猜和聊天为主。由于我有在东京2020年奥运会期间录制中国之声节目的经验，因此在此次参加中国之声节目的学生中我的经验相对丰富一些，这也给了我极大的信心，并且我在前期与编辑部的老师都保持了非常良好的沟通。在节目中我也利用好了这一点，能够非常好地与嘉宾及主持人进行交流，并且获得了老师的好评。

另外，本次冬奥周期我在咪咕文化科技有限公司进行花样滑冰项目解说。这对我来说是个不小的挑战。我联系了我在美国的好朋友（花样滑冰的大V博主），与她进行了多次的视频连线，她教我如何辨认相关动作并介绍了观众喜欢的解说方式。通过与她的交流，我学到了很多知识，她帮助我快速地在这个领域中成长了起来。此外，通过与她的交流，我完成了从花滑解说员到花滑专业爱好者的转变。这使我能够非常好地从专业角度出发进行点评和论述。在解说第一场比赛时，我虽然发挥得不太好，出现了认错动作等低级失误，但是在比赛之后我很快调整好了心态，更加努力地去投入准备下一场的比赛中。在第二场比赛中，我完全克服了所有困难，相当出色地完成了评论工作。这带给我的不仅是解说能力、临场反应能力等能力的提升，还有在发现错误之后在短时间内改正错误能力的提升。这是本次解说任务带给我的最大收获。

总体来说，通过这次冬奥周期的活动，我深刻感受到我真的非常荣幸能够参与到北京2022年冬奥会的活动中。我明白想要成为一名合格的解说员，需要具备正确的意识，在主持、解说过程中应坚持党性原则，保持政治敏锐性，增强"四个意识"，坚定"四个自信"，坚决做到"两个维护"，正确引导舆论，传播体育精神，弘扬中国传统文化，致力于讲好中国故事，传播好中国声音，这是一切的前提。中央广播电视总台作为"人民的喉舌"，其作用不言而喻，这就要求我们时刻保持清醒的头脑，秉持一颗炽热的爱国之心，为社会传递正能量。在之后的解说生涯当中，我也将不断地自我反省，精进自己在解说方面的业务能力，努力提升自己的专业性，成为一名有温度、有思想、有能力的专业性解说员。

我要感谢北京体育大学新闻与传播学院、咪咕文化科技有限公司及中央广播电视总台中国之声的老师，正是有了他们的努力，我才能够有机会完成我在北京冬奥会上发声的梦想。我也要再次感谢所有帮助过我的老师和同学，正是有了他们的帮助，我才在本次冬奥周期能够有理想的表现。

之后我会更加努力地学习，为校争光，为体育强国奋斗，为社会传递更多正能量。

冬奥会体育赛事解说中的复盘体会

段怡君

时间很快，遥想北京2022年冬奥会开幕倒计时100天时，当时我对北京冬奥会的距离感还是很强的。而今我们完成了解说实践，北京冬奥会也到了闭幕式，我们回味百般，内心沉淀的更多是不舍。这份不舍来源于付出的努力，更来自在实践过程中的所学所思。

我对本次实践工作准备主要分为三个阶段。在第一阶段我进行的是比较笼统的准备，目的是了解冬奥会、走进冬奥会。在距离冬奥会还有一年时间时，我会有意识地关注北京冬奥会新闻，学习习近平总书记关于北京冬奥会的相关发言，在笔记上记下北京冬奥会的历史、项目渊源等基础常识。第二阶段是在倒计时100天时，学院老师开始集中组织冬奥会实践资格选拔考试，在这一阶段就是加强自己冬奥、人文常识及体育专业相关知识的储备。至今我还记得在考试前挑灯夜读的场景，我像海绵一般疯狂汲取知识。在前两个阶段的大量输入后，第三阶段的核心是输出，通过输出的方式巩固输入。形式是老师敦促结合自我敦促，老师在群里布置解说片段及评说比赛的打卡视频，后期有抖音、快手直播宣讲冬奥知识，这一系列都是在模拟熟悉即将面对的冬奥实践活动。在这个过程中实现了两个效果，一是我们熟悉了未知的实践环境，如在与搭档主持节目时对自我定位的把握、与搭档的节奏磨合。二是在宣讲的过程中我们更好地巩固了知识，积极寻找一种讲解的状态。在这三个阶段我收获最大的是收集整合资料的能力。

在本次北京体育大学新闻与传播学院、咪咕文化科技有限公司及中央广播电视总台共建的实践机会中，我主要承担咪咕文化科技有限公司三场冰壶比赛解说及中央广播电视总台9场节目。虽然我在前期做了大量准备工作，但是到了实战环节发现尚未准备充分。在北京冬奥会开幕式的前两天，挪威对阵捷克的冰壶混双比赛解说是我此次北京冬奥会的第一次解说实践。在麦克打开的一瞬间，我明显感觉到自己有些紧张，但好在渐入佳境，结合自己平时对冰壶的大量广泛备稿，我完成了一场顺利的解说。我在赛后复盘总结时，尤其是与冰壶专业运动员张为相比较发现，自己虽然语音语貌状态不错，但是对冰壶深度的技战术分析欠佳，而这个复盘评价也是贯穿我的三场冰壶解说实践的。希望此次冬奥会结束后，自己可以持续关注冰壶，夯实对技战术打法等更深层次、多维的赛况评述能力。如果在咪咕文化科技有限公司实践是考察我的比赛解说功底，那么中央广播电视总台则更加偏重考察我的播音主持专业功底。在做节目过程中，我此次冬奥会实践过程收获最大的就是与业内翘楚搭档学习。之前只是在书本上学到"主持人是节目的灵魂，起到穿针引线的作用"，读到这些话的时候我并没有太深的感触，但是在我坐到方亮老师、郝迪老师身边开始做新闻节目时，他们的控场控时能力、语言表达能力、即时总结连线人话轮主题能力、即兴评述能力、控制节目氛围能力等让我深感震撼，这也让我实现了播音主持创作道路中的"深入理解—具体感受"一环。在感受过后，我便开始模仿搭档老师的状态，虽然在这个过程中这种模仿略显笨拙，但是实践的成果自认为还是很不错的，最重要的是我找到了专业的感觉。这是最富有灵气的核心。

而在此实践过程中，最重要、我提升最多的是通过每一场复盘总结出的经验。复盘看似多此一举，但就是通过这种可视化的反省，认识才能更加深刻。工业需要延长产业链才能提高价值，专业实践也是如此，将每一场实践的潜在价值激发出来，从而实现整场实践的最大价值。在对9场央广节目和3场咪咕文化科技有限公司解说实践进行复盘后，我总结了以下几点。

首先，语音语貌。这个问题在咪咕文化科技有限公司解说时我没有发现，但是在与央广经验丰富的专业主持人搭档时我才发现，自己的声音无论是对象感、声音厚度还是咬字，距离"天花板"主持人还有很大的差距。针对这一问题，我在今后的学习生活中应该注重自己的声音质感，日常练声不能停。

其次，体育知识储备。这个问题是我在咪咕文化科技有限公司解说时暴露的。虽然我对基本的规则及比赛背景都比较了解，但是对更深层次的技战术分析欠佳，尤其是在赛后观看同一场比赛时冰壶教练张为进行的解说评述时，才知道自己的冰壶解说多是对现象的描述而非对本质的挖掘。作为一个专业解说员，除了衬托比赛氛围，还要去挖掘观众不能注意、无法注意的点。今后，我应当继续观看冰壶比赛，让自己逐渐走上专业、客观、理性的解说道路。

再次，逻辑思维能力。这个能力其实贯穿生活的方方面面。在本次实践过程中令我印象最深刻的一个瞬间，是在夜间新闻节目中我与方亮老师搭档做连线时。当时的情景中设置了两个问题，我在提问连线人第一个问题时，以为他会将第二个问题一起回答，因此没有提问第二个问题。连线结束后，方亮老师问我没有提问第二个问题的原因，我跟他讲完之后，他悉心地为我分析记者回答问题的逻辑，回答的内容其实是无关第二个问题的，是即时分析，这种能力让我很有感触。主持人起穿针引线作用的核心是逻辑思辨能力，如何在短时间内抓住对方话轮的重点、重心是需要长时间积累培养的。对于这一问题，我需要从两个方面下功夫。一是借书本明智。二是在生活中要养成善于思考、勤于思考的习惯，在与对方谈话时把每一场谈话都当作自己的一场采访，牵头拽尾，在这个过程中提高自己的思辨能力。思辨来自强大的知识背景，主持人只有有足够丰富的知识储备，才能随时随地做类比、对比、数据分析。在知识储备方面，娱乐项目的苗霖老师给予了我启迪与思考，每当话题中需要一些比较冷、小众的视角时他都能给予回应，而这些内容都来自他日常节目中的积累，也就是播音专业中所讲的广泛备稿。做生活的观察者、智者是每一个主持人都应当做到的。

在观看北京冬奥会开幕式《立春》时，我的脑海里蹦出的第一句话就是"疾风知劲草，烈火见真金"。在新冠肺炎疫情蔓延全球的背景下，中国顶住压力、担起责任，给世界送去了一场"团结友爱、公平竞争、相互理解"的奥林匹克盛会。尽管我们已经不再需要向外界极力寻求证明与认同，但这份自信与大气还是在此过程中如兰花一般幽然绽开。在这种宏观叙事的大背景下，我处于怎样的位置呢？此次北京冬奥会的实践给了我答案。

冬奥会体育赛事解说中的积累与输出

张泉玥

在这次冬奥咪咕文化科技有限公司解说实践中,我很幸运地找到了自己感兴趣并适合的方向,同样幸运的是,我遇到了认真负责和全力工作的老师和同学,是他们改变了我,鼓舞了我,让我变得比以前更自信。

在没接触体育解说之前,我时常陷入自我怀疑和对什么事情都提不起兴趣的低落情绪中,这实在糟糕透了。也许是因为在高中这样一个以学习成绩为主的时期,我的成绩并不是很好,爱好和理想都被压制和否定。那时的我十分在意他人对我的看法,担心别人笑话我接近尾端的排名,笑话我成绩不好、梦想不少。不知出于什么心理,我急切地想在学习以外的方面展示出自己的才华和能力,现在想来,这是一种多么自卑的想法啊!我也曾一度想知道究竟何时我能再次提起勇气去追逐自己心中的热爱。何其有幸,现在的我已然一点一点抛弃那些负面情绪,也逐渐不在意他人的眼光,我想这很大程度上归功于自己的勇敢和身边老师、同学的感染。而在这次解说任务中，我最大的收获便是自我认同。

此时此刻的我在慨叹幸运的时候，也有一种实现梦想的满足感。在20岁之初，我能够参加冬奥冰壶项目的解说，并完成自己的解说首秀，虽然不足的地方还有很多，但迈出了第一步，便意味着我还有机会和可能继续往前走。

除了自我认可，我还体验了一把将知识和能力牢牢握在自己手里的踏实感，在不到3个月的时间里，竿头日上的状态得益于学院领导和老师的敦促。在这个过程中，我学到了很多专业知识，以及作为一名解说专业的学生如何高效备战的方法。不同于夏奥会，冬奥会绝大多数项目并不被大众熟知，而作为一名解说员，最主要的还是掌握丰富的冬奥知识，并储备大量的专业技能。我们要对项目仔细浏览通读，记下参赛规则、器具规定、服装特点等专业知识，以及一些细枝末节的数据，然而光有基础知识还不够，为了提升内容的趣味性，我们进行了抖音直播训练，用年轻化的视角来理解每一项运动，并和同学分享自己总结的知识脉络，互相借鉴学习方法，提升学习效率。也许这些准备还不足，但重要的是我学会了敬畏，对专业知识的敬畏，对体育解说的敬畏，因尊重而敬畏，既敬畏这次解说工作，也敬畏奥林匹克体育精神。

一名好的解说员不应当局限于体育解说，要眼观六路、耳听八方，及时更新自己掌握的信息，有针对性地记到本子上，时常翻看加深记忆。对一名解说员来说，讲好普通话非常关键。作为一名学科生，相较于播音专业的同学，我们缺乏语音发声方面的训练，所以上课认真听讲、课后多做练习、主动跟老师交流，是我们学习的唯一捷径；同时，将搜集到的相关视频反复观看，模仿解说员的语气语调，学习专业解说员的规范用语，运用表象训练的方法，想象运动员在赛场上是怎样的心理状态。还记得在抖音上录第一次视频时我需要提前背稿，慢慢地我发现，当我真正对所讲内容抱有真情实感时，语言会脱口而出。体育解说在大多数情况下是即兴表达，而即兴表达最关键的部分之一是提升表达欲，就是对所讲内容产生浓厚兴趣。解说既有"解"也有"说"，而"说"的感觉很重要，在整个解说过程中要有情绪的起伏。专业知识只有烂熟于心，解说员才能在比赛的时候脱口而出。解说员在讲解时要清晰明了，对赛事画面尽可能做到看到什么说什么；文化知识应该做到准确应用，如一些名言、修辞形容词的运用。这在日后的学习和生活中解说员要重点关注并加强积累，对于好的资料要反复观摩加深记忆。对于赛点，虽说解说员不应追求出金句，但这应当是一个积累的点，在最后的结束语中，一段精练的话语往往能够起到画龙点睛的作用。

2022年的冬奥会是我看得最认真的一届冬奥会，不仅因为它在北京举办，更多的是我体会到了竞技体育的魅力。我们在观看比赛的时候，会为选手在失利时紧张担忧，也会为他们取得好成绩而呐喊助威，我们感动于运动员不断突破自我、拼搏奋进的精神。我想竞技体育的魅力便在于此，不断超越人类的极限！比如自信、开放、霸气的天之骄子谷爱凌凌空而飞，心中自有海阔天空。我们在欣喜她表现优异的同时，也折服于她遇强则强的精神。再如一鸣惊人、腾空出世的苏翊鸣。无论是17岁的苏翊鸣还是18岁的谷爱凌，二人都用实力创造了中国滑雪的历史，而这两位00后小将也在赛前互相寄语"玩得开心"，将比赛当作一次"玩"的体验，他们不是为了打败其他人，不是为了争金夺银，而是追求卓越、超越自我，享受体育带给他们的快乐。

这也使我深受启发，其实在学习和未来工作中，我们同样需要这样的心态。不抱目的地努力准备，享受过程，无论结果如何我们都全力以赴。一名解说员或主持人，无论你说得多么精彩，倘若并不能打动观众，一切都是空谈。专业和富有激情的前提是努力付出与热爱。因此，知行合一，用一技之长尽己所能去做事，是我们实现梦想的最好姿态。

至于不足之处，我想有太多太多，改正的不二法门是每天坚持积累，坚持阅读，练好基本功，把这些看作同吃饭、睡觉一样必不可少。无论是解说还是主持，想把它做好实在太难，但千千万万句话不如一次行动来得实在。希望自己在日后的学习中再努力一些，能将每一个小小的积累与进步落实到位，提高积极性与行动力，扎实准备，少贪玩、少偷懒。

冬奥会对我们的重要性不言而喻，它不仅是人生的机遇，是磨砺自己的机会，也是我们国人共同的期盼。在如此宏伟的体育赛事中完成解说直播首秀，说不紧张是假的，而学会把压力转换为动力对现在的我而言已不再是一个抽象的概念。对丁木来，我们应在冬奥会上展示北京体育大学的风采，正如李岭涛院长所言，擦亮北京体育大学新闻与传播学院的金字招牌。学院为国家战略服务的初衷，为个人成长实践提供平台的想法，使我们有机会触碰冬奥，去实现梦想，更重要的是有目标地积极努力。

盛世之时，我们风华正茂，能够遇上冬奥，这一定是我们生命中一段最为闪光的经历。我不禁感叹，这一切真美好，美好到让我忘记了自己的无知与不足。在闭幕式上，运动员笑意昂扬、洒脱畅快地走在一起，欢呼在一起，我这才感受到冬奥给我们带来的无上荣耀感和幸福感。无论在台前与幕后、赛场与场外，为了圆一个冬奥梦，每个人都在默默奉献。在聚光灯后，他们用热爱和奉献绽放出最美的光芒。希望在落下帷幕之后，在春暖花开之时，我们会一次又一次地重逢。就像那段话所说的一样：当我对所有的事情都厌倦的时候，我就会想到你，想到你在世界的某个地方生活着、存在着，我就愿意忍受一切，你的存在对我而言很重要。

冬奥会体育赛事解说中的基本素养

贡广禄

我始终认为自己是个幸运儿。经过漫长的备战与层层考核，我成为北京体育大学新闻与传播专业体育赛事解说方向的研究生。更幸运的是，我来到北京体育大学的第一年就恰逢我国举办冬奥会，承蒙学院厚爱，我第一次解说实践的对象就是这个国际性的体育盛会。

我选择解说的项目是冰壶。我为什么选冰壶呢？首先，冰壶又称"冰上国际象棋"，极其讲究谋略与智慧，需要看一步想十步；其次，冰壶比赛中的后手权十分重要，可能前期屡屡受挫，到最后一次后手出手才"一球定乾坤"扭转局势；最后，冰壶是一种绅士运动，运动员相互尊重礼让，不讲究激烈的身体对抗与侵犯，一切对弈都以壶体为中介。总而言之，冰壶这项运动是智慧的博弈，是后发制人的追求，是以礼待人的体现。冰壶虽不是发源于华夏大地，但它无处不在体现着中国文化的内涵，在我们拥有高度文化自信的今天，冰壶很难不让国人产生喜爱之情。但作为一种讲究智慧与脑力的运动，解说起来也并非易事。在经历了5场解说之后，我有了自己的一些心得体会。

一、了解运动的底层逻辑是解说的必备素养

作为体育赛事解说员，对所解说的项目要有最基本的了解。当了解一项运动的底层逻辑时，解说员即使没有准备非常充足的材料，也能判断比赛的宏观局势，从而能有所言说。比如在短跑项目中，最重要的几个要素是起跑、节奏与最后的冲刺。那么在解说过程中，解说员要着重分析运动员起跑的时间、起跑速度、起跑时是否被干扰，中间节奏、速度变化，冲刺时间、冲刺速度、其他选手的相对位置与速度等，将整个比赛过程进行解构分析。

我们将短跑类比至冰壶项目中，如传统的四人组冰壶比赛，一场四人组冰壶比赛一共有10局，我们按开局阶段（1—3局）、中局（4—6局）、后局（7—9局）和最后一局进行解构分析。在开局阶段，我们常常通过第一局第一投的先手方判断哪一队获得了LSD（最后一壶头准）比赛的胜利。对冰面的掌控能力是冰壶运动员的基本素质之一。在开局阶段，我们往往强调对冰面的观察和熟悉，所以解说员可以通过对投壶、击打等技术动作的完成度来判断运动员当日的实力水平并加以评论。在中局阶段，我们开始强调双方从宏观战略到微观战术的对垒，此时应着重观察竞赛双方的打法区别，是偏激进强硬的进攻型打法，还是偏灵活保守的防御型打法，并对双方的战术布局进行评论。前有铺垫，后有厮杀。在后局阶段，解说员应该对大比分进行分析，如果双方比分相当，应细化到具体各局比分变化，看看双方的比分是一直你来我往难分胜负，

还是一方一直领先后被对方一局扭转局势，由此判断双方的士气与技术状态。如果双方比分已经拉开，可以对落后一方的劣势进行剖析，落后一方是战术有问题还是投壶技术状态遭遇低谷等。最后一局往往是一整场冰壶比赛的看点，如果此时大比分已经拉开，那么我们应从防守视角来评判领先一方，从进攻视角来观察落后一方。

二、掌握赛事的关键材料是解说的必须工作

俗话说，"巧妇难为无米之炊"。如果解说员对一项运动拥有底层理解，那么只能做到"可为"，破解不了无米之炊"难为"的问题。所以说，比赛的相关材料是我们的"米"，有了这些才能做出真正意义上的实况解说，才能"大有可为"。

以冰壶比赛为例，在比赛开场前，我们要随着镜头对运动员进行介绍：双方的一二三四垒、替补队员，还有教练员、随队官员等。比赛开局阶段是运动员熟悉冰面的过程，同时也是观众熟悉运动员的过程。所以我们要在运动员投壶时介绍他们的年龄、过往履历、成绩等。除此之外，我们可以将运动员之间的关系、近期的趣闻要闻等内容穿插于解说过程中，作为"佐料"对我们的解说盛宴进行调味，实现锦上添花的效果。没有这些内容，我们的解说就会像白开水一样食之无味、弃之可惜。

三、描述镜头的关键内容是解说的基本能力

初次接触赛事解说这个工作时，我的浅薄理解就是"看镜头，说"。在第一场解说直播开始之前，我准备了大量资料与文稿：开

场词是直接整段写出来的,甚至开场的战报分析也是洋洋洒洒几百字。除此之外,我还有大量的运动员资料、国家队资料、比赛规则和相关常识等。当时我对自己的充分准备感到十分满意,认为资料可以弥补我经验上的不足,缓解心态上的忐忑,但其实不然。我对资料的过度倚重导致我在整场解说的过程中消耗了大量时间来念稿,有时镜头已经切到下一位运动员了,我还没有把上一位运动员的相关资料介绍完,这种解说桥段完全成了我的"自嗨"之举。

解说员是要站稳大众立场、为观众服务的角色,所以要走近观众,说他们想听的,不能自顾自地做资料朗诵机器。我现在对赛事解说的理解到了"看山还是山"的阶段,做到了"看镜头,说"。知易行难,未来我要将说的内容质量拔高。

四、分析赛事的关键信息是解说的灵魂

经过5场冰壶比赛实况解说的洗礼,我认为解说员要脚踏两块地板——大众立场和精英立场,才能站稳脚跟。顾名思义,大众立场就是上文说到的服务意识、受众意识,要走近观众,投其所好,说他们想听到的、需要听到的比赛内容;精英立场也万万不可忽视:我们每个体育赛事解说员都是体育爱好者,经过长期观赛与学院培养才走上这个岗位。观赛中所形成的经验与从学院学到的学识是我们相较于普通体育爱好者的竞争壁垒,因此我们才能让受众信服,才能在解说过程中形成对观众的有效传播。在这几场解说实践中,我认为以下几种方式是站在精英立场对受众进行传播:对赛事关键信息进行分析;对比赛结果进行预测;对双方阵容合理性进行评比;对对阵双方的后续赛程提供建议;分析运动员心理(如对运

动员面部特写镜头中微表情进行推测，或对运动员在场上的一些其他行为进行分析）；对运动员的独家新闻进行讨论等。其中最重要的是对赛事关键信息的分析，因为不是所有观众都对观看的运动有透彻的理解，而解说员的一大功能就是作为中介为观众解说场上的局势变化，降低观众的观赛门槛。解决了观众的疑惑，解说员才能被观众信服。

"在实践中学习，在输出中输入"是我在这段冬奥之旅中的最大感悟。感谢我的搭档段怡君、张泉玥、张溪乔、薛笑天，有了各位的陪伴我才能顺利完成这些解说任务。后面我要深挖对解说的专业理解，做好资料准备，练好基本能力，争取把握住学院提供的每个实践机会，为学院争光！使命在肩，奋斗有我！

冬奥会体育赛事解说中的
个体解说和团体解说

曹 智

在北京2022年冬奥会期间,我参与了咪咕文化科技有限公司的冰壶、中国之声自由式滑雪空中技巧混合团体及自由式滑雪女子U型场地技巧共三场解说。虽然我解说的场次不多,但对我这样一个解说"小白"来说这算是一个绝佳的锻炼机会了,能担任北京冬奥会的解说员对我来说更是莫大的荣幸。

一、解说前期准备

北京冬奥会是一个涉及全球、最高级别的冬奥体育盛会,能解说我国举办的冬奥会一直是我的梦想。在研究生一年级刚开学的时候,我就已经开始为冬奥会的解说进行积极的准备了。

经过一学期的精心准备,我对冬奥会的各种赛事规则及发展历史都有了十分详细的了解。知识是基础,也是必备品,对体育解说员来说，丰富的知识储备是基础。在这个学期中，我们解说实践课程的主要内容变成了冬奥项目，这也是在为北京冬奥会做准备。在学习之后，我们便开始了对解说员的考核。在2021年12月，也就是学期末的时候，我们先后进行了普通话语音的考核和冬奥项目专项知识的考核。在专项考试中是分项目的，不同项目的解说员会接受该项目的考核，在试卷组成上也有不同的题型分配。试卷的开始部分是政治信息常识题，剩下的部分是选择、填空、简答等不同题型的专业知识、项目发展历史、运动规则等全方位立体式考题。我在通过了考核之后，便如愿以偿成为一名冰壶解说员。

此后，在薛文婷副院长的带领下，我们开始每天拍摄抖音短视频，用短视频的形式传播冬奥知识。我认为，发布抖音的任务非常有意义，我们是传媒人，在融媒体时代需要做好个人IP的打造，要具备视频传播的专业素质，这对我们未来的职业发展有很大的意义。我们在进行视频拍摄前，对所说的项目要进行深入的了解，这也直接增加了我们的冬奥知识储备，同时拍摄抖音短视频也锻炼了我们的表达技巧能力，这是在主持和解说中都要具备的基础素质。而且我们尽自己所能传播冬奥知识、宣传冬奥文化，对冬奥的普及和传播也起到了积极的促进作用。

2022年1月，在李岭涛院长的安排下，我们开始每天解说一场比赛，我每天都会选择冬奥会的项目进行解说练习。在一次次的练习中，我不仅了解了冬奥会的各个项目，而且自己的解说能力也有所提高。之后，薛文婷副院长为进一步锻炼我们的主持和解说能力，让我们参加中国之声《一起向未来·决胜时刻》的同学两两搭档，开始轮流进行抖音和快手的直播，同时每天将解说的场次增加到两场。通过5场直播及每天两场解说的历练，我对北京冬奥会及各个项目有了较为全面的深刻认识，无疑为我在中央广播电视总台中国之声的主持和解说打下了更好的基础。

二、咪咕文化科技有限公司冰壶解说

2022年2月2日，我和段怡君搭档解说了冬奥会冰壶混双循环赛的第一轮比赛——挪威对阵捷克。这场比赛非常重要，不仅是整个冬奥会的第一场比赛，也是北京体育大学新闻与传播学院体育赛事解说班的第一场冬奥项目的解说。我们在比赛开始前3个小时就到解说地点进行准备和练习。冰壶是我了解得比较多的一个冬奥项目，虽然在2021年12月因为一些不可抗力因素没能解说国家队冬奥冰壶选拔赛，但我还是看了很多冰壶比赛，对冰壶战术的了解较为深入。

在开赛前我们进行了分工，我负责战术分析，段怡君负责场面及人员介绍，在整个解说中我们配合得比较默契，基本上能做到互为补充。但在比赛的一开始阶段，我总想刻意强调比赛的重要性，说话有些拖音，状态也不是很积极，在郑珊珊老师和许小龙同学的提醒下在后期做了改善。

第二天在回看比赛回放时，我还是感觉自己的整个状态并不是非常积极，声音有些松懈，这是我需要在后续的解说中着重解决的问题，也需要在场面介绍和战术分析上找到平衡。

三、中国之声自由式滑雪空中技巧混合团体解说

2022年2月10日，我和方亮老师一起搭档解说了自由式滑雪空中技巧混合团体的比赛，这场比赛的解说总体来说比较成功。我

和方亮老师的分工比较明确，方亮老师是解说A角，我是扮演嘉宾的B角，方亮老师主说，进行场面的描述和实时分数的播报，我对运动员做完动作之后进行分析并对运动员的特征进行介绍。

比赛的节奏比较快，在预赛和决赛轮之间有一段很长的休息时间，在此期间，方亮老师让我进行点评，并问了我一些专业性的问题，包括在比赛结束之后我们就中国队和美国队的情况也进行了一些沟通。这体现出一个解说员知识储备的重要性。早在冬奥开始之前，我就对自由式滑雪空中技巧进行了详细且全面的了解，在薛文婷副院长让我们直播介绍项目的时候，我也对自由式滑雪空中技巧混合团体的格局进行了梳理，在比赛前期，我把每个国家运动员的资料进行了分析和整理，有了这些储备，我才能对比赛和运动员的情况做出评论。

这个项目是我国一个非常有希望冲金的点，我国一直是自由式滑雪空中技巧混合团体实力最强的国家，但非常遗憾，中国队最后冲金失败，获得了银牌。其实我自己非常失落，但我不能把自己的失落表现出来，我需要安抚观众，为中国运动员继续加油鼓劲。当时我真正体会到了解说员的责任。

但我的解说还是有一些不足，虽然我准备了很多资料，但在方亮老师让我对比赛进行复盘分析的时候，我并没能充分利用资料，评述的时候整体的语言逻辑也没有组织好，导致评述的时候有些语言表达不清，这是我在之后的解说和主持的时候要提升的部分。

四、中国之声自由式滑雪女子U型场地技巧解说

2022年2月18日9:30，我和方亮老师搭档解说了自由式滑雪

女子U型场地技巧的决赛，这也是我最后一个解说任务。相对于主持，我感觉解说还是更游刃有余的，在2022年14日至16日没任务的3天里，我认真学习了U型场地技巧的动作，可以说这是一次比较成功的解说。

  在自由式滑雪女子U型场地技巧的解说中，我和方亮老师也是分工搭配。不同于空中技巧，U型场地技巧运动员在出发前不会对所做的动作进行报备，会根据自己的特点随意进行动作组合的搭配，并且还会根据比赛情况进行临时的调整和更改，这就对解说员提出了更高的要求。在U型场地技巧的解说中，方亮老师主要负责运动员的介绍和分数的播报，我实时解说运动员所做的转体、空翻、抓板等动作，并对运动员的整体表现进行评价。这次解说比较到位。不足之处就是一些抓板我没能注意到，而且转体的方向没能说出来，过多强调转体周数而忽略了转体的方向，这对广播的听众来说还是非常重要的。

  在三场解说之后，我的解说能力有了比较明显的提升，在面对比赛的时候会更加从容，很感谢老师对我解说能力的信任。今后，我一定会进一步提升我的解说能力，打出北京体育大学的解说招牌！

冬奥会体育赛事解说中的素质要求和自我认知

曾逸文

一、概述

在北京2022年冬奥会期间，在学院领导和老师的精心组织下，我有幸作为北京体育大学解说员参与了咪咕文化科技有限公司提供的雪车项目解说，用自己在学校所学的专业知识为北京冬奥会的圆满举办贡献了自己微薄的力量。

在前期学校开展冬奥解说员选拔工作后，我怀着憧憬激动的心情报名参加。当时恰逢学期末，在课程和论文压力下时间较为紧张，自己也曾考虑过放弃，但是由于对参加冬奥转播有强烈的向往，自己利用课余时间不断学习和奥运相关的知识充实自己的头脑，这段经历为后期的转播打下了很好的基础。参加完学院组织的选拔考试后，我的心情非常忐忑，在还不确定能否参加这次活动的情况下，我仍然坚持搜集整理冰壶、冰球、雪车、花样滑冰这四个项目的比赛规则、发展历程、发展现状等解说必备的知识。相对于篮球、足球等热门项目，这些项目在我国发展的时间较短，群众基础较为薄弱，网络上的资料十分有限，而自己之前主要从事篮球解说、采访、拍摄等工作，对这些项目的了解基本为零，这增加了学习积累的难度。但是随着对这些项目的了解，我慢慢地开始对这些项目产生了浓厚的兴趣，特别是冰壶和雪车，如投壶比赛中关键一投的紧张、雪车比赛中弯道的控制技巧，我越来越热爱冰雪项目，更希望自己能参加到这次全球最大规模、最高水平的冰雪赛事盛会中。在准备材料的过程中，我的思绪时常会飞越到冬奥会的会场，幻想着自己和"冰墩墩""雪容融"手牵着手，畅游冬奥会场的每个角落，在高山滑雪场上驰骋，在速度滑冰赛道上飞驰，在花样滑冰赛车上轻盈起舞。

在学院正式确定参与解说的学生名单后，我的心情由激动喜悦转变为紧张，既担心自己的知识储备、经验不足，也担心自己在直播中出现差错。在确定自己的转播场次后，自己开始梳理雪车的发展历史、比赛规则、硬件要求、组织机构、重要赛事、著名运动员、我国雪车发展情况等专业知识。在正式解说开始的前两天，我与负责老师开始试线，并与合作的岳海浩同学分析了可能出现的各种情况。

解说结束之后我收到了各种评价，有激励鼓舞的，也有批评指正的，但是无论褒贬，对我来说这都是一次学习的机会。中央广播电视总台的编辑发文赞扬北京体育大学新闻与传播学院体育赛事解说班的同学加入中国之声的节目中，用综艺模式共同复盘当天比赛、讲解冬奥知识，给节目带来了年轻态的视角、思维和语言表达，吸引了非常多的年轻受众参与互动，打破了传统媒体发展受制于老龄化的严峻问题。此外,《光明日报》对北京体育大学新闻与传播学院体育赛事解说班的"线上+线下"两路解说信号相结合的方式表达了肯定,这种方式既遵守了疫情防控的规定,又打破了实践教学时空的限制。当然也有一些批评指正的声音,如对规则讲解不够明晰、临场反应能力不够强等,这些就像是"苦口良药",是我在接下来的学习中不断克服和改进的地方。

二、个人收获与感悟

参加这次冬奥转播实践,对我个人而言最大的收获是自己专业素养的提升。

习近平总书记向全世界庄严承诺,要把北京冬奥会办成一届精彩、非凡、卓越的奥运盛会,作为展示冬奥会体育比赛重要窗口的解说员,我们自身需要具备极强的综合素质和能力。在经历了一次大型赛事的直播后,我深刻感受到了个人的成长与进步。

首先是政治素质。冬奥会作为全世界冬季项目最高级别的综合性体育盛会,冬奥会电视体育解说员代表国家级媒体发声。在解说过程中,我时刻提醒自己的解说水平和言论代表了国家形象,要坚守国家的政治立场,在重大问题、敏感问题、热点问题上必须把好关、把好度;在解说过程中不显露明显的倾向性;向观众传递正能量,用正确的体育奥论弘扬良好的道德风尚。

其次是新闻传播素质。作为体育赛事报道者,我们要遵循新闻真实、全面、客观、公正的原则,懂得媒介传播与受众心理,才能做好体育赛事的解说报道工作;在大数据信息时代,要拥有较强的信息获取能力,熟练使用新媒体技术搜索、存储和分析信息,以数据化分析服务电视观众，缩减与网络体育解说之间的信息资源差距；要深入了解电视转播制作技术，并且快速适用融媒体技术对电视体育赛事转播的影响，对电视解说制作和播出流程做到心中有数，顺利地完成解说任务。

再次是体育素质。冬奥会电视体育解说人才培养遇到的困境是了解冰雪运动的人太少。体育解说员一定要懂体育，体育解说员要通过语气的变化和语言节奏的快慢及丰富的语调调动观众的情绪，传递自身的体育热情，吸引受众观看体育比赛，使观众身临其境。大量的知识储备是体育解说员必须具备的，解说员既要有解说冬奥会体育项目知识——项目特点、比赛规则、技术难度、运动员的技战术特点，也要了解基本体育原理知识，如运动常识、运动规律、运动生理学、运动心理学、运动人体科学等知识。

最后是思维素质。冬奥会电视体育解说员要运用逻辑思维准确、精练地将受众想知道的信息表达出来，使受众体验到赛事乐趣。对于在赛前准备的大量资料及多年来对解说项目的知识积淀，解说员在比赛进行过程中要能够发散思维综合运用，多方面、多角度、多层级对比赛进行解说评论，及时地进行联想，但是这需要一定的知识储备。

三、个人思考

北京这个我生活学习了5年的城市，这个既古老又现代的国际化都市，全球首个双奥之城，再次为世界奉献了一届令人难忘的奥运盛会，再次向世人展现了中国人民积极向上的精神和力量，再次书写了奥林匹克运动新的传奇。

91个国家和地区，近3000名冰雪健儿，7个大项、109个小项……这是新冠肺炎疫情发生以来首次如期举办的全球综合性体育盛会，是设项和产生金牌最多的一届冬奥会，这届冬奥会给更多冰雪健儿创造了实现梦想的机会。北京冬奥会的圆满成功兑现了中国对国际社会的庄严承诺，为各国冰雪健儿提供了超越自我的舞台，也为疫情困扰下的世界注入了信心和力量。

虽然我在这次冬奥实践活动中收获了成长和进步，但在转播过程中也暴露出一些问题，如发音、与搭档的配合、对现场的语言描述、对比赛气氛的带动等，这些都是我今后努力的方向，也是冬奥会带给我最宝贵的财富。

最后，我要感谢学校，感谢前期协调、筹备这次转播活动的学院领导和老师，他们为我们提供了冬奥会这样的国际平台，并在这个过程中无私地为我们提供帮助。我要感谢伟大的祖国，北京冬奥会成功举办，以其精彩、非凡、卓越赢得世界瞩目和好评，在奥林匹克运动史上留下了浓墨重彩的一笔，它必将成为世界冰雪运动发展的重要里程碑！

冬奥会体育赛事解说中的搭档配合

范吉宇

有幸在北京体育大学新闻与传播学院各位领导和老师的帮助和支持教导下,我在研究生一年级就以体育解说员的身份参与到这届冬奥会之中。在2月10日及2月11日,我参与了一场男子冰壶循环赛和一场女子冰壶循环赛的解说,最终顺利完成了解说工作。在从一个解说"小白"向专业体育解说员的转变过程中,我在各位老师的指导下少走了很多弯路,获得了很大进步,但是同时也存在一些本可以避免却没有避免的问题。后来我又有了许多新的感悟。本文将这些内容结集成文,借此复盘自己的解说工作并指导自己未来的解说工作。

我当时解说了两场比赛,一场是北京2022年冬奥会男子冰壶循环赛的第4轮——英国对阵挪威,这场比赛是在2022年2月11日晚8点进行的;另一场是女子冰壶循环赛——美国对阵丹麦,这场比赛是在2月10日晚8点进行的。比较有意思的一点是,我在这两场解说中的搭档是不同的,分别和丁一岚同学、宛兴海同学搭档。

"看冬奥，上咪咕"不是一句空话、套话，而是一句实话。就我个人而言，平时不解说的时候，利用咪咕文化科技有限公司平台看比赛会得到一种非常舒适的体验，姑且不论超高清的视频赛事直播，单是多渠道、多解说直播就可圈可点。

一场冰壶比赛的完整解说过程并不是在信号给到解说员的时候开始的，在解说员知道自己解说哪一场比赛之后，对这场比赛的解说就已经开始了，只是我们可以分为解说准备阶段、解说进行阶段、解说复盘阶段。

在我知道我要解说的两场冰壶比赛之后，我先找了这两场比赛4支队伍的赛程，丹麦女子冰壶队、美国女子冰壶队、英国男子冰壶队、丹麦男子冰壶队。巧合的是，这4支队伍在我解说的那场比赛之前也都有其他比赛，于是在有这4支队伍比赛的时候，我就去看咪咕文化科技有限公司视频上的直播，以此获得对这些运动员的了解和认识。在这个过程中，我会经常和我的搭档进行沟通交流，在交流过程中，我们会尽量进行合适的分工，这样可以保证我们的效率。我在解说完这两场比赛之后，得到的比较直观的感受是，解说最重要的不仅是比赛过程中临场发挥的描述评论分析能力，还有事先的资料收集整理及适当地应用到比赛过程中的能力。这二者是缺一不可的。我们在观看完这4支队伍的其他赛事之后，也会查找各种资料。我们对参赛队伍的历史战绩、人员构成、运动员的逸闻趣事都有了了解和掌握。而且在前期我与我的搭档已经商量好分工，在正式的解说过程中，我和搭档不会抢着去说同一个话题。这就是解说准备阶段的重要性。

在正式解说的过程中，我们两个人之间也形成了比较默契的配合。这一步工作听起来比较简单，实际做起来还是比较困难的。为了使搭档之间的配合更加流畅自然，我们养成了看对方眼色行事的习惯，当对方的嘴是微张的情况下，我们就默认对方是要说接下来的话，于是就会把时间留给自己的搭档，如果看到对方的嘴紧闭，另一个人就会担负起描述的义务和责任。而且我们的微信同时开着，方便及时从微信消息上获取对方的动向、心理活动。比如当一方的网络出现了问题，很久都看不到画面时，另一方便会担负起单口解说的任务，直到对方的网络畅通。

而在解说完成之后，我们进行了复盘。我们会提出对方在解说中出现的问题，好的地方希望对方继续保持。就这样，我们在互相指点中共同进步。

在解说过程中，有一件事令我记忆犹新，就是在2月11日晚上8点5分，我与我的搭档丁一岚同学共同解说男子冰壶循环赛第4轮：丹麦对阵英国。

早在2021年12月，我们学院进行咪咕文化科技有限公司体育赛事解说选拔的时候，我就整理过相关的冰壶知识，知道冰壶比赛中是有"投降"这种说法的，但是没有深入仔细地了解研究过，因为没有想到在冬奥会赛场上会出现投降认输的情况。

但是巧的是，我那天晚上的解说就遇到了这种情况。在第7局比赛结束之后，挪威队选择了投降认输。当时的数据是8:3，其实作为一名解说员，当时的直观感受就是英国队实在太强了，挪威队几乎没有还手招架之力。但是，这种话显然不能说得太过直白，所以在第6、第7局结束之后，我还是站在挪威队的角度，提出在接下来的三局挪威队需要拿到什么样的成绩才能够反败为胜。但是就在我说完这些话的同时，我看到双方队员已经互相击掌了。这时候，我是有一些迟疑的，但是也不能什么话都不说，因为这个时候观众更想知道赛场上发生了什么情况，所以我说："现在挪威队已经投降了，因为他们知道双方实力的差距及分数的差距，他们几乎不可能在接下来的三局中夺回胜利，扭转败局。所以出于绅士品格，为了保留自身体力，也为了保存对手体力，他们选择了投降，这不是懦夫的行为，相反，这是勇士的行为。"

虽然我们最终顺利完成了这场解说，但是在挪威队投降的时候，我还是迟疑了两秒钟，而这两秒钟就是我在场下下的功夫不够造成的。所以以后再遇到任何一个项目的解说任务时，解说员应该事先对任何情况都准备充分。

因为这是我人生解说生涯的开端，所以我当时和本科同学讲了自己将要进行解说这件事，朋友们也去认真听了。他们对此表示不可思议，仿佛很难将那个正襟危坐、出口成章的解说员与我本人联系起来。

我的朋友作为我相当一部分体量的听众，对我的解说还是比较认可的。而且因为我的解说，他们对咪咕文化科技有限公司产生了好感，决定以后用其观看体育赛事，也对冰壶比赛产生了兴趣，决定以后好好观看冰壶比赛。他们也对北京体育大学新闻与传播学院体育赛事解说班产生了极强的信任，决定以后会好好关注北京体育大学新闻与传播学院体育赛事解说班。

2月10日晚上8点到11点，我与我的搭档宛兴海一起在咪咕文化科技有限公司平台上解说了女子冰壶循环赛：美国对阵丹麦。虽然我们赛前做了比较充分的准备，但还是存在一些问题。

首先，我们两人的话语衔接没有什么问题，但是在两个人都说完话之后陷入了短暂的沉默。在以后的比赛中，我会尽量让这段沉默的时间缩短，尽可能地使我们的解说更加旁征博引、丰富多彩，让观众在观赏体育比赛的同时，还能够感受到中国传统文化的熏陶。

其次，我们比较喜欢对比赛的走势进行判断和推测。虽然大多数时候我们的推测是正确的，但是也会存在失误。这种情况比较影响解说员的公信力。在后续的解说中，我会竭力避免这种情况的发生。

第二次解说在汲取了之前的解说经验后，我自认为有了大幅度的提升和进步。一是自己不再妄下定论，这样就避免了预测错误后的尴尬。二是准备了更为详细的资料，一旦解说中间出现大段空白的时候，我便会拿出自己事先准备好的资料进行填充。

不过在已有问题得到解决的基础上，又衍生出不少新的问题。我在说先后手的时候，因为紧张把两个国家说错了，虽然事后有所补救，但还是产生了不太好的影响，所以解说员应该保持适度的紧张，但一定不能过度紧张。

最后非常感谢学院给我们这个机会！

在这届冬奥会上，我最深的体会就是，95后乃至00后已经开始扛起时代发展的大旗。单就北京冬奥会志愿者而言，很多都是在校大学生，所以青年一代要弘扬奥运精神，不怕苦、不怕累、勇敢向前，这样我们的国家才能更快速地发展。同时，我们应该看到，中国举办2022年冬奥会可以促进中西文化的交流，北京冬奥会可以说是一个大舞台，给予全世界各国人民一个纵情享受和欢呼的大舞台。

一方面，我们通过观看冬奥会开幕式、正式比赛可以凝聚民族自豪感，激发昂扬向上的民族心。观看冬奥会就是戴扬和卡茨所谓的"媒介事件"，北京冬奥会使无数人驻足观看，观看征服、加冕、竞赛。北京2022年冬奥会的意义重大而深远。

另一方面，各国之间的友好交流可以在北京冬奥会时得到加强。各国运动员在共同参与一个体育项目时不仅是竞争对手，而且是一起努力奋斗的伙伴，他们之间的友谊得以加深，他们背后所代表的国家之间的感情也得到加强加深。

同时，举办北京冬奥会还可以使冰雪运动得到发展，正如我们能够看到的、听到的。谷爱凌这个名字已经深入人心，成为超级体育偶像。无数人在这些体育偶像的鼓舞引导下，自动走向冰雪世界。毫无疑问，这两年是中国冰雪运动发展最快、最好、最为澎湃热烈的时刻，冬奥会的开展给了中国冰雪产业飞速发展的契机。同时出现两个现象：一是北京冬奥会吉祥物"冰墩墩"供不应求，无数人渴求拥有一个而不得。这显然是无数中国人对中国传统文化的认可，对中国冰雪运动的认可，对北京冬奥会的认可。二是各地都出现了冰雪运动场，人们竞相相约滑雪、滑冰。以前从未出现在人们口中、生活中的运动得到了人们的认可和喜爱，正在逐渐走向千家万户。

正是因为冬奥会的意义重大，所以在冬奥会的开幕式、比赛过程中是不允许出现失误的，所以任何一个岗位的工作人员都担负了非常重的担子。如今中国国富民安，哪怕在疫情阴影笼罩之下，也为全世界交出了一份满意的答卷。

北京2022年冬奥会是中国在全世界人民面前考的一场重要的考试，所以每个参与其中的青年都拿出了百分精力和努力使我们中国的形象不受任何损伤。在这届冬奥会中，95后乃至00后成为中流砥柱。无论对这些年轻人来说，还是对我们国家来说，这都是一件十分重要的事。他们参与冬奥会，通过磨炼得到更好的成长。在以后的大型活动中，青年应该勇敢地站到台前，这样会飞速成长，不仅在能力上，而且在对国家建设使命承担上，都意义重大。我认为，这是这届冬奥会对青年培养的重要启示。

冬奥会体育赛事解说中的情绪调节

靳家兴

参与冬奥的时光是短暂的。与其说是最后总结一下我这段时间的解说生活，倒不如说是将每次的解说问题进行罗列，再看一遍，反思自我，最后得到提高。

2月3日

今天我要反思一下我自己的解说。

我并不是责怪自己，因为为了这次解说机会我已经拼尽了全力，准备了万字资料。只是第一场解说后，我发现方向错了，导致我的付出没有得到回报。庆幸学院信任我，让我有在下一场比赛中证明自己的机会。

首先，我在这场比赛的赛前陷入了无法自控的紧张情绪中。这种紧张情绪或许来自我对结果的重视、对他人眼光的期待。在下一场比赛中，我就是我自己，轻装上阵，不再在乎他人的眼光，专注于解说的过程。

其次，我的语速太快，超过我思考的速度。有的地方直接做出判断，导致说错。有的地方明明可以静下心来分析，我却直接蹦出了几句话，话语与画面不搭，甚至毫无美感。在下一场比赛中，我要秉承"不该说话就不说"的原则，面对未定的局面，不能脱口而出，而要实事求是。

再次，我的资料拿得太多了，以致我忽略了场上的画面。我需要精简资料，以场上的画面描述和评论为主，资料只是锦上添花。

我始终相信努力就会有回报，下一场中的我必然是全新的我。

2月4日

今天整体的状态要比昨天好，整个人表现得很放松，也适应了北京广播电视台的插播间，但在解说的过程中我还是出现了一些问题。

首先，前面解读场外信息的时间太长，导致传击说成了旋进。以后我一定以比赛本身为主，如果场上不确定对手采用怎样的战术，就接着说信息或者不说。

其次，因为担心中国和加拿大的比分，把意大利总是说成加拿大。在下一场比赛中，我一定以当场比赛为主，并且说话前过一遍脑子，防止说话比脑子快。

再次，介绍场外信息的时候错过了关键球。以后在出现关键球的时候，我一定要聚精会神。

最后，说话还是太快，磕磕绊绊太多。

在以后的比赛中，我一定克服上述缺点，争取在后面的比赛中把失误率降到最低。这是冬奥会，不是让我拿来练手的小比赛，我一定要保证万无一失！

2月6日（第一场）

今天我一共解说了两场比赛。在下午第一场时我的状态最好，除了偶尔留白较多需要更丰富的信息去填补，无其他口误或者失误。而在晚上的场次中，脑子有些空白，也出现了很多需要改进的地方。

首先，还是出现了拿不准但也说出口的问题。今天短道速滑是曲春雨在决赛中出场，实时播报的时候我没有提前查信息，导致最后说成了张雨婷。虽然没有实质性错误，因为张雨婷作为替补也在队中，但如果直接说曲春雨还是会引起误会。

其次，晚上解说时的气息不够平整。与下午相比，晚上解说时的气息略显急躁，有些话一直在嘴里囫囵吞枣。接下来我需要改进的问题是语速适当放缓，把每一个字都说清楚。

最后，需要把每场比赛的状态都调整到最好，平心静气地对待每场比赛。在比赛的时候，我要专心致志把当场比赛解说好，不想其他的比赛。

2月6日（第二场）

今天我完成了冰壶混双比赛的全部解说，整体状态趋于稳定。但在整体稳定的背后仍存在问题，需要改进。

首先，在自己不确定的情况下，不要说信息。有些信息往往是说出口之后，我才知道自己说的不正确。在之后男女冰壶队的比赛中，我一定要避免这个问题。

其次，战术分析需要进一步提升。我在每场比赛后都回看一遍自己的解说场次，分析自己有哪些战术解说错误。以后无解说任务时，我也要每天自己解说一场比赛，精进战术素养。

最后，冬奥会已经全面开始，我在解说时要适当拓展信息，如将"中国首金"这种话题和"王濛解说破圈"适当添加进解说中，丰富话题的多样性，增强与受众的互动，但注意要坚守政治性和专业性，把这两个因素放在第一位。

2月10日

时隔3天，今天迎来了我人生中的第一场冰壶小组赛赛事解说，我给自己打了个及格分。之所以及格，是因为我在解说的过程中没有出现大的专业性错误，并且始终在努力尝试分析战术。而缺的那40分，我认为问题主要出现在以下方面。

首先，解说的战术性还需加强。我在赛后听了我的解说，而且观看了杜泓锐指导的解说，感觉我的逻辑性还有待加强，如为何进行站位、下一个球要怎么放才能与现在的分数形式匹配等。我还需多观看录像学习。

其次，我唯一没有把握好的专业性问题是比赛中选手突然用手做了一个"×"的手势。当时是冰壶上的提示灯出了问题，我在不确定的情况下以为叫了暂停，这种问题的出现是因为经验不足。

最后，我的解说从前到后虽引用了很多其他信息，但总体来说有点平，起伏较少。在下一场比赛中我要把握好解说的节奏。

2月11日

今天进行了人生的第二场4人冰壶小组赛的解说工作，总体来说战术理解比昨天深了一个层次，但是在解说中仍然有些地方需要提高。

首先，对非常重要的五球保护制理解错了，虽然在视频中歪打正着没有说错。五球保护制是指在第6个球投出之前，任何处于占位区的站位球都不许被打成无效球。

其次，在解读的过程中要胆大心细。胆大指积极分析，分析战术总比只描述场面好；心细指注意不要脱口而出一些不专业的解读。

我今天要好好准备一些对中国冰壶历史的解读，特别是对冰壶男队历史的解读，再加上最近我通过观看比赛累积了一些战术分析，我相信明天的解说可以顺利进行。

明天我会在心细的基础上大胆发声，积极分析战术。我始终相信，即使有个别错误，也好过畏畏缩缩。在我的字典里没有"稳"字，只有大步向前。

2月13日

今天晚上，我解说了中国男子冰壶队对阵上届冠军美国队的比赛。在整场比赛中，我的表现比上一场搭档巴德鑫有了更大的提高，但其中仍存在一些问题。

第一，长句子很难改成短句子，还有很多磕巴。下次我要尝试把语速放慢些。

第二，在双方冷场的时候，需要把更多的信息填补进去。这场比上一场我已经有很大进步了，但偶尔还有比较长的冷场。

第三，激动时容易脱口而出。作为解说员要时刻控制好自己的情绪，不能过于激动而导致口误。

今天的战术讲解和对方的配合都很好，希望自己以后可以更好。

2月17日至18日

昨天晚间，我解说完最后三场比赛，与前国手刘金莉老师分别解说了中国对阵加拿大、男子组英国对阵加拿大、女子组英国对阵俄罗斯。

在与刘金莉老师搭档的中国对阵加拿大的比赛解说中，我因为紧张出现了一些问题，如准备的东西太过书面化，为了迎合嘉宾失去了控场能力。在以后的解说中，希望自己能够把握住自身逻辑分析能力和创造力强的特点，在解说工作中越来越好。

我认为自己的说话技巧需要提高，要把握好自己的气口，注意节奏；要听从咪咕文化科技有限公司导师的教导，多练习自己的声音，让自己的气息更稳定、声音更浑厚，在如今辨识度的加持下得到更多的提高。

将这些实践过程又回看了一遍后，我自知还有很多需要提高的地方。在以后的解说生涯中，我会将个人理解的解说标准融入实践的每一秒，争取做更好的"北体出品"。

冬奥会体育赛事解说中的
技战术认知和表达

李 骜

本文是我此次冬奥之旅解说实践层面的个人总结。尽管只有短短的三场比赛解说，但每场比赛解说背后我都有不小的收获。

瑞典对阵捷克

2022年2月5日16:30，我完成了第一场赛事的解说（女子冰球B组，瑞典对阵捷克）。本场比赛是我本次解说项目的"揭幕战"，也是我个人正式参与解说的第一场比赛。在这场比赛的准备阶段，我第一次真切感受到了一名解说员面临的赛前准备的艰辛。女子冰球的比赛，相对来说观众普及度低、资料查询难度大，官网信息的更新与查询存在一定的滞后性，直到比赛开始的前几天，我对自己准备的相关资料才感到满意。此外，技战术方面的学习也是一个漫长的过程，对一个相对陌生的项目，解说员想要充分理解、灵活应用，并非一朝一夕能完成的。

关于我的第一次解说，我认为有三点是值得表扬的。第一，状态良好，我没有出现过于紧张的表现，语言表达相对顺畅，极少出现卡壳情况；第二，学以致用，解说的赛前准备相对实用，我能够加以利用并且积极表达观点，没有出现大的纰漏；第三，万事开头难，对于初出茅庐的我而言，我应当给予自己一定的鼓励。

以下是我做得不太合格的方面。

第一，配合失当。我和搭档许小龙同学共同完成此次解说。尽管我们对A、B角色提前进行了分配，但临场的细节还是存在配合不够默契的情况。这与我们都有其他实习任务、时间相对不够充裕有一定的关系。在进球时，配合方面的问题表现得最为明显，我和许小龙不时出现互相抢话的状况，显得较为混乱。相对来说，许小龙的解说经验更为丰富，配合意识也更好，更多的问题出在我自己身上。

第二，描述困难。作为第一次进行解说的新人，我发现描述场面并不是一件十分容易的事情，很多时候我会陷入词穷的窘境。由于刚接触新闻与传播、播音主持与解说的相关内容，我的语言基本功还不扎实，没法做到每时每刻都进行出色的场景描述和视听转化。有些时候，我和搭档许小龙会出现"各怀鬼胎"的情况，各自描述自己想要描述的内容，也会有"别扭"的感觉产生。解说员只有真正提升语言表达能力，深入比赛、理解比赛，并掌握解说的节奏，才能慢慢克服类似的困难。

第三，资料偏差。尽管我自认为赛前查询的球员信息相对充实，但是对球员名字的翻译、球员的具体履历，我和许小龙还会出现发音不一致、关注的重点不一致的地方。纵使女子冰球运动员比较小众，翻译的问题或者履历的细微差异可能不会让太多的观众感到违和，但解说的严谨性永远都应是我们必须坚持的原则。

第四，节奏不适。冰球比赛的节奏极快，若以篮球和足球解说的节奏则很难跟上，因此对连篮球和足球解说经验都尚且缺乏的我来说，需要一个漫长的适应过程。例如，电视画面可能只给一个球员不到两秒钟的镜头，而你需要快速根据手中的资料对这名球员进行介绍。再如，一次攻门后马上出现了球权转换，而裁判又突然吹停比赛，短时间内发生了太多的事件，这造成我在本场比赛中出现了不少"慢半拍"的情况。

瑞典对阵丹麦

2022年2月8日晚上9点的这场比赛同样为女子冰球比赛（瑞典对阵丹麦），且对于瑞典队，我在上一场比赛前准备了相关内容，因而没有过多地增加相关资料的收集。不同的是，这场比赛是女子冰球的收官之战，影响中国女子冰球的出线形势，甚至会影响整个决赛阶段的对阵情况。因此，这场比赛有更多的新闻性。我将赛事解说的侧重点逐渐向出线形势、各队战斗力对比上倾斜，并对开赛以来的相关新闻有所涉猎，力争以动态的视角解说评述。

值得一提的是，本场比赛由于关系到中国女子冰球能否从小组中出线，我作为一名解说员也有着难以规避的倾向性。客观而论，我的这种天然的倾向性是希望瑞典和丹麦在常规时间内能够战平（这样中国女子冰球才有出线的可能），因此当进球后，我难免会为落后的一方"献计献策"。我和许小龙在节间休息时都意识到，牵挂中国女子冰球固然是好事，但也要张弛有度、保有底线，不要过分跳出这场比赛本身。最终，我们控制得还不错。

在这场比赛中，由于受到上一场比赛的影响，我的发言没有上一场比赛时活跃，有所保守。究其原因，一是担心抢话的情况再次出现，二是担心又谈论到敏感话题。本来我希望有更好的配合效果，没想到束缚了自身。因此在下场男子冰球的比赛中，我提高了重视程度。

瑞士对阵丹麦

2022年2月12日晚上9点的解说是我在本届冬奥会的最后一场解说，也是我在本届冬奥会的第三场解说（瑞士对阵丹麦）。于我而言，这场解说虽是绝唱，但有以下几点重要意义。

第一，从女子冰球转换到男子冰球。解说的内容和资料库发生了变化，我必须重新整理新的资料，才算是真正意义上走进了整个冰球世界。与解说其他场次、其他项目的同学相比，这个工作量更大一些。我也意识到，信息搜集能力至关重要，无论是在撰写论文的过程中，还是在解说的过程中。

第二，从B角转换到A角。在本场赛事解说中，我和我的搭档许小龙进行了角色转换，我承担描述任务更多的A角，尽管这是一个"临时起意"的决定。由于是最后一场比赛，许小龙同学也想让我体验一下A角，自己试一试B角。虽然没有事先准备，但我还是马上同意了交换角色的决定，毕竟这样的机会非常宝贵。在解说的配合上，我也有了一种更加主动的姿态，在经验丰富的许小龙同学的配合下，取得了不错的效果。初登解说席的我虽没有独自承担起解说的任务，但有了A、B角色的交替体验也算是不虚此行。

第三，场面跌宕起伏，双方贡献8球。与前两场比赛相比，这场比赛的质量更高、进球更多，有着崭新的解说氛围。我实实在在地解说了一场精彩的比赛，我的状态也比第二场的时候更加高亢，出现了几次激动到语无伦次的情况。但总体而言，我对解说节奏的把控、语言表达自我感觉比前两场更好，这或许就是高质量比赛的意义。

比赛结束后，我和许小龙都激动不已，甚至有些恋恋不舍。我们不仅为瑞士队顽强拼搏后的功亏一篑而惋惜，也为我们的冬奥服务之旅的完结而感到意犹未尽。

在本次冬奥解说中，我平稳地完成了任务，创造了自己的价值。尽管只有短短的三场比赛，但我对北京冬奥会的成功举办贡献了自己的力量，收获了外界的好评。

冬奥会体育赛事解说中的项目看点和解说表现

刘颖健

北京2022年冬奥会就这样落幕了。我们都知道时间过得很快，还没好好体验就结束了。记得在2017级体育赛事解说班刚成立的时候，我们就知道冬奥会是我们最大的目标。我们为了服务冬奥，在北京的奥运盛会上展现自我，成立了体育赛事解说班。从我们最开始的19人到现在北京体育大学解说团队人丁兴旺，我算得上是整个过程的见证人。

为了准备冬奥会，我在本科的时候就开始做准备工作了，最开始在课程上不仅有解说的专业课，还有冬季奥林匹克专业知识课。本科期间，学院为我们请到了陈滢、刘星宇等国内资深冬季项目解说员面对面讲述他们的冬奥故事，传授他们的经验。在本科阶段，我确实学习到了很多理论，深刻体会到了体育解说的内核。这为我在之后的实践中打下了坚实的基础。

从本科毕业到现在研究生阶段，我参与了东京2020年奥运会的解说工作，也广泛进行了横跨夏季运动和冬季运动的各项赛事的解说。在北京冬奥会正式开始之前，我已经夯实了一定的能力。所以与上一次东京奥运会的学习和经历相比，这一次我更希望自己能展示自己、能出彩。

在本届冬奥会期间，我主要参与咪咕文化科技有限公司平台的解说及中央广播电视总台中国之声节目的录制。

首先说参与的咪咕文化科技有限公司的解说。

我对体育解说还是相当有经验的，与咪咕文化科技有限公司平台也有很长时间的合作，彼此之间都很了解，所以在工作上的配合不会有什么问题。我对夏季运动项目更为熟悉一点，对冰雪项目也有十几年的观赛经历。对于这次解说的冰壶和花样滑冰比赛，我也有一定的积累。

在前期的准备环节，我觉得难度并不大，因为我本身就很热爱这两个项目，而且有过往经验的积累，所以准备工作进行得有条不紊。在整理和积累的过程中，我学习到了很多新的知识。因为此前作为观众，我对这两个项目的细节并没深挖，如花样滑冰比赛的执行分（GOE, Grade of Execution）加分是按照什么原则，不同跳跃动作的基础分值会是多少，在什么情况下会进行加分或者扣分，具体的分数又会是什么……带着这些问题，我搜集了许多资料。而在搜集资料的过程中，我又发现了新的问题。

通过解说比赛，我觉得自己最大的收获是真正深入地体会项目本身，挖掘普通观众不知道的故事、看不懂的难点，然后再把这些专业的知识内化为我的积累。这样会让我很快地成长。对体育解说员来说，我认为最重要、最核心的就是专业性。比起一个舒服的声音，观众更需要通过解说员的解说了解这项运动。而对于资深的观众来说，解说员更需要挖掘更新更深入的故事及他人不知道的细节。体育解说是一种需要终身学习、常年提升的工作。如果解说员停滞不前，总是说重复的内容，就会失去受众。

这次北京冬奥会实践经历无论对我还是对北京体育大学新闻与传播学院体育赛事解说班的其他同学来说，都是一个好的学习契机。在冬奥会之前，很多人可能并不了解冬奥项目，对冬奥会运动也不是多么喜爱。为了能够在冬奥会期间参与实践活动，我看到很多同学从零开始学习，到现在可以看懂比赛，并且能完成一场冰壶比赛的解说。我想他们之后也会继续看冰壶，继续关注冰壶，因为他们不仅懂这个项目，还产生了浓厚的兴趣。这对大家、对我都是最大的收获。

冰壶和花样滑冰比赛的节奏偏慢。我之前更多的是解说排球比赛和网球比赛。排球、网球作为隔网对抗类的竞技运动，运动员的对抗更激烈一些。另外，排球和网球都有明显的停顿点，如分与分之间。在节奏感的把握上，排球和网球更加清楚。冰壶比赛没有明显的停顿点，基本上需要解说员自己去把控。所以我觉得节奏感是冰壶解说中比较难的地方。比如，在什么地方需要留白，在什么时候需要用长句子解释，什么时候需要短平快地描述……不过也正是因为没有明显的区分，不同的解说员可以根据自己的习惯去分配，形成不同的节奏风格。

我在冬奥会上解说两场冰壶比赛，一场是和殷雪怡搭档解说混双比赛，一场是自己单口解说女子4人冰壶比赛。在这个过程中，我刻意地去尝试和体会不同语言节奏带来的不同感受，但是效果并不是特别明显。冰壶比赛中还有一个很大的特点，就是每个运动员都有专门的麦克风负责收声。这是我们可以清楚地听到选手之间的交流和喊话的原因。所以在解说中，我不用太高亢的声音，不能喧宾夺主，让观众能清楚地听到运动员自己的声音。而我的解说是在必要的时候进行补充说明。在语速方面，我也在刻意地放慢，以更加符合冰壶比赛的氛围。

花样滑冰的比赛在某种程度上与冰壶类似。花样滑冰除了强调竞技性外，更强调美感。这份美感也需要通过体育解说体现出来。当然，美感的培养绝对不只有念诗这种方式，它是全方位的，包括声音、内容、情绪。我一共完成了5场花样滑冰的解说，每场解说的时长都达到三个小时，甚至四个半小时。在这个过程中，我也在有针对性地调整自己的话语风格，尽可能去贴切花滑的特点。我还有很大的提升空间，也不能急，因为风格不是很快就能形成的。但是通过这次实践，我有了往这方面努力的信心和勇气。

除了参与咪咕文化科技有限公司的解说，我还参与了央广的节目录制。两者其实还是有挺大区别的。央广更考验我的播音主持专业能力，而这一直是我的短板。除了我，另外几位参与新闻节目录制的同学都是播音专业的，这让我压力非常大。我更加谨慎地对待央广节目的录制。虽然在节目中我说的话并不多，也不需要控场，但是我在上节目前还是把那几句话反复练习，找到适合电台节目的播读状态。最后虽然工作也完成了，但我觉得自己和专业老师间的差距还是特别大。所以我在想，如果从职业的角度考虑，我可能不是很适合这样的平台。我的优势在体育专业知识方面，我需要最大限度地发挥自己的优势。当然，这并不意味着我会停止对播音能力的学习。我还是会尽可能地去提升自己最弱的环节，不让我的声音拖后腿。现在我自认为有了一定的进步，但是远远不够。

总的来说，在这次冬奥会实践过程中，我学习了很多，收获了很多。能在北京2022年冬奥会上留下我的声音，留下我的作品，我深感荣幸。当然，这绝对不是我的终点。我的解说职业生涯才刚刚起步，希望自己在未来能继续前进，把这次冬奥会学到的知识内化于心，让自己更加强大。

冬奥会体育赛事解说中的新媒体编辑工作

徐 缘

2015年7月31日，国际奥委会主席巴赫宣布北京获得第24届冬季奥林匹克运动会的举办权，北京成为世界上唯一既举办过夏季奥运会又举办过冬季奥运会的双奥之城。对于在北京学习和生活的我们来说，这是近距离接触奥林匹克运动、感受奥林匹克精神的好机会。而我也很荣幸通过学院组织的对参与本次北京冬奥会解说和编辑工作的选拔，获得近距离接触奥运、多角度参与奥运、全方位服务奥运的机会。

在本次实习实践中，我主要参与了咪咕文化科技有限公司的解说和北京体育广播的新媒体编辑工作。以下我将分别介绍本次实践的主要工作内容。

一、咪咕文化科技有限公司的解说实践

在本次参与咪咕文化科技有限公司平台的冬奥赛事解说实践

中，我主要有两场赛事，分别是男子钢架雪车第三轮和第四轮的比赛及花样滑冰女子单人滑短节目的比赛。

1. 钢架雪车

2022年2月21日晚上8点20分，我和杨加丞同学开始了本次冬奥会的第一场解说实践。这场比赛是男子钢架雪车的第三轮和第四轮比赛，在赛前我们约定的分工是由我来担任控场和解说的角色，他担任评述的角色。

在开场的时候，我们犯了一个错误，监播老师给出的指示是将信源音量调到30，解说音量调到60，而我们将数值调反了，导致比赛播出时声音过小。从我个人方面来说，我担任控场的角色，但有时说嗨了，而"忘记"自己的任务，幸好杨加丞同学进行了补救。另外，我还存在"口糊"的问题，这可能与我的紧张情绪及赛前口腔打开不够有关，而且有时候我急于"展示"自己的资料储备，语速过快。同时，我的形容词储备不够，车轱辘话来回说，在后续我还需要在文学素质上进一步提升。还有就是自己不能"圆场"，有时候给出了一个还不错的点，但是头脑转得不够快，反而把自己绕进去，导致一段话说得不够完整。感谢我的搭档把我的话茬接过去。

我和搭档之间的配合也算默契，两人都遵守了不抢话的约定（反而出现了两人都让着说的局面，导致解说不够连贯），最后越说越嗨，情绪调动得非常饱满。总而言之，这场比赛对我来说既是"首秀"，也是"谢幕"。非常幸运被分配到如此精彩的一场比赛！

2. 花样滑冰

在原来的赛事分配中，我并没有这次赛事的解说安排，但本该解说这场赛事的同学有场馆服务工作的安排，于是我获得了这次解说花滑比赛的机会。对于这次表现，总体来说我是不满意的。

首先，与上次不同，这次我更多的是担任B角。这对于接受传统播音专业培养方式的我来说有一些不适应，也说明我在平时的练习中并没有涵盖所有范围、所有种类的学习，平时的积累明显不够。

其次，和上次同样的问题是，在紧张情绪下，我的声音、口腔开度没有做到最好，我对声音的运用在平时也没有形成习惯。这是我身上经常被老师指出的毛病，说明我的基础不够扎实。

最后，最为严重的一点，在三位选手的评述中，我的表述并不准确。第一次是选手在结束滑行后没有出现明显的失误，我表达为"第一位没有出现失误的选手"，但其实我想说的是第一位没有出现摔倒这类明显失误的选手。当时裁判打分系统中还有几盏黄灯在等待核验，我却提前"帮"裁判做出了决定。第二次是韩国的刘永跳3A时稳稳落冰，我认定她这个动作是成功的并予以祝贺，而小分表出来时，这个动作被认定周数不足而降组了，可见我当时看得并不仔细。第三次是最后出场的坂木花织的用刃存在问题，一开始是外刃，但是在起跳的一瞬间会变刃，我却说她的用刃清晰。这明显说明我的专业储备不够充分。虽然这个动作最后没有被裁判抓，但远远达不到用刃清晰的标准。

二、北京体育广播的新媒体编辑工作

在北京体育广播的实习实践中，我主要从事的是新媒体编辑工作，主要工作内容是短视频制作及运动员资料整理。

1. 短视频制作

虽然北京体育广播是传统媒体，但是在新媒体平台不断兴起的背景下，传统媒体必然会走向媒体融合之路，因此我们主要做的是新媒体编辑类的工作。台里也希望我们在实习的过程中能够带来一些新鲜血液，展现年轻人的视角，抓住网友关注的热点，制作更加适应平台调性的短视频，同时也能为我们这一段时间的实习留下一些作品。当然，短视频的种类有很多，我们制作的短视频主要有三大类，分别是新闻类、人物类以及技战术分析类。

2. 运动员资料收集

除了短视频制作，我们还有一些文字类的工作，就是整理运动员的相关资料，并分析他们可能取得的成绩及竞争对手的有关情况。在这方面，我们主要通过分工完成，分别整理了花滑、冰壶、短道速滑、冰球、雪车等项目运动员的资料，主要包括这些运动员在以往的世界杯、大奖赛或上届奥运会中取得的成绩、平时训练内容、主要技术动作构成、运动员的优势和不足等。我们主要从奥委会官网、项目国际联合会、运动员的超话或贴吧等途径获取资料，并按照类别整理。

3. 总体评价

本次在北京体育广播的实习过程中，我们按照老师的要求和给出的选题，按部就班地完成每个任务。从一开始的不成熟和对制作形式的不理解到后来的渐入佳境，再到逐渐形成自己的风格，我们每个任务都比上一个任务更上一层楼。我们制作的短视频不仅种类多，而且叙事详细，主题明确，紧随热点，制作及时，覆盖面广，将我们平时在课堂内汲取的知识和校内的实践经验积极运用到了工作中，得到了实习老师的好评。

当然，我也存在着很多不足之处。在短视频制作这项任务中，一开始我不懂得变通，沿用原来画面加配音的方式，没有走出舒适圈。在之后更适应短视频制作的风格之后，我对其范围的把控仍然存在一定的局限。此外，在运动员资料收集方面，我倾向于搜集我原本就很了解的项目及运动员，对不感兴趣的项目总是采取回避的态度。

三、赛后总结

总而言之，能够在北京冬奥会期间以不同的方式深度参与其中，我非常开心和荣幸。在解说的过程中，我不仅发现了自己的闪光点，也发现了其他同学的优秀之处，意识到了自己与别人的差距及还需要改进的地方，我更加了解自己，对自己的认识越来越全面。而在北京体育广播的新媒体编辑工作中，我不仅锻炼了剪辑能力、写作能力，还在看待问题的角度和思维习惯上有了很大的进步。这份经历让我以更广阔的心胸和格局来看待这个世界，感受不同民族、不同文化的交流与碰撞，了解不同的价值观。同时，这也是我第二次走进传统媒体，感受媒介融合的大环境下传统媒体进行的新媒体实践，使我对媒体行业的了解没有停留在书籍和论文中，而是有了亲身的体会和切身的实践。这两个实践机会，一个新媒体，一个传统媒体；一个是本科所学专业的实际应用，一个是研究生所学专业的实际体验。这两个实践机会不管对我未来职业道路的抉择，还是对今后的论文研究，都大有益处。

冬奥会体育赛事解说中的情景再现和状态调整

殷雪怡

"世界期待中国,中国做好了准备。"这是北京冬奥会开幕式的一句解说词。我们看到了中国选手谷爱凌在自由式滑雪大跳台比赛中面对极限的挑战,也看到了在雪橇等项目上中国队实现了从0到1的突破。对于国外运动员,我们丝毫不吝啬自己的掌声。与2008年北京奥运会相比,在北京2022年冬奥会中,我们看到了一个自信、开放、包容的中国。

作为解说员和主持人,我很荣幸能参与到这场盛会中,作为历史的见证者和参与者,我们用自己的声音记录中国体育故事。我们见证了一枚枚奖牌的诞生,也被赛场中迸发出的体育精神一次次打动,这一切经历都让我无比热爱这份富有激情和纯粹热爱的工作。在感动之余,我也有很多收获和体会。

一、前期准备：如何掌握一项冷门运动？

与夏奥会相比，冬奥会的项目由于开展较晚，同时受场地条件、设备设施等因素影响，群众基础较弱。很多项目在国外开展较早，赛事体系完备、数据全面，而国内还处于较为空白的阶段，因此对前期准备造成很大的困难。

在校时，学校利用强大的体育资源邀请了众多专业运动员和知名解说员在线上线下课堂进行讲解，介绍项目规则、起源、著名运动员等，使我们对项目有了初步的了解，提供继续了解这项运动的方向和视角。例如，我在准备自由式滑雪女子空中技巧的比赛解说工作时，通过对资料的搜集整理、对比国内外网站观看大量的动作解析、在国际滑联官网上查询运动员相关资料，对这个项目有了深入的了解。

在实际工作中，我们不仅要精专于某一项体育赛事，还要多涉猎比赛项目，以确保在进行新闻播报或者在新闻节目中进行比赛转播时能及时补充相应信息。例如，在2月19日的《一起向未来·决胜时刻》的节目中，原计划只转播花样滑冰双人滑自由滑，但由于当天赛事较少，连线和新闻并没有完全填满整档节目，于是方亮老师提出用5分钟转播同步进行的雪车比赛。由此可见，我们不能只专注于一个项目，而要做到广泛涉猎，这样才能应对各种突发情况。

二、赛中评述：如何适应广播体的赛事解说？

我们日常接受的学习和训练都是基于视频画面的解说，这次在中央广播电视总台中国之声中进行解说是一次全新的挑战和尝试。在播音学技巧中，情景再现是非常重要的技巧。情景再现是播音员在播音创作中调动思想感情并使之处于运动状态的重要手段，是具有播音特点的重要术语。情景再现在播音中具有特定含义。在满足稿件需要的前提下，以稿件提供的材料为原型，使稿件中的任务、事件、情节、场面、景物、情绪……在播音员脑海中不断浮现，形成连续活动的画面，并不断引发相应的态度、感情，这个过程就是情景再现。[①] 在解说中，我们需要帮听众构建比赛场景，看到的比赛画面就是情景再现所指的"稿件"。

1. 厘清头绪

解说员要结合不同项目规则和比赛流程，知道比赛按照什么顺序开展。从运动员出场、参与比赛到出成绩，每个环节都有不同的解说内容。在运动员出场时，解说员应当介绍运动员的基本信息，包括年龄、获奖经历、本赛季状态、个人技术特点等；在比赛中，解说员应当介绍技术动作，结束后适当评述；在给出成绩之后，解说员要及时介绍排名情况等。其中哪些是应该重点介绍的、哪些是可以省略的，解说员要做到心中有数，详略得当。

2. 设身处地

解说时，解说员应当时刻注意画面中的各个元素，用语言表达出来。例如，在自由式滑雪空中技巧比赛过程中，运动员起跳后和背后首钢工业园遗留下的冷却塔交相呼应，解说员应当用语言描述出来。另外，自由式滑雪是一个小众项目，其中很多动作如果解说员只说专业名词，受众很难形成画面，因此解说员要把动作具体描

---

① 付程.实用播音教程：语言表达[M].北京：中国传媒大学出版社，2002: 33.

述出来。解说员还要把比赛画面展示的内容通过语言使受众获得现场感。

3. 触景生情

解说员在解说时要有积极的反应。赛场上瞬息万变，任何情况都有可能发生，解说员经常需要在毫无准备的情况下看到具体的"景"马上引起具体的"情"。触景生情也是情景再现的核心。例如，我在解说自由式滑雪空中技巧比赛时，看到老将贾宗洋失误遗憾出局，未能进入最后的奖牌争夺，要立刻发出情感的共鸣，引起受众的共情。

4. 现身说法

有时解说员会在前方比赛现场带来转播，由于受疫情影响，这次直播是在场外通过转播画面进行解说。解说员有责任和义务将比赛情景进行消化吸收，经过加工制作后传达给受众，使受众从中受到感染。其中解说员要注意自己语言的简洁性和词汇的多样性，减少口水话的连接，使用更加精练的语言解说。解说员在平时要加强词汇量和好词好句的积累，这样才能在比赛中适时适当地使用。

三、赛后总结：我们如何讲好中国体育故事？

随着世界体育文化的发展，体育领域成为弥合世界分歧、加强各国人民友好交流和促进世界文化繁荣的重要阵地。在新冠肺炎疫情形势依然严峻的情况下，中国依然顺利举办北京2022年冬奥会，为消解世界对新冠肺炎疫情的恐慌，加强世界各国之间的连接提供了重要场域。在北京冬奥会的赛场上，我们看到了各国运动员享受比赛，突破自己。作为解说员，我能参与其中成为故事的讲述者，向受众提供正确的体育竞技观和精神内涵，感到非常荣幸。

各项赛事是竞技体育的核心，是讲好中国故事的重要载体，也是展现中国体育精神、运动员风貌的重要窗口。国内运动员有谷爱凌、苏翊鸣这样的00后小将在赛场上用实力证明自己，在赛场外利用社交媒体展现中国年轻一代运动员的自信和勇敢；有徐梦桃、贾宗洋、齐广璞这样的老将展示中国冬季项目的传统，在赛场上证明自己。解说员要敏锐地把握比赛细节，以小见大。

《华盛顿邮报》2022年1月30日刊发的一篇评论文章称，"北京2022年冬奥会是发扬奥运精神的国际舞台，而不是政治操弄的舞台"。的确，北京冬奥会为各国运动员创造了和谐的环境。相较于比赛的竞争性，本届冬奥会更像是全世界的聚会。解说员应当打破崇尚金牌至上的旧思想，更加重视人类共同情感的传递。通过这场盛大的体育聚会讲好自信、开放、包容的中国故事，才是弥合分歧、让"我们"一起向未来的姿态。

正如谷爱凌曾经在赛后采访中说："我参加冬奥会，从来不是为了打败其他运动员，而是为了打破界限，滑到我的最好。"与夏季奥运会相比，冬季奥运会中很多项目都是极限运动，能更充分地体现体育运动的内核，即不为站在最高领奖台上，只为不断突破自己。解说员应坚持党性原则，保持政治敏锐性，讲好中国故事，传播好中国声音。

冬奥会体育赛事解说中的语用训练

岳海浩

一、解说部分

本次参加咪咕文化科技有限公司的冬奥会体育解说是我人生中第一次参加大型体育赛事的解说。这次宝贵的经历让我展示出了自己的解说实力，但同时也让我看到了自己的不足和可以改进的地方。在每场解说之后，我都对自己当天的解说进行复盘，试图从当天的解说中找到以后可以提升改进的地方。最后我总结出以下几点：知识积累、解说语态、语音语貌用词、搭档配合。

1. 知识积累

有句话叫"书到用时方恨少"，我平时准备的很多解说知识，等到用的时候我才发现这些知识远远不够。在平时的知识积累中，我暂且将这些知识分为两大类：一是解说的专业知识，二是体育人文知识。

解说的专业知识指的是关于该场解说的项目认知、规则明细、运动员个人背景等。掌握好解说的专业知识，就要对项目的认知达到事无巨细的地步。我在本次冬奥会上解说的是钢架雪车和雪车这两个项目。对这两个项目有全面认知是解说好比赛的根基。对项目的认知包括项目的起源、项目何时加入冬奥会、雪车的重量要求、历史上的强队、最近几个赛季的选手表现等。虽然我对雪车的知识了解得比较多，但是仍然有许多值得学习改进的地方；规则明细是观众最直观了解比赛的地方，对规则的了解及向观众深入浅出地介绍规则也涉及专业知识。雪车的出发规则如何？滑行难点在哪儿？若犯规如何判罚？晋级规则如何？解说员在对规则了然于心后，再通过自己的语言形象地将规则传播给观众，就实现了解说的基本目的。运动员的个人背景也是专业知识的一部分，很多观众并不认识即将上场参加比赛的选手，这时解说员对选手的信息、获得的奖项，以及选手的绰号等趣味性内容进行介绍，帮助观众了解选手尤为重要。

体育人文知识指的是跳出具体解说项目，总的关于冰雪运动的知识。这时解说员不仅要具备自己要解说项目的知识，同时还要对其他项目有所认知，并且对整个赛事有总的概括。比如，一些国家面积很大，但是冰雪实力不怎么雄厚；而有些国家虽然面积较小，但是在金牌榜上常居榜首。可能是地理位置的原因，一些国家常年被冰雪覆盖，自然而然有了较好的冰雪基础；也可能是这些国家的硬件设施比较好，有较多的训练设施供运动员比赛训练，让国家的冰雪实力得到提升。此外，还有许多方面需要我们学习。

在了解这两个方面的知识后，如何巧妙地衔接串联也是非常讲究的学问。对比赛状况的处理、专业知识的输出、人文知识的补充，都需要在一次又一次的解说中慢慢积累经验。

虽然我在赛前准备了很多知识，但是等到解说的时候才发现知识的匮乏。知识的积累是一条漫长的路。苏东老师在开讲座的时候也曾给过我们建议，"要多看书，多看历史书"，现在我对这句话有了深刻的理解。

2. 解说语态

对于解说而言，它与其他的播音语态不同。解说要有讲述感，同时调动自己的情绪去感染观众。

在解说的时候，虽然我们是面对电脑屏幕或者电视屏幕看着画面进行解说，但是一定要做到心中有观众，观众好像坐在电视的另一端一样，我们在对着观众讲解屏幕上发生的一切。这种对象感会让我们在解说的时候，声音更有目的性，可以更好地传达给观众，而不是虚无缥缈，给人一种自言自语的状态。

解说的时候，我们还要调动自己的情绪。首先，调动自己积极的情绪。解说员要保持一种高亢的状态，因为这是体育项目的解说，尤其是雪车、钢架雪车项目充满了速度与激情。我们以百分之百的精神状态输出到屏幕另一端之后，可能只达到了百分之八九十，所以在解说的时候我们一定要全神投入，甚至是超量投入，这样才能保证自己有一个良好的解说状态。其次，调动自己的感情。虽然解说员要客观公正、不偏不倚，但是调动自己的感情会让解说更有感染力。尤其是解说中国选手时，调动自己的感情会让自己与正在比赛的选手产生联系，让屏幕前的观众与中国健儿产生联系。当选手获奖时，解说员能产生强烈的荣誉感和自信；当选手失误时，解说员能与选手产生共鸣，共同分担失落。

3. 语音语貌用词

无论在哪个平台解说，良好的语音发声、规范的吐字发音及确切的用词都是让解说标准化甚至是添彩的一个部分。

如何练就好的语音语貌，关键在于每天的练声。练声可以增加我们声音的弹性。对于解说这种情绪积极、解说状态随赛事产生起伏变化的播音类别来说，声音弹性至关重要。此外，练声还可以锻炼我们的唇舌控制能力，这对解说时的吐字发音也有非常大的帮助。

在解说的时候，还会涉及非常多的程度副词、描述运动员比赛状况的词语、对运动员性格特点介绍的词语等，解说员平时要注意词语的储备。如何准确地描述一个运动员的性格特点、滑行技术，在全场解说中不重复太多，是一个需要长期积累和学习的过程。

4. 搭档配合

在本次解说之中，我一共参与了4场解说，这4场都是双人搭档解说。双人搭档解说的节奏和单人解说的节奏有非常大的不同。运动员个人信息的介绍、对运动员滑行表现的评价、对运动员比赛进行中数据的分析，以及对运动项目的通识介绍，都需要两个人之间不断磨合，才能达到默契的程度。

在本次解说中，由于是第一次接触双人解说，两个人磨合了很久，不过最终还是找到了较适合的搭档方式，那便是"解说+评论"。我的搭档担任解说员，主要负责个人信息的介绍，我担任评论员，主要负责对选手的滑行表现进行评价，对赛道难点进行介绍。同时，我们两个人在解说间隙对项目的通识知识进行补充。这个模式可能有些许不足，却是我们通过本次解说研究出来的比较合理可行的搭档方式。

在今后的解说生涯之中，我肯定还会遇到许多双人搭档的解说，提前接触和了解并参与到实践之中，会为自己今后的解说打下坚实的基础。

二、比赛部分

本次参与解说的咪咕文化科技有限公司的体育赛事是我第一次如此专注、如此投入地观看了所有选手的比赛，我也从选手滑行技术的角度对选手做出了自己的评价，受益匪浅。

1. 女子钢架雪车第一、第二轮

在第一轮滑行结束后，我国选手赵丹位列第三，黎禹汐位列第十四。赵丹展现出了火热的状态。进入第二轮滑行后，赵丹仍然保持着自己的优势。由于选手硬实力上的差距，在第二轮滑行后，赵丹掉到了第五位。而黎禹汐则逐渐找到自己的滑行状态，追到第九位。另一边，德国队的奈泽、赫尔曼，澳大利亚的纳拉科特，荷兰的博斯，加拿大的拉涅娃，都展现出了超强的实力，对领奖台发起的攻势非常猛烈。

2. 女子钢架雪车第三、第四轮

在前两轮滑行结束后，中国选手分别以第四名和第十名的成绩进入第三轮的滑行。由于第三轮的出发顺序是按照第一、第二轮滑行总成绩的正序出发，所以世界高水平的选手往往选择在这个轮次发力，将自己的领先优势发挥出来。这是许多国家钢架雪车选手的比赛战略。因为钢架雪车这个项目是精确到小数点后两位的运动，任何轻微的失误都会影响到选手最终的成绩，所以其中赛道的平整程度对雪车选手来说至关重要。世界高水平选手在第一、第二轮排名相对靠后，因无法享受到较好的冰面，所以在第一、第二轮的滑行中会选择保守的策略，不会展现出过硬的实力，保证自己在第三轮中靠前出发即可。

在第三轮时，中国的两名年轻小将赵丹和黎禹汐由于大赛经历较少，没参加过四轮决胜制的比赛，在第三轮看着自己先前积累的优势被其他选手反超，自己的推车成绩、滑行表现失误过多，最后消耗完了自己的领先优势，与奖牌失之交臂。

3. 女子单人雪车第三、第四轮

在女子单人雪车的比赛中，我国参赛选手有应清和怀明明。虽然两人在第一轮和第二轮的发挥中排名尚可，分别是第五和第八，但是在第三轮的比赛中，中国选手还是没能够顶住压力往前追赶。因为在第三轮的时候，选手的出发顺序是正序出发，成绩好的选手能够享受到优质的冰面，所以很多高水平的选手会选择在这一轮爆发实力。由于我国选手大赛经历较少，在第三、第四轮的滑行中并没有发挥出自己最好的实力，最终与奖牌无缘。不过这也可以理解，我国雪车建队时间较晚，总体硬实力跟不上，雪游龙赛道在2021年才投入使用。相信我们中国女子雪车选手慢慢磨炼技术，慢慢积累经验，最终一定能让中国红旗飘扬在世界的舞台上。

4. 男子双人雪车第三、第四轮

这场比赛的参赛人数非常多，一共有30名选手参加比赛。在第三轮结束后，取三轮滑行成绩前20名的选手参加第四轮的比赛。在第三轮的时候，德国车队的弗里德里希发挥出色，三轮滑行都稳定在59.5秒以内。排在第二和第三的分别是来自德国的洛赫纳车队和哈费尔车队。不过局势很紧张，来自瑞士的新秀福格特车队紧紧咬住时间，和第三名只差了0.18秒。中国的车队虽然有比较多的滑行次数，但是硬实力比不过别人，最主要的体现在推车的速度上。最终孙楷智车队排名第十四，进入了第四轮的滑行，而李纯键车队排名第二十二，无缘决赛。

在第四轮比赛中，由于是倒序出发，福格特车队产生了很大的压力，出现了明显的失误，最终不仅没有将自己先前积累的优势放大，反而丧失掉了。德国三支车队表现都很出色，发挥稳定，虽然滑行成绩不是很快，但是稳定在1分左右。最终德国队囊括了本次男子双人雪车的前三名。中国车队保住了自己的位置，位列第十四名。

冬奥会体育赛事解说中的各阶段准备内容

张晨曦

北京2022年冬奥会是一场国际性的盛会，是一场备受国内外瞩目的运动会。北京继2008年奥运会再次举办冬季奥林匹克运动会，是世界上唯一的一座双奥之城。在这样一个契机下，作为北京地区高校的学生、作为北京体育大学的学生、作为体育解说方向的学生，能够代表北京体育大学服务冬奥、解说冬奥，能够为国家出一份力是我的荣幸。

一、解说初尝试

第一次解说实践时能够解说冬奥会，我倍感荣幸。谢谢各位老师的支持与热心帮助的同学。在此次实践中，我学习到了颇多知识与经验，有了很多关于体育比赛的感悟。我发现自己作为一个解说新人有很多的不足要去打磨和进步。

刚开始我确实有些紧张，但是随着比赛进程的推进，也慢慢地找到了解说比赛的节奏，明白在赛前做好充足的准备非常重要，如运动员与教练员的资料准备。解说员要能够把整个项目的知识储备在比赛间隙对赛程空白期进行填充。在比赛过程中，解说员要随着赛事镜头进行解说。比如在镜头切换到教练席的时候，解说员要能够快速、准确地说出教练员的名字。在比赛过程中，我也发现自己把很多平时不规范的语言习惯带入了解说中，显得既不"美观"，也有些不专业。所以我明白在进行赛事解说的时候，发现问题并解决，避免在下次解说过程中出现是特别重要的。赛后做好复盘也是解说员快速进步的基石。

二、解说前准备

在比赛解说前，为了能够有机会服务冬奥，加上我对冰壶项目感兴趣，我就对冬奥会、冰壶及其他项目做了充分的准备工作，查阅了大量的书籍，进行了大量知识储备工作。比如，我观看了多场冰壶及往届冬奥会比赛，积累了颇多解说术语。通过考核后，我与同学、学弟学妹共同携手，代表北京体育大学新闻与传播学院体育赛事解说班进行冬奥项目的解说。为服务北京冬奥会，我做了充分的准备，不仅包括知识储备，还包括心理素质等方面的准备。

在知识储备方面，我学习了北京体育大学新闻与传播学院体育赛事解说班冬奥解说的相关课程。在课程中，我学习到了体育解说人的必备学术素养，将其学以致用，用来理解解说并用以解说。不仅如此，在课程方面，学院为了促进我们体育赛事解说班的学生在服务冬奥的同时全面发展，不局限于某一专项，邀请了很多冰雪项目的运动员，如短道速滑、冰球、钢架雪车等项目的运动员，教授我们专项知识，使我们更加熟悉、理解冰雪项目。同时，解说离不开实践，更离不开经验的加持，所以学院在培养我们的时候，不仅注重我们平时课下的实践练习，也非常注重我们经验、心得的积累。为此，学院还邀请了解说员柳亚鹏老师为我们传授体育解说中的心得体会，帮助我们更好地成长，为体育强国做贡献，讲好中国故事，传播好中国声音。

除了参加学习学院安排的冬奥相关课程，我还自主进行了冬奥会历史、人文、政治、经济、项目方面的学习。我查阅了很多书籍与资料，了解了冬奥会的比赛场地、比赛场馆、比赛项目、比赛规则及知名运动员，并针对自己的喜爱专项——冰壶，进行了深入的学习与了解。我从图书馆借阅了《冰壶规则手册》等相关书籍，使自己在解说冰壶的时候能够做到从容、笃定、不慌张，将所学知识输入、同化吸收，进行有质有量的稳定输出。而且，为使自己的解说功底更为扎实，我还阅读了魏伟老师的《体育解说教程》，明白了体育解说过程中的合理节奏、合理表达及情感的流露。

知识方面除了这些课程、书本方面的知识储备，解说员还要对项目本身，即冰壶赛事足够了解。冰壶项目和其他项目的共同解说特点是解说员都需要在赛前对冬奥会及解说的项目非常了解。比如，解说员要清楚冰壶比赛的规则、专业术语（如双飞等）、冰壶的文化背景等。而且在比赛前，针对每场比赛的不同情况，解说员还需要清楚地了解场次所涉及的运动员、他们的成长背景及以往的参赛成绩，以便镜头给到他们时能够快速、准确地向观众进行介绍，并对每支队伍的教练员及其背景也要了然于心。在比赛过程中，解说员要注意与解说嘉宾或者解说搭档的配合，不仅能够及时对对方的话语进行承接，还要避免出现"抢拍"的现象，与搭档合理分工。

体育解说员不仅要有良好的体育知识素养，还要有扎实的语言功底。虽然我是一个从理科跨专业过来的学生，但我始终明白普通话的重要性。所以在学习自身专业课及冬奥知识的同时，我每天都会抽出时间学习一些发音、播音知识，并对自己的吐字、发音、气息进行练习。

另外，为使自己的心理状况在解说时能够呈现出最佳的状态，我坚持每日锻炼，提高自己的抗压能力，防止自己在比赛解说过程中过度紧张或者发生紧急状况时不知如何处理，饮食方面清淡、合理，使自己能够呈现出身体的最佳生理状态。

在实践学习方面，学校将体育解说人才的培养教育和社会实践相结合，和多家媒体合作打造实践平台，全面提升融媒体时代体育解说人才的体育解说能力。为保证学生参与冬奥服务的专业性，学校对报名的同学就专项知识笔试、普通话水平测试及专项现场解说等准备了考试项目。学生积极参加考试，并用心仔细准备。为了更好地走进冬奥、学习冰壶等项目的解说，我观看了大量的冬奥会、冰壶项目的比赛，学习总结了解说心得，并对知识进行内化吸收。

三、解说中体会

在比赛过程中，我不仅秉持对冬奥负责、对自己负责的态度，还有一种使命感，注意语言表达的专业性与合理性，坚持党性原则，保持政治敏锐性，增强"四个意识"，坚定"四个自信"，坚决做到"两个维护"，正确引导舆论、传播体育精神，弘扬中国传统文化，致力于讲好中国故事，传播好中国声音。这些都是解说员在赛前、赛中应该做到的，是解说员在工作的时候必须做到的。

作为一名解说员，不管是冰壶解说员还是其他项目的解说员，都需要做好赛后的复盘，这样才能够在解说实践中有所收获，并应用到下次解说实践中。在赛后的复盘阶段，解说员要认真听解说录音，针对录音中解说薄弱的地方努力更正，避免在下次实践中出现。可以说，北京体育大学新闻与传播学院全体师生真的很重视、很用心地服务北京2022年冬奥会。在比赛开始、正式解说前，为了北京2022年冬奥会的解说工作能够正常进行、有良好的解说环境，学院的老师及咪咕文化科技有限公司的技术老师多次为我们每个人进行信号测试，并教会我们制播站的技术操作，保证解说在技术、信号等操作上万无一失。而且咪咕文化科技有限公司平台的技术老师在有问题时和我们及时进行沟通，在比赛解说过程中也时刻关注赛事转播、解说状况。

四、解说后感悟

作为北京2022年冬奥会期间的一名冰壶解说员，我明白我是北京体育大学新闻与传播学院体育赛事解说班的学生，代表北京体育大学新闻与传播学院体育赛事解说班在咪咕文化科技有限公司平台上进行冰壶项目的解说，代表的是北京体育大学，而不是我个人。在这种国际体育盛宴上进行冰壶项目的解说，我的身份是一名冬奥会中国冰壶解说员，对外传播中国声音，讲述中国冬奥、冰壶故事。所以，在进行冰壶赛事解说的过程中，我始终保持一颗虔诚的心，一颗负责的心。在女子冰壶循环赛第六轮加拿大对阵瑞士的比赛解说过程中，我不仅要做好自己的解说工作：介绍运动员背景资料、冰壶项目、冰面情况，对赛场上面出现的冰壶动作进行解析，对冰壶技术进行评述等，还要灵活应变，与自己的搭档合理分工、默契配合，而且对比赛中可能突发的状况轻松灵便地解决。虽然我解说的只是一场冰壶循环赛，但不仅要与搭档在解说过程中配合默契，还要与技术、监播、制播老师及时进行沟通交流，与不同项目的同学交流经验、取长补短。但不管是做好本职工作，还是与其他岗位人员进行联系，我都始终牢记媒体解说人的使命与红线，如播音员主持人（体育解说员）在主持、解说过程中应坚持党性原则，保持政治敏锐性，正确引导舆论、传播体育精神，弘扬中国传统文化，致力于讲好中国故事，传播好中国声音。

  进行冬奥项目解说实践的经历不仅对我的解说技巧进行了打磨，我的视野也开阔了许多。此次珍贵的经历能够帮助我在面临一些事情的时候安静从容地去面对。最后再次感谢学院能够给我这次机会！

冬奥会体育赛事解说中的不完美表现和思考

方文萱

一、实践内容概述

在东京奥运会之后,我的解说实践比较少。在考研结束之后,我乘上了北京冬奥会解说的"末班车",实现了双奥解说的愿望,并且通过为大家解读比赛,让更多的人热爱冰壶项目,热爱冰雪项目,热爱体育。

在北京2022年冬奥会中,我作为北京体育大学新闻与传播学院体育赛事解说班的一员远程解说了冰壶项目的四场比赛:

2022年2月3日,冰壶混双循环赛,瑞士对阵英国(与张嘉祺搭档)。

2022年2月6日,冰壶混双循环赛,加拿大对阵澳大利亚(与崔世鑫搭档)。

2022年2月12日,女子冰壶循环赛,英国对阵美国(与崔世鑫搭档）。

2022年2月14日，女子冰壶循环赛，丹麦对阵俄罗斯（与张嘉祺搭档）。

二、实践准备

在这几次解说中，我做了比以往更充分的解说前的准备。下一场的准备永远更充分。

第一场比赛是一场冰壶混双小组循环赛，上一届平昌冬奥会亚军得主瑞士队选手佩雷、里奥斯对阵英国组合多兹、莫阿特。多兹出生于1991年10月1日，职业是文员、助理，在四人团队中她是名将缪尔黑德的二垒。莫阿特出生于1994年8月27日，他在自己的四人比赛中担任队长。两人在团体赛中就取得过比较辉煌的成绩，而且莫阿特和艾肯特组队参加过四届冰壶混双世锦赛，并在2016年打进四强，大赛经验丰富。两人组队后的第一个世锦赛就一路横扫拿下冠军，他们也是北京冬奥会金牌的有力争夺者。两人组队参加世锦赛共计11场，10胜、1负。佩雷出生于1991年12月23日，里奥斯出生于1981年5月24日。两人搭档获得2018年平昌冬奥会银牌和2017年冰壶混双世锦赛冠军。两人在2016年至2017年赛季展开合作后，就拿到了混双世锦赛的冠军，并帮助瑞士拿到通往平昌冬奥会的门票。在当年的平昌冬奥会上，两人又拿到了奥运银牌，是当时最成功的职业混双运动员。但在新一轮的奥运周期中，两人的表现差强人意，虽然进军北京，但是两人已经有两个赛季没拿过含金量较高的巡回赛冠军了。两人组队参加世锦赛、世界杯、奥运会共计54场，胜37场、负17场，世界排名第3位。

这些准备让我在解说中很快看清了局势及两对组合的战术，可以更好地将其介绍给观众，尽可能地减少留白的时间，保持赛事的完整度。

三、实践过程

在解说的过程中，我也遇到了比较多的困难。

第一，由于是远程线上解说，声音太空或者有杂音。

第二，和搭档配合不默契，刚开始时两人经常抢话或者沉默。

我一共解说了四场比赛。解说第一场比赛时我很紧张，即使受到了大家的鼓励，我还是觉得自己做得不够好，好不容易有了这次机会，自己却没办法好好表现。后来老师问我以后要不要参加比赛带带学弟学妹，我犹豫了一下，之后还是非常开心地接下了这场解说任务。现在我的阅历及解说经历太少了，没有办法达到自己想象中的高度，但是每个人的解说都有自己的风格。我可能做不到像专业的解说员那样将技术分析得头头是道，没法像专业的冰壶运动员一样很充分地分析球路及球员的心理，不能像陈滢老师那样自如地结合场上场下的信息……但是我会努力地去完善自己的风格，展现自己的魅力。

在解说第二场时，紧张的情绪完全消失了，我开始享受这场比赛，解说下来也很开心。在这场比赛之后，很多人通过一些途径找到我，表达了对我的喜欢，这可能是我受到的最大的鼓励。我总觉得这次机会是一场梦，在少女的梦里有蝉鸣不止的盛夏，有永不凋零的鲜花，还有明朗未来的序曲。

四、实践效果

坚持没有那么难，不过是一秒加一秒。

对于奥运会的解说，我最担心的是自己体能跟不上。和平常的运动不一样，解说更多的是脑力和对嗓子的把控。在之前解说校运会的时候，嗓子出现的问题让我懊恼了很久，所以为了将嗓子调试到更好的状态，解说前两个小时我一定会练声和开嗓，比赛中也会记得喝水保持口腔的湿润。因为在家里的环境中进行解说，所以为了保证杂音少一点，解说的时候我会关上所有的窗户和空调，保证家里没有嗞嗞的响声。虽然刚开始时老师说设备有点问题，但及时调整后，看回放时觉得声音的质量还是可以的。我原以为坚持解说这么多天很难，但是一秒一秒过来，时间过得真的很快，看到学长每天解说冰球还能保持很好的状态，在以后我一定要加强对自己嗓子的控制，提高自己的体能。

五、实践思考

我准备了很多想说的话，但没有在最后一场说出来。故事总要有结束的时候，但不是每个人都有尾声。本想着最后一场网球的解说会很轻松，但生活中处处有变动，两支不太强的队伍在那场比赛里展现了精彩的对决，我准备的很多鸡汤话也没有用上。即使这个结局并不"完美"，但它依旧带给我很多成长，让这段时间变得更真实，也更诚实。我甚至喜欢上了故事中起伏的每部分，也更喜欢这个世界。将来的我肯定比现在好，对于这一点我已经有了把握。

北京2022年冬奥会已经画下句号，我关注着中国团队的每一个荣耀时刻。作为北京体育大学的一名解说员，我非常荣幸能够参与到奥运会的解说工作中。非常感谢咪咕文化科技有限公司搭建了这个实践平台、提供了这么好的机会。感谢北京体育大学新闻与传播学院给我如此宝贵的解说实践机会，让我能够成为这场体育盛会中的一个螺丝钉，真刀真枪地上阵实践，同时也给自己三年的体育赛事解说班学习、给我的任课老师交上一份结课答卷。

六、照片等相关资料

◎ 解说时的电脑屏幕

◎ 解说时的情景

冬奥会体育赛事传播小组
实践报告

北京体育广播实践报告

> 作　　者：北京体育大学解说团队
> 作者岗位：北京广播电视台体育广播新媒体编辑
> 指导教师：李晶　郑珊珊　宋扬

一、总述

谨以此报告，汇报我们团队在北京2022年冬奥会期间在北京广播电视台完成的工作；与此同时，以此份报告感谢我们团队每个人为北京冬奥会做出的突出贡献，致谢北京广播电视台给我们参与北京冬奥会的机会，致谢所有辛勤付出和陪伴我们的指导老师，致谢我们团队的每个人。

本报告陈述我们团队在2022年1月18日至2月21日之间，即北京2022年冬奥会期间，在北京广播电视台所做的一系列工作，进行总结归纳，复盘及积累经验，以进一步推动新闻与传播学院建设。

本报告主要详细汇报我们在北京冬奥会期间在北京广播电视台

的工作内容，详细描述我们团队的工作过程、主要工作内容，以及我们为圆满完成任务所做的一切前期准备和后期的总结性工作，准备工作也包括短期准备和长期准备。同时，报告包括实践过程中的细节工作及详细的工作流程；在整个实践过程中，我们对此次活动追求什么样的效果。在完成此次任务后，我们对此次实践进行深度思考和延伸，并在报告的最后对此次实践活动的照片、视频、录音及其他相关资料进行总结归纳。

二、实践内容概述

在北京广播电视台的工作中，我们5个人承担的是北京2022年冬奥会期间北京广播电视台的新媒体编辑工作，旨在宣传北京2022年冬奥会，提升北京冬奥会知名度，用最接地气的方式让更多的人参与北京冬奥会、热爱北京冬奥会。由于疫情防控及学校出入校政策的变化，我们原本的办公地点由北京广播电视台建国门办公区改为线上办公。办公周期为2022年1月18日至2月21日，可以说我们是从冬奥会还没有开始就一路陪伴，直至冬奥会正式闭幕。

我们承担了对北京2022年冬奥会所有热门赛事项目的视频剪辑、播报、再创作，以及后期的传播工作。北京广播电视台新媒体工作岗位分为新媒体编辑岗位和新媒体创作岗位，鉴于疫情防控措施等原因我们改为线上实习，仅保留新媒体编辑岗位。

在岗位中我们主要任务是根据北京2022年冬奥会的热点人物和热点赛事进行再创作，产出新媒体作品，进行推广。

三、实践准备

参与北京2022年冬奥会解说是我梦寐以求的机会,是我的人生理想。说起实践准备,可能会比较近一些,但是说起我为北京2022年冬奥会的准备,可以追溯到很久以前的时光了。我们当中有硕士研究生,也有本科生。对于本科生来讲,2022年他们正读大学三年级,在这一年是从课堂走向社会的重要时间节点,而北京2022年冬奥会这个机会对我们来讲是十分难得、弥足珍贵的。

2019年我们参加高考,我们能够迈进北京体育大学,成绩都是比较突出的,那时候的我们无论在哪里都是佼佼者,现在依然。选择北京体育大学既是我们的选择,也是我们对学校的信任。我们来到这里,来到新闻传播学院,不仅源于我们对新闻事业的向往,还有对体育事业的执着和热爱。"冰冻三尺,非一日之寒",我相信我们的热爱不是一天、两天就能形成的。在北京体育大学有这样一句话:"我们都是体育人,身上都有体育人的气质。"这种气质,我觉得可以理解为我们对体育事业的执着和热爱。时光回到高中生活,甚至是初中生活,索契2014年冬奥会,那个时候我不懂得什么是冬季奥林匹克运动会,只知道在过年的时候,打开电视机,除了循环播放的春节联欢晚会,就是正在比赛的运动员。平昌举办2018年冬奥会时,我正在备战高考,从社交媒体中偶尔听到一些平昌冬奥会东道主的消息,也是在这个时候我对冬奥会产生了兴趣。

经历了2019年高考后,我以优异的成绩被北京体育大学新闻与传播学院录取,在这里开始了我的"体育生活"。这两年的体育氛围让我越来越像一个体育人,在这里我接触到的第一个体育明星是武大靖，而武大靖是平昌2018年冬奥会中国代表团唯一金牌得主，这又让我们对冬季运动项目充满了向往。2020年的春天，我们几位同学非常荣幸地入选了体育赛事解说班，这里是我们解说梦启航的地方。

还记得当时我们通过层层选拔凭借优异的成绩入选，于2020年7月23日正式开始我们的解说道路。现在想一想，当年经历的考核及备战又何尝不是一种准备？2021年，新年伊始，我们的课表上多了一门体育赛事解说实践课程，与往届不一样，我们学习的内容并非传统的体育赛事项目，而是冬季项目。在这里，我们熟悉了冬季奥林匹克运动会的比赛项目，也是在这里我们了解到北京冬奥会包括7个大项目、15个分项目、109个小项目，在这里将产生109枚金牌。在这一年，我们仔细地去了解这些项目的历史、项目的规则，了解这些项目曾有哪些运动员的贡献突出，了解这些项目发展演变的历史。有些项目不只有大型国际比赛，还有日常进行的俱乐部联赛，这些都需要我们去细致了解。这是知识储备，对解说员来说，丰富的知识可以说是基础。

在这近半年的时间里，我们在很多平台实习，不断地训练和提升自己的专业技能。我们在这段时间里积极地参与咪咕文化科技有限公司的法国足球甲级联赛的解说工作，这个解说工作需要的准备工作是很复杂的，为了一场比赛的解说，解说员可能要从好多天前就开始准备，不仅要准备球员的基本信息、对阵双方的基本信息、过往交手记录、两支队伍的历史战绩，还要准备应急事件的处理方案，这是至关重要的。实践也证明我们这次所做的准备是非常有效的，在冬奥会解说中确实遇到很多紧急情况需要我们处理。临危不乱是我们每个解说员在走上岗位之前需要准备的必备素质。

为了能适应冬奥会期间高强度的工作，我们之前也在私下里进行了心理承受能力和高强度工作的适应练习。准备比赛期间，我们通常会熬夜，在心理上我们早就接受，在生活习惯上我们也早已习惯，这已经成为我们生活中不可或缺的一部分。

四、实践过程

北京体育大学广播电视台实践小组于2022年1月18日正式进台，与电台报道团队进行线下的对接，先是初步了解工作内容，简单探讨了大家对冬奥会整体项目的想法。大家非常荣幸能够参与到这样一个小组，都对后续工作怀抱着巨大的热情，对接下来的工作内容涵盖的方方面面都充满了期待。

负责对接的师姐十分详细地介绍了项目组前期的进展及后续要开展的工作内容，5个人将分为两个小组进行实践，分别是新媒体岗和编辑岗，但二者最终的目的都是服务受众。冬奥会承担着国际交流重大使命，服务于这样的重点赛事，我们从根本上始终保持思想高度，无论是以什么样的形式发声，在内容上要始终坚持党性原则，增强"四个意识"，坚定"四个自信"，坚决做到"两个维护"，在认知方面致力于传播体育精神，讲好中国体育故事。

二者对技能的考察有所不同。以编辑岗为例，我们需要为受众提供时新性、准确性和前沿性兼具的产品内容。这就要求个人对选题要有准确认知，无论是冬奥会涉及的7个大项、15个分项、109个小项的具体项目规则、其中的看点，还是运动员个人的内容，工作者对选题都要有全局性的把握，有合适的切入点进行思考。这是后续工作推进的前提，对个人知识储备及对冬奥会整体的传播方向感知有着较高的要求。尽管奥运周期前期我们都做了较为完备的信息储备，但在实践过程中也从未停止对综合知识库的不断扩充，而新媒体岗还需要对当前的新媒体传播趋势、受众偏好有所掌握。最重要的还是把握整体的方向、基调，向观众传播正能量，同时思索什么样的内容适合采用几十秒短视频的形式加以展现。二者虽然对选题的要求不同，但对工作者提出的把握热点的能力是相同的。

确定选题之后，对于全篇布局工作者要有自己的想法和思考，从哪个方面切入，详略如何安排，或在短视频中如何进行浓缩并将某个点清晰地呈现出来。在具体付诸文字、落到实处的过程中需要大量信息的搜集作为基底，而如何在较为繁复的信息中合理地筛选、提取有效信息，并且契合热点，有观点、有信息量地进行输出，对工作者的信息处理能力都提出了考验。

在北京2022年冬奥会期间，谷爱凌的相关内容是一个比较重大的选题，由于其自带热点、个人实力出众，且受关注度很高，在其赛程期间，相应的文稿、短视频一定是要及时跟进的。对重点、热点运动员，实践小组每个人都准备了较为全面和完善的前期资料，其中的难点在于，各大官方媒体、自媒体、新媒体平台对这个热点的感知度都很高，且密集的产出内容使得大部分选题都有所涉及，同时还存在同质化的情况，而想要如何做得出彩，对每个人来说都是不小的考验。

尤其是新媒体，实效性是需要严格把握的。我们提前理赛程，及时盯比赛，确保能够在第一时间获取比赛结果，且在视频整体设计上提前做了两三个预案，以应对不同比赛结果后受众不同的情绪反应。在整体的协调安排上，工作小组5个人非常团结，在分工过程中大家勇于承担、良好协作，有新鲜观点的输出，且最后取得了优秀的实践效果。

五、实践效果

本次的实践效果是相对理想的，经过大家的共同努力，产出的新媒体内容收获了不错的关注度。我们能够做到秉持着一颗敬畏之心，从选题、备稿、组合到发布始终保持思想高度，致力于传播积极的体育精神，适当选取适宜传播和表达的内容进行加工，做到中立客观地输出观点。在体现新闻专业性的同时，我们最大限度地发挥对体育的理解，体谅和理解运动员真实的成长历程和心理状态，契合冬奥会这个"大舞台"语境，并且为整体冬奥会的传播效果做出微薄贡献。

我们能够做到每一篇稿件、每一组新媒体内容都能满足时新性的要求。首先，对关键赛程我们有敏锐的预测和有效的把握，且具备新闻敏感性，能够从中发现会引发关注的点。其次，有前期的预案，在具体操作时我们也能够保持较高的效率和出品质量。

我们制作的内容可以大致分为对比赛细节技战术的解析与运动员及其背后故事和精神两大类。实践小组成员都能够发挥各自所长，对两类内容产出都保持着高度的理解力和实操能力。由于具有体育解说的功底，我们对比赛细节都能够有较独到的见解和清晰易懂的分析。从总体上来讲，观众对冰雪项目的认知与夏季项目相比有所延后，对优势项目和非优势项目的认知度也不太平衡。如单板滑雪大跳台、自由式滑雪大跳台、跳台滑雪的区别，或在一些认知较浅的项目中如何看懂输赢，都是值得做的内容。以简单易懂的语言配合新媒体平台易被观众接受的特点，有效回应受众对比赛较为困惑的点，在同质化信息的环境中是提及较少的一部分内容。我们在尝试几次后，就有了不错的反响，也得到了负责人的认可，且后续以系列的形式做到了规律性的产出。受到北京体育大学环境的熏陶，大家都能够从相对恳切且精准的角度把握运动员的心理，理解运动员的成长之路；在选择制作运动员相关的内容时，大家能够快速找到合适的切入点和表达方式，角度也较为新颖，取得了不错的传播效果。

六、实践思考

在本次服务冬奥的过程中，我们十分荣幸深度参与到如此大型盛会的媒体服务中。北京作为世界上唯一的双奥之城，也像社会开放了许多可参与的环节。虽然机会和平台是丰富的，但参与者一定要具备过硬的专业能力，只有这样才能经过较为严格的选拔，有很好的机会。选拔的过程也是人才培养的一个重要步骤，要鼓励参与者完善自己的知识结构与综合能力。参与者不仅要学术水平高，办事能力也要强。经过磨炼后，参与者大型活动的参与能力、处理事务的能力，以及个人的专业素养，均会有大幅度的提升。

咪咕文化科技有限公司北京冬奥解说实践报告

作　　者： 北京体育大学新闻与传播学院体育赛事解说班同学
作者岗位： 咪咕文化科技有限公司体育解说
指导教师： 郑珊珊　李晶　宋扬　尹素伟

一、总述

北京体育大学播音与主持艺术专业作为新闻与传播学院的下属专业，注重应用型、实践性及可操作性。学院抓住2022年国家举办冬奥会的契机，与咪咕文化科技有限公司共建学生服务冬奥会实践平台。在冬奥专项、人文素养等方面层层选拔后最终确定30位同学以"线上+线下"两路信号相结合的解说方式参与咪咕文化科技有限公司提供的62场比赛解说中，成功开拓了让学生"边参与、边复盘、边成长"的学习路径。

在此过程中，北京体育大学新闻与传播学院以"润物细无声"的方式与"实践与认识相统一"的逻辑模式，将日常播音教学中书本上的"深入理解—具体感受—形之于声—及于受众"播音主持创作道路内化于每一位学生的心中,让学生深入理解把握党性原则、真实性原则、时效性原则、有序性原则、协同性原则的播音主持创作六原则,让此次冬奥会成为检验学生播音主持"内三"(情景再现、内在语、对象感)及"外四"(停连、重音、语气、节奏)播音技巧基本功的试金石,成为敦促学生不断成长进步的直接动力,为学生提供体育人文素养的广泛备稿途径,从而为体育强国发展培养质量与数量双丰收的"体育+播音"的复合型人才。

二、实践内容概述

继东京奥运会之后,北京体育大学解说团队再度与咪咕文化科技有限公司合作,服务北京冬奥。30名同学参与到4个项目(冰球、冰壶、花滑、雪车)的直播解说中,在2022年2月2日至2月19日期间,共计完成了62场比赛解说。在融媒体技术飞速发展的大背景下,本次冬奥解说实践活动采用了"线上+线下"相结合的方式,这也是本次北京体育大学解说团队的实践亮点之一。两路解说信号双管齐下的实践方式既遵守了疫情防控的规定,又打破了实践教学时空的限制。两人远程搭档更考验学生的互动能力和积极应变能力,而部分学生去咪咕文化科技有限公司插播间进行解说无疑也体现了此次活动的专业性与合作双方的高度重视。

在融媒体时代,学院与高水平媒体平台合作,学生以年轻化的视角理解体育。在新媒体平台解说比赛,从学生个人发展来看,旨在培养学生具备专业解说能力,提升学生综合素质,为其日后的学习工作提供宝贵经验;从教学模式创新来看,本次咪咕文化科技有限公司解说实践活动实现了体育赛事解说班理论教学与实践教学高度融合的创新人才培养模式，积极推动了北京体育大学特色解说人才培养模式的发展，引导学生在大型体育赛事解说过程中更好地认识到新时代体育新闻人肩负的责任和使命，以亲身经历感悟专业解说员的职业素养和专业素养，鼓励学生将个人理想和职业规划融入国家和民族的事业发展中。

北京冬奥会虽已落下帷幕，但国家冰雪运动还在继续发展，体育强国建设也在持续推进。北京体育大学解说团队一次次的尝试和探索不仅为了擦亮北京体育大学新闻与传播学院的金字招牌，也为讲好中国体育故事、促进国家体育强国建设和体育产业发展积极助力。

三、实践准备

（一）赛前进行严格的专业考核选拔及相关知识的学习

为了考核我们冬奥人文历史知识、人文社科知识、解说专项知识的水平，学院对我们进行了考核。我们在老师上课介绍、自己课下分析，并且在老师的带领下各个项目都进行一系列解说练习后，选择了解说节奏相对较为缓和，需要客观冷静分析的冰壶项目作为自己的解说专项。为了提升理论知识，我们在整理课上学习的知识之余，上网查阅了冬奥会的历史和人文知识。我们还经常一起观看比赛从中学习交流，收获颇多。最后在考试中顺利通过的我们虽然还有相当一部分学习成长空间，但是这次考核肯定了我们的努力，坚定了我们的信心。学院为了我们进一步增强冬奥相关的人文底蕴，坚持学习，给我们布置了每天发布一个一分钟左右的抖音小视频，介绍冬奥相关知识的任务。通过课程学习、解说练习、查找资料、做视频等，我们一步步积累起冬奥知识的城堡。

（二）勇敢迈出第一步，敢于尝试、敢于突破

这样一场盛大的比赛对我们来说是第一次：第一次"家门口"的冬奥会，我们第一次参与冬奥会解说，第一次接触到如此之多的冬季运动项目……所以我们心理上的压力不言而喻。我们在前期做了充分的心理建设，老师不仅会进行安慰辅导，带我们进行实践练习，努力克服我们冬奥解说时的心理压力，还会与我们充分沟通、不断协调，使得解说直播工作顺利进行。同学之间也互帮互助，做到知识共享、经验分享，搭档之间默契配合。在同心协力之下，我们将每一场比赛的解说做到最好。这不仅是一次体育盛会，更是我们积累经验铺垫、未来解说道路的最好平台。

（三）有针对性地搜集资料和赛后及时复盘

1. 搜集运动员资料

每位同学根据自己要解说的比赛进行有针对性的准备，搜集队伍的历史资料。负责冰球、冰壶这两个项目的同学需要找来自己要解说队伍过往的比赛录像，了解其历史战绩（包括最高历史成就、近些年的发展情况等），分析队伍战术特点。

不同于冰球、冰壶这两个团体出战的项目，雪车和花样滑冰更多的是运动员的个人表现。因此解说这两个项目的同学要重点搜集运动员的资料（成绩表现、技术特点、生活中有趣的小事等），同时要了解所在国在该项目上的实力。而解说冰球、冰壶的同学需要

选择队内的"明星"球员进行重点了解。

临近解说时，我们去冬奥会官网看官方数据资料。每个解说的同学都会利用官网查找解说需要的资料，因为官网给出的数据是最权威的。以冰球比赛举例，每场比赛前，解说的同学会去官网查看球队确定的出场名单；赛中可以及时查看技术统计（判罚次数、射正率等）；赛后根据官网提供的详细比赛数据再客观分析球队及球员的具体表现，从而去反思自己的解说是否有不恰当的地方。

2.比赛后及时复盘

每场解说后及时做好赛后复盘是专业老师对我们的要求，也是我们提高自身实力的好方法。这次冬奥会解说实践，大多数同学都有一场以上比赛的解说任务。因此，赛后复盘就显得尤为重要。它不仅是为了让我们可以及时发现解说的优缺点，扬长避短，更是为了我们在下一场解说中能有更好的表现。

从2022年2月2日开始的首场冰壶混双循环赛到2月19日的花滑双人自由滑决赛，北京体育大学解说团队圆满地完成了此次解说任务。如此成功地完成近百余场的解说，这和每个同学的充分准备及老师的调和有着密不可分的联系。

四、实践过程

在北京2022年冬季奥林匹克运动会来临之际，北京体育大学新闻与传播学院体育解说团队整装待发，借着本土最高赛事的良机，与冬奥会全赛事直播平台咪咕文化科技有限公司达成合作，将播音主持系本科生、赛事解说方向研究生一共30人分为冰壶、冰球、雪车、花样滑冰四个项目，以"线上+线下"方式参与冬奥赛事直播的解说工作中。

自2021年11月开始，新闻与传播学院组织学生进行两轮遴选，第一轮为冬奥专项考核，采用笔试的方式测试学生的专项能力，只有通过测试才能参与冬奥解说；第二项为新媒体出镜能力考核，学生在抖音平台上每天拍摄有关冬奥会的短视频，直接在市场面对受众的筛选。经过综合选拔后，新闻与传播学院解说团队选拔出30人，加入与咪咕文化科技有限公司的合作项目中。在合作期间，部分学生在家乡以线上方式参与，另一部分学生在咪咕文化科技有限公司北京分部以线下的方式加入冬奥转播小组。同学们自2021年9月开学后积极备战。在课上，解说系的老师找来专业的解说员、运动员进行项目教学；而在课下，学生积极自学分项知识，一步一个脚印，只为在百年难遇的本土冬奥赛事中发出北体之声。

在此次实践中，加入咪咕文化科技有限公司冰壶组的同学包括靳家兴、余博洋、丁一岚、张嘉祺等，李骜、朱锶源、彭胜亚、许小龙等人则扛起了冰球项目的大旗；刘颖健、韦艳鑫、王笑阳凭借自身对花样滑冰的喜爱加入咪咕文化科技有限公司花滑组，而彭丽霖、岳海浩等人也在雪车组发出自己的声音。大家各美其美，美美与同。

在为期近20天的咪咕文化科技有限公司解说实践中，同学们有着难忘的经历，刘颖健、靳家兴、余博洋更是在冰壶与花滑的焦点战役中向世界发出北体之声。

（一）刘颖健解说花滑"葱桶组合"

刘颖健同学在2022年2月18日和2月19日连续两天解说了花样滑冰双人滑的比赛。在这场比赛中有中国的组合——彭程/金杨和隋文静/韩聪，还有来自俄罗斯的三对非常强劲的双人滑组合。赛前大众对隋文静和韩聪是比较看好的，因为他们在上一届平昌冬奥会上获得了亚军，而且离冠军只差了零点几分。但我们了解到，隋文静/韩聪要想夺冠并不容易。

一是自身因素。隋文静/韩聪在这几年饱受伤病的困扰，两人都因此休战了很长时间。隋文静由于发育关系，体重和身高的增长让她难以尝试高难度的动作，此前在青年时期引以为傲的抛四周跳，现在做不出来了。对越来越年轻化的花样滑冰来说，隋文静/韩聪早已不在他们的巅峰期。

二是几组强敌来势汹汹。俄罗斯奥运队一直是花样滑冰强队，尤其是他们的双人滑在这个周期成绩遥遥领先。可以说隋文静/韩聪面对几组选手的围攻，只有突围成功才能拿到冠军。

但是隋文静/韩聪非常刻苦，而且几乎是不计后果地突破自我，敢于创新。在自己状态不佳的情况下，他们选择练习捻转四周。尽管这个突破带来的分数上的回报微乎其微，但他们还是愿意去做这样的尝试，否则就真的没有机会了。

所以在对这场比赛进行解说时，刘颖健并没有铺垫说隋文静/韩聪是夺金的大热门，反而在强调对手真的很强、花样滑冰比赛变幻莫测等，以此来降低观众的预期。从隋文静/韩聪出场到最后出分，大家都非常紧张。这种情绪是自然流露出来的。所以到宣布我们是冠军的时刻，被压抑的情绪才全部释放出来。刘颖健的那段解说是充满感情的，"这种感情也能带给所有的观众，让他们能沉浸在其中，感受到隋文静/韩聪带来的感动，感受冬奥会舞台的魅力"。

（二）靳家兴与巴德鑫老师搭档解说中国队冰壶比赛

北京时间2022年2月11日下午，在咪咕文化科技有限公司线下解说冰壶项目的靳家兴迎来了一个重大任务：咪咕文化科技有限公司赛事小组安排他解说3场中国队的冰壶比赛，第一场就在次日下午2点，与巴德鑫老师搭档解说中国男子冰壶队对阵意大利的循环赛。

初次搭档前冰壶国手，让解说经验尚不足的靳家兴既欣喜又紧张。但面对人生中目前为止最重大的解说任务，这位河北小伙决定拼尽全力，在关注度最高的中国队比赛中向世界发出北体的声音。于是他在接受任务之后，便开始了第二天的解说工作准备。

首先，靳家兴在国际奥委会官网、维基百科与世界冰壶联合会官网中将中国和意大利队的团队、个人资料进行了查阅与补充，争取在搭档中做好A角，向观众讲述场上选手的经历和故事。

其次，对于如此高关注度的比赛，"描述"并不能满足众多冰壶粉丝的需求，于是靳家兴将比赛材料纵向扩展，梳理了中国男女子冰壶队的历史发展脉络，并对冰壶战术做了深度分析，尤其是许多经典战术的应用经历。

最后，靳家兴观看了巴德鑫老师之前的解说场次，摸清了对方的解说节奏，确定了适合巴德鑫老师的自己介绍资料与人物经历、巴德鑫老师主讲战术的分工解说风格。

赛前准备过后，2022年2月12日刚过中午一点，靳家兴就带好资料奔赴插播间，与巴德鑫老师进行赛前熟悉与暖场，以便能够更好地适应对方解说的节奏。巴德鑫老师性格很好，一进门就与靳家兴开起玩笑，消除了他的过度紧张情绪。但比赛开始后，解说工作的进展与靳家兴提前预想的节奏有所出入，巴德鑫老师的战术解说倾向较为活跃，如果在其中生硬插入资料与人物简介则稍显突兀。于是在思考片刻后，靳家兴决定大胆舍弃自己之前的大段材料介绍，而把整体解说内容风格改变为以与巴德鑫老师讨论战术为主，以自己记忆中的中国队历史、经典冰壶战术为辅，在适当时候以聊天形式缓缓铺陈开来的涟漪式解说方式进行解说。

之前的努力终于有所收获：巴德鑫老师赛后对靳家兴的战术分析给予高度评价，尤其在其中一个反弹球打出时，靳家兴能够立即反映出詹妮弗·琼斯之前打出同样的进攻，丰富了解说维度，为网民带来良好的观赛体验。在赛后，冰壶迷们也纷纷赞扬中国队敢打敢拼、作风顽强，体现了"优秀的解说是让观众更好地理解比赛"的先进理念。

（三）余博洋与刘金莉老师创新冰壶比赛解说风格

北京时间2022年2月17日下午，在咪咕文化科技有限公司体育线下插播间进行解说服务实践的余博洋赢来了自己最后一场冰壶比赛解说，与前女子冰壶国家队队员刘金莉老师搭档解说女子冰壶循环赛最后一轮韩国对阵瑞典的比赛。这场比赛虽然没有中国队参加，但因为这场比赛关系到两队进入最后的半决赛，同时这两队的比赛结果将影响中国队的出线形势，所以受到了较多的关注。

在比赛之前，余博洋按照直接解说比赛进行赛前准备的习惯，通过国际奥委会官网、世界冰壶联合会官网、维基百科和谷歌搜索等渠道，在队员信息和之前的比赛情况、队伍战术特点及其相关打法、各支队伍之前的比赛战绩等方面做了详尽的赛前资料准备。并且因为这场比赛关系到两队的出线情况，余博洋通过查询国际奥委会官网的排名情况，对韩国队的出线形势进行了详细的估算，列出了两队所有满足晋级的条件。与此同时，余博洋也对中国队的出线情况进行了详细的估算，以便在比赛的进行过程中随时回答观众的评论。

到达插播间后，余博洋主动与刘金莉老师进行了基本的交流和沟通，确定了自己主要负责信息介绍和基本场面描述、刘金莉老师主要负责技战术分析的搭档配合形式。

比赛正式开始后，两人便按照之前确定的解说节奏和搭档模式进行解说，完成基本的解说工作。与此同时，逐渐摸清刘金莉老师解说风格的余博洋在完成基本的场面描述和技战术分析的前提下，大胆进行创新，将自己轻松活泼，诙谐幽默，与观众进行大量的互动的解说风格与刘金莉老师的解说风格进行有机的结合。例如，请刘金莉以老师的身份利用自己的专业知识回答观众弹幕的问题；在比赛进行过程中刘金莉老师通过"随堂提问"的形式提问余博洋每个球背后的战术意义，同时将问题抛给观众，让观众也能够积极参与互动；余博洋站在观众的角度，将刘金莉老师的专业解说语言通过通俗易懂、诙谐幽默的方式进行解读，让观众在轻松的状态下更好地了解冰壶的专业知识和技战术打法，更好地看懂比赛，让观众有更好的共鸣感。余博洋此次的大胆创新也得到了观众很好的反馈，在解说过程中观众在评论区给出了"继黄健翔、王濛之后又一宝藏解说组合"这样的高度评价。比赛解说结束后，刘金莉老师也对余博洋对冰壶项目的深厚了解和深入浅出的解说方式进行了高度赞扬。

这是余博洋通过本次解说经历对解说风格的创新与思考。在王濛在本届比赛中的解说火遍全网之后，余博洋也对王濛的解说进行了研究与复盘，并结合自己的解说风格进行有机融合和创新，以观众视角、接地气、轻语态、高频次互动等特点形成自己在本届冬奥会的解说风格和模式。当然，观众视角并不意味着观众解说，只有在自己对解说项目拥有丰富的专业知识、进行了详尽的资料准备、完成场面描述、背景信息释放等基本的专业解说工作前提下，才能通过更为接地气的解说风格与观众实现更好的互动和共鸣。

（四）综合评估

本次解说工作产生了优秀的实际效果，从各方面的实践中践行了在新媒体平台解说体育赛事所要遵从的工作特点。以下将从新媒体时代的体育解说功能出发，综合评估本次解说的效果。

首先，体育解说的最大功能是告知功能。解说员在解说的过程中要让受众知晓体育赛事的规则、队员资料及场上基本情况。在本次解说中，同学们在解读场上情况的同时，加入了非常多关于比赛场馆、球队历史、球员与规则的介绍，如冰壶中的五球制、横向对比混双冰壶与四人冰壶的规则异同等。通过这种介绍，受众能够从不同维度观看比赛、了解比赛。

其次，体育解说的重要功能是娱乐功能。本次同学们在兼顾解说专业性的同时，奉献了无数风趣幽默、精彩绝伦的语句。如余博洋同学积极与受众互动："那是瑞典的冰壶迷吗？那是人迷，是奥斯卡的人迷，我都不想拆穿你们。"金句频出的北京体育大学体育赛事解说班的同学们获得了网友的一致好评。

最后，体育解说还有一个重要功能，就是弘扬社会主义核心价值观，即舆论引导功能。在本次冬奥解说中，同学们将本次冬奥会"中国制造"的场馆、运动员村、各种高科技设施带给运动员们的惊喜纳入解说草稿中，让观众知道了中国的伟大；在中国运动员故事的讲述中为观众普及了爱国思想的重要性，以及在疫情蔓延的情况下，中国作为东道主将世界各国紧紧联结在一起的博大胸襟。

从体育解说的三功能论（告知、娱乐与舆论引导）的角度评价同学们本次解说的工作内容，可以发现同学们的解说经验虽尚待提高，但也圆满地完成了解说工作，在北京冬奥留下了值得一生铭记的宝贵财富。

五、实践效果

（一）实践内容

在本次北京2022年冬奥会期间，我们参与了咪咕文化科技有限公司提供的解说工作。由学院领导亲自带领、四位专业老师指导的共计30位同学参与到了本次冬奥会的冰壶、冰球、雪车、花样滑冰四个项目中。我们用自己的专业素养、知识储备，给咪咕文化科技有限公司冬奥解说专区提供了新的解说视角，多元化的解说迎合了受众"千人千面"的需求，打破了大众传播千篇一律的限制，让咪咕文化科技有限公司在冬奥会期间获得了更多的观众，增强了用户黏性。

（二）实践对人才培养的效果

冬奥会是冬季体育运动项目最高层次的国际综合性赛事，北京2022年冬奥会有力推动了我国冰雪运动的快速发展，对我国体育事业的影响有目共睹。由于2022年冬奥会在北京举办，全国人民对奥运赛事和冰雪运动的关注度不断提高，媒体对冰雪运动比赛的转播也随着冬奥会的举办逐渐增多。

体育解说这一岗位的工作承担着为冬奥会冰雪运动宣传和普及的责任。由于我国冰雪运动与篮球、足球等大类运动相比受众较少，赛事转播也相对较少，且解说人才相对匮乏，这使得我国对冰雪项目的电视体育解说人才的需求越来越多，因此北京冬奥会对我国体育解说人才的培养而言是一个难得的历史机遇。基于参加冬奥实践的切身体会，我们认为冬奥会期间的解说实践对解说人才的培养效果主要体现在对解说人才培养模式的影响和对解说人才素质的提升两个方面。

1. 对解说人才培养模式的影响

过去，从事冰雪运动电视体育解说工作的解说员大多为退役运动员、教练员、电视台主持人或者其他夏季项目解说员。冬奥会的举办，让我国意识到培养和选拔冬奥会项目的优秀体育解说人才的重要性。在北京2022年冬奥会的影响下，我国加快冬奥会项目电视体育解说人才培养的步伐，最大限度地挖掘体育解说人才，除了选拔地方电视台优秀体育解说人才，培养优秀的退役运动员、教练员两种传统培养模式，还创新性地形成了体育、播音主持与外国语学校联合培养体育解说人才的新模式。

在北京2022年冬奥会的契机下，三种专业类院校进行联合培养的模式得到了许多学校的认可，也是冬奥会期间我国体育解说人才培养主要采用的一种模式，能够实现在短时间内培养一大批具有较高知识素养的体育解说后备力量。在实践过程中我们了解到，北京体育大学、中国传媒大学、北京外国语大学、首都体育学院、上海体育学院、武汉体育学院、广州体育学院、吉林体育学院等众多院校都采用此模式进行培养。学校通过课程设置、实践活动等组织方式，引导学生参与到冬奥会的解说工作中来，目的是培养一批具有冬奥会体育专业知识、播音主持技巧及较高外语水准的体育解说人才。

2. 对解说人才素质的提升

习近平总书记向全世界庄严承诺，要把北京冬奥会办成一届精彩、非凡、卓越的奥运盛会。作为展示冬奥会体育比赛的重要窗口，体育解说人员只有具备极强的综合素质和能力，才能承担冬奥会重要的解说任务。在参与冬奥解说实践的过程中，通过切身感受，我们对总书记提出的要求有了更深层次的理解，同时冬奥实践也有效地提高了我们作为体育解说从事人员的各方面素质。

在政治素质方面，在直播过程中，我们深刻感受到，冬奥会电视体育解说员代表国家级媒体发声，其解说水平和言论代表了国家形象，这对个人的政治素质要求极高。我们需要坚守国家的政治立场，在重大问题、敏感问题、热点问题上把好关、把好度；熟悉国内外形势，在解说过程中不触犯各方权益，避免引起纷争，向观众传递正能量，用正确的体育舆论弘扬良好的道德风尚。在新闻传播素质方面，在实际解说过程中，我们深刻感受到此次解说实践对自身新闻传播素质的提升。在解说过程中，我们要遵循新闻真实、全面、客观、公正的原则，只有懂得媒介传播与受众心理，才有较强的信息获取能力；只有熟练使用新媒体技术搜索、存储和分析信息，才能很好地完成冬奥会的解说任务。

（三）存在的问题与不足

虽然在冬奥实践活动中，我们的个人专业素质得到了很大的提升，但我们在对直播的复盘中仍然发现了一些问题与不足，主要有以下两个方面。

1. 专业知识仍需加强

在冬奥解说实践结束后，我们深刻地认识到，专业知识和专业素养是一名解说员首先要具备的能力和水平。以雪车比赛直播为例，由于冰雪运动较为冷门，赛前我们花费了大量时间对雪车运动的历史、发展现状、比赛规则等专业知识进行了系统的了解，但在赛事直播过程中仍显力不从心。因此，解说员只有掌握全面的专业知识，解说才能规范化，才能将赛事进行专业化的呈现。

2. 语言表达能力仍需提升

除了掌握专业知识，在复盘过程中我们发现，解说的声音仍显僵硬、紧张，在比赛直播中仍有口误等情况，特别是对不熟悉的雪车运动员的姓名处理仍不够好。我们深刻认识到，解说员的有声语言要自然、准确、口语化、个性化，语言表达要逻辑清楚，语言简洁幽默，遣词规范，叙述顺畅，评论准确，不能生搬外来语，要形成自己的解说风格和语言特点，只有这样才能完美地呈现比赛现场的情况。

六、实践思考

北京2022年冬奥会是中国重要历史节点的重大标志性活动。中国政府对筹办工作高度重视，北京2022年冬奥会也对我国体育院校的发展提供了难得的契机。体育院校是体育人才培养的重要基地，服务好冬奥为我国体育人才培养提供了重要的借鉴意义。以下将总结此次服务北京冬奥实践活动，提出利用大型活动进行体育解说人才培养的实践路径,并反思本次实践中存在的不足。

(一) 利用大型活动进行体育解说人才培养的实践路径

第一,建立解说人才智库,做好培养的中长期规划。对于冬奥会、亚运会等大型体育活动、赛事,应尽早进行规划,针对不同的赛事需求提前建立人才智库,并做好中长期的培养规划。正所谓"养兵千日,用兵一时",体育人才的培养更需要平日里的积累。

第二,对标国际体育组织人才基本素养,打造订单式培养模式。订单式人才培养,也称为"人才定做",是立足于用人单位某一岗位任职人员较少的实际情况,组织明确就业岗位去向的人员的认知能力培训。对于大型体育赛事的不同项目,组织学习相应的项目规则、发展历史、职业背景,有别于解说员的基本素养学习,这种富有针对性的学习在大型活动实践中更能得以显现。

第三,汇集多方力量,健全体育解说人才培养保障体系。体育解说人才培养是一项系统工程,需要学校、教育部门、企业、国家政府等多方协作。通过了解国家对大型活动中的人才需求,定向培养解说人才,整合企业资源,建立服务人才意识,建立实习人员、任职人员和卸任人员的联系网络,不断完善人才队伍的梯队建设。

(二) 本次服务冬奥实践中存在的不足

第一,解说人才在冰雪运动的专业性上有所欠缺。一直以来,我国竞技体育一直呈现出"夏强冬弱""冰强雪弱"的特点,而我国人民对各类体育赛事的关注度也与上述特点相似:关注夏季运动的人要远远多于关注冬季运动的人,而在冬季项目中,关注冰上运动的人也要多于关注雪上运动的人。此外,由于冰雪运动对场地、装备的要求较高，绝大多数人无法亲身参与到冬奥会所涵盖的赛事中，因此对于参与解说工作的我们来说，我们对项目的了解还停留在规则、技术动作上，而在实际解说的比赛中，画面分析占据较大的篇幅，我们在具体的战术战略分析上还有很大的学习空间。

第二，设备使用的熟练程度还需加强。在整个实践过程中，我们所有人都做足了准备，充分了解了比赛项目和整个冬奥会的有关知识，并运用我们在课堂上所学的知识，尽最大的努力做到最好。但是在专业解说之外，我们在设备的设置及使用上出现了一定的问题，先后出现过音源和解说参数调反、忘记关麦或有杂音等问题。虽然影响较小，但也说明我们应该更加注重细节，做好每一件小事，才能有更加出色的表现。

中央广播电视总台服务实践报告

作　　者： 北京体育大学解说团队
作者岗位： 中央广播电视总台中国之声赛事解说
指导教师： 宋扬　郑珊珊　李晶　尹素伟

一、总述

从2022年2月4日晚开始，一直到2月20日，北京体育大学新闻与传播学院播音与主持专业2021级研究生、2019级及2020级本科生共10人参与了中央广播电视总台中国之声的节目直播及赛事解说实践。实践活动分为新闻节目《一起向未来·决胜时刻》、娱乐节目《一起向未来·冬奥之夜》及自由式滑雪空中技巧等热门赛事解说。学院组织此次冬奥实践活动的目的是开阔参与学生的视野，提升专业能力。

活动结束后，为了更好地复盘此次实践活动，总结实践活动的经验与收获，中央广播电视总台和北京体育大学新闻与传播学院团队撰写了此实践报告。

为了突出此次的意义与重要性，参与师生高度重视，经过商讨，双方决定从实践内容概述、实践准备、实践过程、实践效果、实践思考等方面进行详细的总结。北京体育大学新闻与传播学院团队执笔。总结报告力图体现主体性和主题性，同时层层递进、环环相扣，抓住每一个细节，突出此次实践的重要性与意义。

二、实践内容概述

鉴于北京体育大学新闻与传播学院在东京奥运会期间与中央广播电视总台顺利合作后又积极延续合作，此次北京冬奥会与中央广播电视总台共建北京冬奥会学生服务实践平台，丰富学生体育人文综合素养，为学生提供自我发展及参与国家重大实践以提升自我价值与社会价值的机会，助力学生在此实践过程中进一步坚定"深入理解—具体感受—形之于声—及于受众"的播音主持创作道路，筑牢"当好党、政府和人民群众的耳目喉舌"的理想初心。经过学院考试遴选及综合考量后，10名同学在2022年2月4日至20日参与到中央广播电视总台的节目制作过程中，以与主持人搭档互动的形式完成即时转播比赛解说、新闻节目、综艺节目三个板块共计40场节目的内容制作。节目结束后，学生也秉持"追求卓越"的态度即时完成了节目内容自省复盘，保证"每一场有收获"，以达到"下一场更精彩"的实践效果。高密度沉浸式的实践过程让学生感受业内翘楚的业务能力，找差距、补不足以全面提升专业能力，增强"四个意识"，坚定"四个自信"，坚决做到"两个维护"，培养学生大格局、孕育大情怀，在学生实现自我可持续发展的基础上为体育强国事业发展注入活力、增添生命力。

在中央广播电视总台中国之声《一起向未来》节目中，由北京体育大学新闻与传播学院宋扬教师带领，在学院中挑选出了10位参与咪咕文化科技有限公司解说的同学担任新闻板块主持人与娱乐板块嘉宾。许小龙、曹智、殷雪怡、刘颖健、王笑阳、段怡君、张溪乔、彭丽霖、李秉昊和杨加丞共10位同学参与到了娱乐板块，同时王笑阳、殷雪怡、曹智、段怡君和刘颖健5位同学参与到了新闻板块的主持当中。《一起向未来》娱乐板块是一档深夜互动竞猜节目，先通过主持人和嘉宾的互动暖场预热，之后便把舞台交给直播嘉宾。直播嘉宾分为A、B角，A角负责分析冬奥会比赛日夺金项目运动员的表现，着重评论中国队表现。B角负责介绍冬奥会比赛项目。然后二人开始跟主持人互动竞猜。在竞猜比赛开始之前，直播嘉宾分为2—3队，以个人或团队的形式抢答主持人报出的关于冬奥的题目，回答后再进行拓展延伸和知识科普。而新闻板块着重关注冬奥会中国冲金项目的实时转播，以电台解说的形式向无法第一时间观看视频转播的观众传达最新赛场情况，同时在娱乐互动环节之前还有当日冬奥新闻的一日总结，通过总结当日冬奥比赛日的精彩项目赛场新闻凸显北京体育大学学生在新闻报道方面的专业度。在中央广播电视总台中国之声的节目直播间中，我们使用普通的耳机话筒，向听众传达最激情的冬奥之声。

同学们需要在晚上8点到达中央广播电视总台，再由中国之声的编辑老师带入，并且在开始之前会收到一份来自中国之声编辑老师精心设计的稿件和流程安排。在参加中央广播电视总台中国之声《一起向未来·决胜时刻》的节目中，同学们会辅助中国之声的主持人完成对当天冬奥会主要热点的介绍、评述，并且同时与相关现场记者进行音频连线。在节目的开始阶段，同学们要与观众打招呼并做自我介绍，紧接着播读当日热点赛事竞猜题及其他相关稿件。进入采访连线环节后，同学们在中国之声的主持人的引导下参与到连线当中，并且之后继续进行稿件播读。其间，当主持人需要与外界进行沟通时，也会向同学们抛出一个话题，将接下来的两三分钟的时间交给同学们，由同学们进行系统的讲解。这需要同学们有着非常快的反应能力，对当天赛事关注，并且对该项目有非常大的知识储备量。由于中国之声《一起向未来·决胜时刻》节目时间段在21:00至22:30，而在这个时间段北京2022年冬奥会仍有相关赛事在进行，因此在时间富裕的情况下，中国之声的主持人会和同学们共同解说时间段内的热门比赛，向听众描述正在进行比赛的赛况。由于比赛信号来源时间及中国选手出场时间不固定，因此工作人员需要有非常强的临场反应能力，而中国之声的主持人也会给予同学们一定的帮助，和同学们共同完成解说和评论工作。

三、实践准备

（一）冬奥人才选拔

在经过一学期的精心准备后，我们对冬奥会的各种赛事规则及发展历史都有了十分详细的了解。知识是基础，也是必备品。无论是现场播报还是推文传播，抑或冬奥会体育比赛的解说，都要求有丰富的知识储备做基础。在这个学期，我们解说实践的课程主要内容都变成了冬季奥林匹克项目，这也是在为北京冬奥会做准备。在学习之后我们便开始了解说员的考核。在2021年12月，也就是学期末的时候，我们先后进行了普通话的考核和冬季奥林匹克项目专项知识的考核。在专项考试中是分项目的，不同项目的解说员会接受该项目和考核，在试卷组成部分上也有不同的题型分配。

在测试阶段，团队中的老师经常教导我们，我们作为新闻人，要知道为谁发声，我们是党和人民的"耳目"和"喉舌"，要坚持马克思主义新闻观。

（二）抖音短视频拍摄

在薛文婷副院长的带领下，团队开始每天拍摄抖音，用短视频的形式传播冬奥知识。拍摄抖音短视频对学生参与冬奥实践有着极强的训练和指导意义。作为新闻传播领域的人才，在融媒体时代要做好个人IP的打造，具备视频传播的专业素质，这对我们未来的职业发展有很大的意义。我们在进行视频拍摄之前，对所说的项目要进行深入的了解，这也直接增加了我们的冬奥知识储备；同时拍摄抖音短视频也锻炼了我们的表达技巧，这在主持和解说中都是要具备的基础素质。并且我们尽自己所能传播冬奥知识，宣传冬奥文化，对冬奥的普及和传播也起到了积极的促进作用，用自己一点一滴的实践行动践行了讲述中国体育故事、传播中国体育声音的实践准则。

（三）直播、解说模拟练习

在2021年1月，在李岭涛院长的安排下，我们开始每天解说一场比赛，同学们每天都会选择冬奥会的比赛项目进行解说练习，在一次次的练习中，不仅了解了冬奥会的各个项目的规则及运动员情况，而且自己的解说能力也有所提高。之后，薛文婷副院长为进一步锻炼我们的主持和解说能力，参与主持《一起向未来·决胜时刻》的同学两两搭档轮流进行抖音和快手的直播。在直播中我们会以不同的形式向网友介绍冬奥项目，不仅是《一起向未来·决胜时刻》及涉及解说的项目，所有的冬奥项目几乎都有涉猎，并且每天将解说的场次增加到两场。通过5场直播及每天两场解说的历练，我们对北京冬奥会及各个项目有了较为全面的深刻认识，无疑为我们在中央广播电视总台中国之声的主持和解说打下了更好的基础。

四、实践过程

（一）如何实践

北京体育大学新闻与传播学院抓住北京冬奥为卓越解说人才培养提供的契机，与中央广播电视总台进行赛事解说共建项目，搭建实践平台，推荐学生参与《一起向未来·决胜时刻》、《一起向未来·冬奥之夜》、赛事解说实践活动。

参加人员确定工作于2021年11月正式启动，经过冬奥专项、人文素养两轮笔试，以及解说直播、短视频制作等多重考核，最终确定10人参与到《一起向未来·冬奥之夜》节目直播实践之中。最终确定人员为2021级研究生殷雪怡、2021级研究生曹智、2021级研究生刘颖健、2020级本科生段怡君、2020级本科生王笑阳、2019级本科生张溪乔、2019级本科生彭丽霖、2019级本科生杨加丞、2019级本科生许小龙、2019级本科生李秉昊共10人。

在《一起向未来·冬奥之夜》直播节目中，两人一组搭档，以嘉宾身份参与录制。《一起向未来·冬奥之夜》节目于每天22:30开始，至24:00结束，当晚排班同学需在20:00到达央广候场，候场期间可进行资料准备工作。节目开始前参与直播的同学进入直播间佩戴好相关设备，等待节目正式开始。在节目进行期间，参与同学要介绍冬奥项目、梳理当天赛事、参与冬奥知识竞猜。此外，同学们也要与主持人、其他嘉宾自然交流互动，烘托节目氛围。每晚节目结束之后，参与同学还要及时提交复盘总结。

在《一起向未来·决胜时刻》节目中，排班同学单人参与，负责和主持人共同播报新闻。其工作主要分为三部分，节目前、节目中、节目后。在节目前，参与的同学进行大量广泛的备稿，每次做节目前和编辑沟通节目内容，而后关注一天的比赛进展，保证自己在节目中分享内容的时效性；在节目中，与主持人搭档互动；在节目后，进行节目的复盘，保证自己的节目一场比一场好。

（二）典型案例

在2022年2月13日的《一起向未来·决胜时刻》节目中，殷雪怡主要负责对当日夺金点，以及具有时新性的信息进行梳理。在节目进行过程中，殷雪怡被临时安排了一段内容，在没有时间备稿的情况下，在播读外国人名时出现了失误，这是一档新闻性较强的节目，需要有更高的准确度。在一档节目中，解说员除了对当日短道速滑混合团体的比赛进行实时的转播，还插入了次日重点赛事的预告。首先，这就要求解说员要具备对项目的整体把握和认知；其次，要求解说员有一定的新闻播报能力。这个岗位将赛事解说对体育项目认知的专业性要求和对播音主持的要求进行了深度结合。在节目开始前，解说员有一定的时间提前熟悉稿件，但有时也会加入一些临时性的内容，这需要解说员对赛事本身有所认知。另外，随着实践的深入，自我定位也是一个不断明确的过程。我们是初次尝试直播类的新闻节目，但在赛后的总结中梁悦老师和方亮老师提到，我们是作为北京体育大学的学生参与节目，状态可以更加松弛，为比赛提供学生视角，既可以丰富节目，也有利于工作者找到自己的工作语境。

在赛事解说中，曹智在2022年2月10日作为解说嘉宾和方亮老师搭档解析比赛，两人整体配合比较默契。方亮老师介绍动作、播报比分，曹智介绍运动员的情况，并对动作完成情况进行评论。赛前两人基本上没有太多的分工沟通，这十分考验现场配合的默契度，两人需要在合适的场景下及时填补空白。而且广播平台的解说和电视解说有一定区别，对画面描述的要求更高，对双方配合的默契度有了更高的要求。自由式滑雪空中技巧项目是我国一个非常有希望的冲金点，但最后冲金失败。在这种情况下，曹智能够从自我情绪中抽离，安抚听众，传达正确的体育精神，进一步认识了体育解说的职业要求。

《一起向未来》节目既要满足广播娱乐互动的语言风格，做到内容的有效传播，也要求围绕当日夺金的重点项目进行题目抢答，解说员再顺延拓展聊聊自己的想法，整体的氛围比较轻松，这要求解说员具备丰富的知识储备和随机应变的能力。在2022年2月14日的节目中，张溪乔和李秉昊搭档在延展环节聊到了花滑比赛等分区亲吻与哭泣（kiss & cry）的含义，两个学生嘉宾都不知道具体的答案，出现了比较明显的迟疑，后来及时聊了自己个人的猜测及自我的理解。这是解说员从无措到学习的过程，解说员从中可以认识到广播节目的特别之处，明确自我定位，更加适应广播语境，也更加理解口语传播需要的能力，把自己调试到更好的状态。而电台老师面对两个人的迟疑快速地做出应变，也是值得我们学习的地方。

（三）实践中遇到的问题

在实践过程中，我们既能学习很多新知识，也面临不少问题。与其他实践相比，央广实践项目更考验个人的综合能力，解说员除了要具备解说能力，也需要深厚的冰雪运动知识储备、较强的口语表达能力、快速的临场反应能力等。

第一个问题是语言组织的问题。如何选择合适的内容，如何恰当使用表达方式，都是需要考虑的问题。后续在解决这个问题的时候，同学们反映这个解决办法没有捷径，只有自己多练习、多表达自己，在不断的练习中更简单合理地表达自己的想法。

第二个问题是角色定位不清晰。有的同学没有搞清楚自己是直播嘉宾的身份，以解说的心态把涉及的冬奥知识点全部说明白，这样就占用了大部分时间，最后只用三言两语进行评论。同学们可以改变自己的表达方式，以娱乐互动的方式一边聊天谈话，一边提及内容，以欢乐的方式给观众普及专业知识。

当然，不同的同学会面临不同的问题。所有参与的同学都通过自己不断的准备和改进，一场场进行复盘总结，在实践中表现得越来越好。

（四）收获

对于解说员来说，最需要考虑的一点就是如何将比赛进行转化并更好地传递给屏幕前的观众，给予观众丰富的视听盛宴。

因此合格的解说员首先要具备导向正确的意识。解说员在主持、解说过程中要坚持党性原则，保持政治敏锐性，增强"四个意识"，坚定"四个自信"，坚决做到"两个维护"，正确引导舆论，传播体育精神，弘扬中国传统文化，致力于讲好中国故事，传播好中国声音，这是一切的前提。中央广播电视总台作为"人民的喉舌"，其作用不言而喻，这就要求同学们时刻保持清醒的头脑，秉持一颗炽热的爱国之心，为社会传递正能量。

其次，解说员要非常熟悉项目的规则、特点、专业术语及运动员情况。这就要求解说员在比赛前要有着相当大的知识储备，要真正地认真观看、分析大量比赛，并对具体规则进行仔细的研究，可以准确判断出运动员的特点及技战术专业名词。对于以上这几个方面，解说员要有相当深入的了解，才能够保证在解说比赛时有扎实的基础和丰富的知识储备。因此在准备中国之声节目的过程中，同学们加强了自己对各项体育项目的了解及认识，极大地增强了作为一名解说员的专业性。

最后，一场比赛之所以需要解说员进行解说，是因为需要解说员从比赛中发掘出一般观众看不到的情况。想要做到这一点，解说员要有非常强大的语言组织能力。这离不开在台下日复一日的练习。想要保持基本功，解说员需要每天练声、定期进行相关交流沟通训练。对此，在中国之声节目的实践中，同学们通过与主持人搭档、与嘉宾互动，在高质量完成节目的同时极大地提升了自己的语言沟通能力，这将对同学们的未来发展产生深远的影响。在准备节目的同时，同学们在老师的带领下在抖音、快手等短视频平台上定期更新作品，以及以直播互动的方式来锻炼自己的能力，口语表达能力有较大的提升。

总的来说，此次中国之声相关活动不仅开阔了同学们的视野，为同学们带来了非常好的机会，也让同学们锻炼了自己的专业能力，提升了自己的核心竞争力，为同学们的未来打下了坚实的基础。同时，此次活动帮助同学们从实践出发，提前体验并解决在未来可能发生的相关问题。这对同学们丰富自己的经验储备、快速提升自己的能力是非常重要的。也期待在不久的未来能够有更多类似的机会，让同学们可以快速成长，为中国解说事业贡献自己的力量。

五、实践效果

应中央广播电视总台中国之声的邀请，北京体育大学新闻与传播学院10名体育赛事解说班同学经过严格的遴选参与主持《一起向未来·决胜时刻》、解说体育赛事、担任《一起向未来·冬奥之夜》的嘉宾，整体效果十分显著，我校学生的参与为冬奥节目和赛事解说带来了专业性和活力。《一起向未来·冬奥之夜》除了我校的两个学生之外，还邀请了一个嘉宾共同组成答题团。北京体育大学新闻与传播学院学生极具青春活力，能够活跃整个节目的氛围，并且在答题的过程中也能够展示我们的专业性，完美契合了节目的整体风格。在自由式滑雪空中技巧混合团体等7场比赛的解说中，殷雪怡、曹智、王笑阳、段怡君4名同学搭档主持人郝迪、方亮，为听众实时转播冬奥赛事盛况。北京体育大学新闻与传播学院学生和央广主持人的搭档分工非常明确，我们主要负责技术方面的解说，从技战术层面对比赛进行分析和评述，发挥专业优势，为全国听众带来专业赛事分析和解读，让听众更好地了解了冬奥赛事。在《一起向未来·决胜时刻》的节目主持中，北京体育大学新闻与传播学院学生和主持人搭档默契，不仅根据预定安排成功播报当日冬奥新闻，还在和记者的连线时为听众展示了冬奥前方的情况。

中国之声的节目和解说在云听和央视频进行直播，云听的听众和央视频的网友在评论区称赞了北京体育大学新闻与传播学院学生解说的专业性，在《一起向未来·冬奥之夜》节目互动中也经常夸赞北京体育大学新闻与传播学院学生的表现。北京体育大学新闻与传播学院学生在中国之声的表现受到了听众和网上观众的一致好评。

学校在培养人才时要设置针对解说方向学生的普通话语音与发声等播音主持基础课程，同时开展跨学院的交流合作，以提升学生体育素质，在日常课程中多开展课程实践，使学生树立节目意识和编辑思维，准确把握节目方向和性质，提前适应直播环境。

六、实践思考

2022年2月20日，北京2022年冬奥会暨第24届冬季奥林匹克运动会在鸟巢正式闭幕。17个日夜，一场"简约、安全、精彩"的体育盛会给全世界留下了难忘的印象。"两个一百年"交替时代的北京冬奥会正值中国向第二个百年奋斗目标迈进的关键时刻，北京冬奥会的成功举办更见证着中华民族从"站起来、富起来到强起来"的伟大飞跃。值此北京冬奥会之际，北京体育大学新闻与传播学院体育赛事解说班的学生在传统媒体和新媒体同时发声，既展现了北京体育大学新闻与传播学院体育赛事解说班学生的专业水平，也做到了服务冬奥、传播中国声音。

北京体育大学新闻与传播学院抓住北京冬奥为卓越解说人才培养提供的契机，与中央广播电视总台进行赛事解说共建项目，搭建实践平台，推荐学生参与《一起向未来·决胜时刻》、《一起向未来·冬奥之夜》、赛事解说实践活动。北京冬奥会的举办为北京体育大学新闻与传播学院体育赛事解说班所有同学提供了极佳的专业锻炼契机，随着盛大赛事一同到来的是大量的人才需求、大量的实践机会。大型体育赛事的举办为大学生提供了实践机会，而大学生作为新生代力量加入服务体育赛事的队伍中，也为体育事业的发展注入了新鲜血液。在中国之声《一起向未来·冬奥之夜》和《一起向未来·决胜时刻》节目中，北京体育大学新闻与传播学院体育赛事解说班的学生担任常设嘉宾，既与主持人一起播报新闻，又以轻松娱乐的方式向受众传达冬奥信息和知识，为节目带来年轻气息，吸引更多的年轻受众观看并参与到互动中，一定程度上提高了传播效果。这对于此后更多大型体育赛事的传播也有所启示，邀请大学生参与到服务活动中，既能提高自身赛事活动的传播效果，也能为新生代力量提供展示舞台。以更加新鲜、巧妙、独特的形式开展赛事活动的传播工作，带动更多年轻力量参与到体育事业发展中，会促进大型体育赛事活动取得更大的成功。

  北京作为世界上唯一的双奥之城，在整体服务方面向社会开放了许多可参与的环节，主要为在校大学生提供了很多可以磨炼自己专业能力的岗位和平台。无论是场馆内的志愿者岗位，还是此次北京体育大学新闻与传播学院体育赛事解说班荣幸参与的优秀平台的实践活动，这些机会都十分难得，要求参与者必须具备过硬的专业水平。能够进入服务冬奥环节的工作者都经过了较为严格的选拔，如志愿者在前期要经过笔试、面试等多重考核，我们在奥运周期开始前经历了知识技能考察、专业水平测试、面试等多重选拔。人才选拔的过程也是人才培养的一个重要步骤。

参与者在准备的过程中就是夯实其基础和做储备的过程，参与者要完善自己的知识结构与综合能力，不仅学术水平要高，办事能力要更强。真正投入大型活动的实际工作中，对个人来说是提升最快的时候。经过这次大型活动的磨炼，相信同学们在今后参与大型活动的事务处理能力，以及个人的专业素养方面均会有大幅度的提升。向学生开放实践岗位是一次非常好的尝试，学生们将自己的理论知识和办事经验全力投入服务冬奥的活动中，在实践中进行检验，并会作用于以后的工作中。相信此次冬奥会会成为每个参与其中的人最为珍贵的记忆之一。一起向未来！